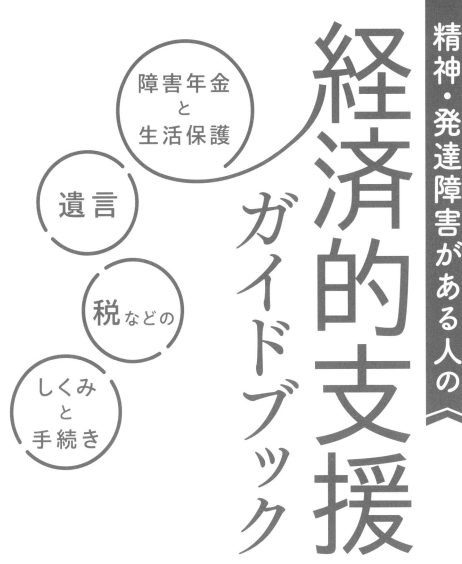

青木聖久 編著

精神・発達障害がある人の

経済的支援ガイドブック

障害年金と生活保護

遺言

税などの

しくみと手続き

中央法規

はじめに

知ることは生きること

　精神障害・発達障害がある人（以下、彼ら）は、思考障害、発達に凸凹（でこぼこ）があるなどの理由から、対人関係を築くことが苦手であったり、コミュニケーションに難しさを抱えていたりすることが少なくありません。そのこと自体、大変なことだといえます。しかし、です。これらの生きづらさがあるからといって、彼らの笑顔がなくなるわけではありません。

　人は、夢中になれるものに出会えたり、他者から認められたり、社会で何らかの役割や達成感が得られたりすれば、日々の暮らしが満たされるのです。ただし、そのためには、現実課題として、経済的支援が求められることになります。

　ところが、彼らが経済的支援につながることは簡単ではありません。なぜなら、インターネット等で制度の概要がわかったとしても、「さあ、使おう」と動こうとしたときに、具体的な方法がわからないからです。

　だからこそ、私たちは知ることが大切です。「知る」ことによって、①現状の整理ができ、②歩むべき道の選択肢が広がり、③ちょっとした力が得られ、そして、④未来への見通しがつけられるようになるのです。

　本書は、これら①～④をふまえ、以下のような構成で作成しています。まず、第1章は、「精神障害・発達障害がある人の暮らしの特徴と経済的支援」として、なぜ、彼らが経済的支援を必要とするのか、経済的支援はどのような役割を果たすのかなどについて論じています。ある意味、本書を活用する動機づけ、根幹のような部分です。それは、①として、精神障害・発達障害による生きづらさを知り、その生きづらさを軽減するために、経済的支援がどのような機能を発揮するのか、という本書全体の見取り図のようなものとなります。

　続いて、第2章は「経済的支援の理解と実際」として、本書で紹介する制度の概要を論じています。それは、②として、使える制度の選択肢を広げるために、というように捉えていただければと思います。

　最後の、第3章は、「経済的支援につなぐためのQ&A」です。執筆陣で

議論を重ね、80 の Q をつくりました。特に意識したことは、❶手続きの窓口などの具体的な情報とともに、❷制度を活用するにあたっての主観的な彼らやその家族の思いについて紹介することです。加えて、❸「こんなこともできるのか」「こんな方法もあるのか」という、読者が想定しなかったような内容の Q もあえて設定しています。

　最後に、執筆陣には、経済的支援の最前線にいる、弁護士、税理士、社会保険労務士、ファイナンシャル・プランナー、ソーシャルワーカーに参加してもらいました。そこが、何よりも、本書の売りだと思っています。本書の制作・編集にあたっては、特に、「制度の説明」よりも、「制度の活用方法」にこだわりました。とにかく、執筆者は熱い思いをもって論じています。これらのことを通して、読者の皆さんは、③として「一歩踏み出そう」という、ちょっとした力が得られることでしょう。そして、④として、未来への見通しがみえるようにと考え、本書を作成しています。

本書の活用の仕方

　できれば、第 1 章は最初にお読みください。なぜなら、第 1 章は、精神障害・発達障害がある人の生きづらさ、一方で、ほどよい暮らしの構築のあり方をはじめ、主人公理解として位置づけているからです。その後は、目次と、にらめっこをしてください。ぜひ、差し迫っている事柄、興味や関心のあるところから読み進めていただければと思います。目次には、第 3 章の Q&A の A（回答）における小見出しも掲載しています。また、本文中には、関連する他の項目のページ数を紹介しています。

　一方で、Q&A を読み解く際、事前に、次の「5W 3H」を意識すると、より具体的な理解につながることでしょう。

Why 　「なぜ、A 市に住んでいる人だけ医療費が無料なのですか」

What 　「傷病手当と傷病手当金の違いとは、なんですか」

Who 　「障害者控除によって、納める税金が減るのはだれですか」

Where 　「生活福祉資金を借りるには、どこの窓口に行けばいいのですか」

When 　「障害年金は、いつから申請できるのですか」

How many「雇用保険による基本手当は、何日分支給されるのですか」
How much 「労災保険の給付は、いくらぐらいの額が支払われるのですか」
How was「精神障害者保健福祉手帳の交付を受けると、どんな感じなのですか」

　なお、本書は『精神障害者の経済的支援ガイドブック』（中央法規出版、2015 年）を深めつつ、ウイングを広げた内容になっています。ソーシャルワーカー等の社会福祉専門職だけでなく、医師、保健師、看護師、作業療法士、さらに、弁護士、司法書士、税理士、社会保険労務士、ファイナンシャル・プランナー、加えて、ピアサポーター、家族という立場の方まで、本書を広く活用くださると幸いです。

2022 年 5 月

執筆者を代表して　青木聖久

目　次

第 3 章　経済的支援につなぐためのQ&A

の視点

コラム

おわりに

執筆者一覧

通達・通知の区分について

　日本の法令体系は、日本国憲法を頂点とするピラミッド構造をとっています。法令には、憲法、条約、法律、命令などがあり、法律は国会によって制定され、「命令」は国の行政機関が定めます。また、「命令」は、政令、内閣府令・省令、規則に分けることができます。
　さらに、法令のほかに、各省の大臣などは、その機関が所管する事務について、公示を必要とする場合に「告示」を発することができます。また、命令または文書で知らせるため、所管の諸機関及び職員に対し、訓令または通達（通知）を発することができるとされています。
　通達・通知それぞれの区分については、一般的に次のように説明されます。

　通達：大臣、委員会及び庁の長官が、所掌事務に関して、所管する機関や職員に命令または示達する形式のひとつ。法令の解釈、運用や行政執行の方針に関するものが多い。
　通知：特定人または不特定多数の人に対して特定の事項を知らせる行為

　注：国会図書館「リサーチナビ」の「訓令・通達・通知の調べ方」
　　　（https://rnavi.ndl.go.jp/research_guide/entry/post-619.php）を基に作成

第**1**章

精神障害・発達障害がある人の暮らしの特徴と経済的支援

1 精神・発達障害がある人の暮らしと生きづらさ

■暮らしにおいて必要な要素

　精神・発達障害がある人（以下、「彼ら」ということもあります）が社会で暮らすためには、さまざまな要素が必要となります。そのことを、家に例えたものが図1-1です。まず、生きるために絶対的に必要な要素が1階部分の「医・衣・食・住」です。これらは、生命レベルの生きるために必要なもので、医療・衣服・食事・住まいを指します。彼らのなかには、疾患と障害が併存している人も多く、継続的な医療が必要なことが少なくありません。

図1-1　精神・発達障害がある人の暮らしに不可欠な要素

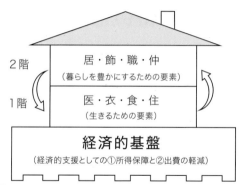

注：青木作成、2022年

■うれしいときに報告できる仲間

　また、暮らしにおいて、基礎部分が大切だとしても、人は1階部分だけでは生きていけません。なぜなら、生きている実感、醍醐味、さらには、感動が味わえないからです。では何が必要か。それが2階部分の「居・飾・職・仲」です。

　安心できる居場所があり、娯楽等の飾りがあることによって、彼らは暮らしに潤いを感じられます。さらに、人は「働くこと」（職）を通して、自分の存在を再認識することができます。精神・発達障害がある人も同じです。加えて、彼らには、ピアサポート（同じような体験をした人たち同士の支え

合い）としての働き方もあります。

　一方、悲しいときに相談できる仲間はもちろん、うれしいときにそれをわかち合える仲間がいることで、暮らしは大いに豊かになるといえます。[2)]

■生きる・自分らしく暮らすための基盤

　ただし、暮らしとは、1階が整わないと2階に上がることができない、というものではありません。例えば、発達障害による生きづらさを周囲に理解されなかった人が、セルフヘルプグループ（自助グループ）に参加し、仲間と共感することで、自分を責めずにすむようになったり、また、人を愛おしく思えるようになったりします。すると、定例会に行くことが楽しみになり、衣服や食事に関心が向くようになるのです。他方、医・衣・食・住を心配せずにすむようになったために、自分の可能性を求めて働くことに目が向くようになることもあります。つまり、1階部分の「医・衣・食・住」と2階部分の「居・飾・職・仲」は、循環的な関係にあるのです。

　しかし、これらの1階部分と2階部分の要素を満たすには、経済的基盤が整っていてこそといえます。経済的基盤がぐらついていたら、人は安心して、安全に暮らすことができません。

■所得保障と出費の軽減による経済的支援

　精神・発達障害がある人は、対人関係の苦手さなどから、十分な所得が得られないことが少なくありません。厚生労働省の「平成28年生活のしづらさなどに関する調査」によると、18歳以上65歳未満の精神障害者保健福祉手帳を所持している461人のうち、1月あたりの平均収入は、6万円以上9万円未満の人が32.3％（149人）と最も多くなっています。そこに、0円以上1万円未満19.5％（90人）、1万円以上3万円未満4.1％（19人）、3万円以上6万円未満6.1％（28人）を加えると、62.0％（286人）に及び、全体の6割強が1月の収入が9万円未満となっているのです。[1]このような実態からも、精神・発達障害がある人には、経済的支援が求められるといえます。では、経済的支援とはどのようなことをいうのでしょうか。

　まずは、障害年金等の所得保障です。一方で、支出（出費）を減らすこと

も大切な経済的支援だといえます。例えば発達障害による感覚過敏から、歯ブラシを口の中に入れることに抵抗があり、結果的に虫歯になりやすいという人がいます。すると、障害ゆえの特別な出費としての医療費がかさんでしまいます。そこで求められるのが、出費の軽減です。

■精神・発達障害による生きづらさの波と常態化

　精神・発達障害の特徴は、調子の好不調の「波」があることだといえます。「波」は、１年を通じて頻繁に訪れ、アップダウンの幅が広く、また、気候やライフイベントをはじめ、多くのことが影響すると考えられます。その「波」こそが生きづらさを生んでいるのです。

　一方で、彼らの生きづらさは、診察室や障害福祉サービス事業所では、なかなかわかりません。なぜなら、人は苦しいことを忘れたいものだし、正確に伝えることが難しいからです。また、以前の自身の状態と比べれば、「随分よくなった」と思う、あるいは思いたいなど、元々抱えている生きづらさ自体の大きさも要因だといえるでしょう。加えて、日常的に、暮らしの困難さを体験している場合、生きづらさの常態化[2]による影響も少なくありません。

② 精神・発達障害がある人の暮らしに経済的支援が果たす役割

■起動装置

　川上さん（仮名、60歳代、男性）は、地域で精神・発達障害がある人の

---

1 収入として予測されるものは、障害者の日常生活及び社会生活を総合的に支援するための法律（障害者総合支援法）による障害福祉サービス事業所での作業工賃や障害年金です。特に、収入が６万円以上９万円未満である187人のなかには、障害年金を受給している人が多く含まれていると予想されます。また、2011（平成23）年の「障害者基本法」の改正によって、発達障害が精神障害に含まれることが明確になりました。そのことから、発達障害がある人は、基本的に精神障害者保健福祉手帳を取得することになります。
2 常態化とは、違和感を覚えていたり、不満等を抱いていたりした事柄が、時間の経過に伴う慣れなどによって、当たり前の日常の一部分として認識されていることをいいます。

サロンを立ち上げようと、神戸で市民グループをつくり、仲間5人で話し合いを続けていました。そのきっかけになったのが、テレビでみた横浜でのサロン活動です。仲間5人で「横浜に見学へ行こう」とすぐに決まったものの、それから話が進みません。なぜなら、①お金がない、②5人の予定が合わない、そして、③いまいち気分がのらないという3つの課題があるからです。

　川上さんは3つの課題のうち、どれか1つでも解決できたら前に進めるのにと思っていました。さて、どの課題を解決すればよいでしょうか。それは、間違いなく①だといえるでしょう。

　すると、偶然にも、市から精神保健福祉ボランティア活動の推進事業として、5人の交通費が出されることになりました。川上さんたちは、大いに盛り上がり、あれだけ合わなかったはずの予定がまたたく間に調整できたそうです。また、気分がのらないどころか、「あげあげですよ」と笑って話してくれました。

　さて、精神・発達障害がある人の経済的支援に話を戻します。経済的支援は、現実感のある取り組みであり、物理的な課題が解消されるばかりか、気分があげあげになるというような精神的な効果もあります。それは、人が未来に向かって最初の一歩を踏み出す、まさに起動装置の役割を果たすといえるでしょう。

■バイオ・サイコ・ソーシャルの活性化

　私たちが健康的な暮らしを維持するには、①バイオ（身体）、②サイコ（精神）、③ソーシャル（社会）の3つが良好に保たれている必要があります。[3] なお、この①～③は、決して独立したものではなく、相互に影響することが特徴です。

　起動装置として、経済的支援を受けることによって、精神・発達障害がある人は、図1-1の1階部分の「医・衣・食・住」という生きるための要素が満たされ、①バイオ（身体）が良好に保たれます。特に、食は大切で、適切な栄養が得られることで、脳のはたらきが活発になることを見逃してはいけません。彼らは1階部分を通して、安心や安全を得られ、さらに、一定程度の②サイコ（精神）の安定も図られることになるでしょう。また、私たちは、安全に生きるだけを人生の目標におくことはありません。そこで、求め

られるのが、２階部分の、「居・飾・職・仲」です。これらの要素に目を向け、生活の質が向上するにつれて、彼らは②サイコ（精神）が満たされることになります。そして、①バイオ（身体）と、②サイコ（精神）が相互作用するなかで、③ソーシャル（社会）として、周囲に目が向き、社会資源を活用することによって、社会関係が再構築されることになるのです。

このように、経済的支援を通して、バイオ・サイコ・ソーシャルの３つが相互作用しながら、活性化することが重要だといえるでしょう。

■納得できる働き方の実現

社会には、収入の多寡や仕事の種類を、他者に対して評価する際の指標としている人が少なくありません。そのことが影響して、精神・発達障害がある人のなかには、周囲の目を気にするあまり、無理を承知で、果敢にフルタイムで働く人がいます。その結果、短期間で就職、退職を繰り返し、自信を喪失してしまうことも珍しくありません。

では、経済的支援は何ゆえ意義深いのでしょうか。それには、２つの理由があります。

１つ目は、例えば障害基礎年金２級（月額約６万5000円）を基礎的収入に据え、暮らしを営むために足らないプラスアルファの部分について働いて収入を得るという従来とは異なる第３の働き方が実現できるからです。

図1-2 孤軍奮闘あるいは暮らしの応援団の支持を得た働き方

注：青木作成、2022年

図1-2は、暮らしにおける、人が収入を得るための「働き方」と「暮らしの応援団」を示したものです。花岡さん（仮名、50歳代、男性）は、大学を卒業した後、企業の営業職として、図1-2の①のように、フルタイムで、時折訪れる困難にも、一人で対峙<rt>たいじ</rt>しながら働いてきました。それは、まさに、孤軍奮闘の働き方だったと振り返っています。ところが、30歳のときに精神疾患を発症し、その2年後に障害年金を受給してからは、図1-2の②の働き方に変えています。それは、障害年金を生活を支える基礎的収入に据え、暮らしを営むために足らない収入を得るという第3の働き方です。

　2つ目は、経済的支援を受けることが、彼らが自身の生きづらさに向き合うきっかけとなり、働き方を見直すことにつながるということです。精神・発達障害と折り合いをつけた働き方には、雇用形態や労働時間の変更のみならず、特例子会社、就労継続支援A型・B型事業所、ピアサポート等という「働き方」も選択肢に入ることになります。

　また、生きづらさを開示することができれば、図1-2の②に示すような「暮らしの応援団」の支援が得られやすくなります。「暮らしの応援団」とは、ソーシャルワーカー、保健師、訪問看護師、作業療法士等の専門職のほか、保健所や相談支援事業所といった機関や施設などのフォーマルな社会資源です。加えて、ピアサポートの仲間や家族、ボランティアなどのインフォーマルな社会資源も含まれます。また、セルフヘルプグループなどの場も大切です。さらに、障害年金、精神障害者保健福祉手帳、医療費助成等の経済的支援というような制度も、暮らしの応援団に含めることができます。

　そして、暮らしの応援団とつながっていることは、彼らが社会に頼った暮らし方をしているという見方もできるのです。このように、経済的支援は、精神・発達障害がある人が、社会資源を活用した、自らの生きづらさに折り合いをつけた暮らし方、働き方に気がつくターニングポイントになるといえるでしょう。

■自由になる金銭があることによる生活の広がり

　精神・発達障害がある人や家族のなかには、社会からの差別や偏見をおそれて、障害年金や精神障害者保健福祉手帳の取得を躊躇<rt>ちゅうちょ</rt>する人がいる。そ

の際、ある家族は、「それぐらいのお金（障害年金額）なら、（小遣いとして）出してあげるから（障害年金は必要ない）」といいます。

でも、なのです。これでは、精神・発達障害がある人は主体的に未来を描くことにつながりません。なぜなら、家族から受け取る小遣いは、精神的な支配関係にもつながりかねないからです。小遣いは、真夏の、気温が38度あるときに缶ジュースを買うには、ためらうことなく使うことができます。一方で、趣味のオーディオ機器等を購入するのには、ためらいを覚えます。図1-1でいうなら、生きるための要素（1階部分）のために小遣いを使うのは、小遣いを渡す側の暗黙の了解が得られやすいといえます。ところが、暮らしを豊かにするための要素（2階部分）には、小遣いを渡す側の顔色をうかがいながら使わざるを得ないという側面が少なからずあるといえます。

そのようなことからも、自分が自由に使えるお金が必要なのです。岡田さん（仮名、50歳代、女性）は、障害年金を「国からもらっている給料」だといいます。岡田さんは毎月、障害年金の約6万5000円と、就労継続支援B型事業所の作業工賃の約1万5000円の合計8万円の収入を得て、両親と暮らしています。そして、月に2万円を家に入れつつ、仲間と喫茶店やスポーツ観戦に行くことが、生きがいになっているといいます。

人は自由になるお金によってこそ、暮らしが広がるといえるでしょう。

③ 精神・発達障害がある人と経済的支援とのつなぎ方

■知っていることと活用することの違い

現代社会では、インターネットなどで多くの情報が得られます。ただし、事実は世の中でたった一つだったとしても、その解釈は百万通りもあります。正しく解釈しなければ、到底、活用するという段階に進むことができません。

実際、精神障害がある秋山さん（仮名、30歳代、男性）は、「障害年金は、寝たきりの人がもらうものですよね」といいます。つまり、経済的支援を、自分には到底該当しない制度だと認識していたのでした。また、制度の趣旨を正しく理解していても、自身のもつ価値観に縛られ、経済的支援につなが

らない人も少なくありません。発達障害がある今井さん（仮名、40歳代、女性）
は、「子どものころから、お金は自らが稼いで得るものだと父親に教えられ
てきました」といいます。経済的支援を活用する、という選択肢を受け入れ
ることにブレーキがかかってしまうのです。

　一方で、制度の存在を知っており、受給要件を満たしているにもかかわら
ず、制度を活用しない理由として最も多いと考えられるのが、「内なる偏見」
です。筆者は、20歳代前半に、次のような言葉を、ひとりの精神障害があ
る人から聞き、経済的支援に取り組む決意を固めました。

　「障害年金を受けるということは、社会の偏見も含めて受けることになり
ます。だから、私は受給しません」[4]。

■やさしく背中を押してくれる力

　経済的支援に携わる専門職は、精神・発達障害がある人のこれらの思いを
受けとめることが大切です。見方を変えれば、彼らは、自身が抱いている思
いを、これまで言葉にする機会や場を持ち得ていなかったとも考えられます。
「受給しません」という彼らの言葉は、「No」（障害年金は必要ありません）
という意味ではなく、制度に対する誤解や知識不足から生まれたものかもし
れません。または、「内なる偏見」が生んだ言葉かもしれません。だとすれば、
実際に口にした言葉に隠された、本当の意味を見出すことが必要です。支援
者は、顕在化された言葉の背景にある、彼らの心のうちに秘められ潜在化し
ている思いにこそ目を向けることが大切だといえるでしょう[3]。

　他方で、精神・発達障害がある人の多くは、「生活のしづらさなどに関す
る調査」からもわかるように、待ったなしの厳しい経済実態におかれている
こともまた事実です。そのとき、ぜひ注目したいのが、ピアサポートです。

　遠藤さん（仮名、30歳代、男性）は、障害受容まではできていないもの
の、不眠等から病感をもっています[4]。地域活動支援センターに参加している

---

3 顕在化とは、言葉や行動のような「かたち」になって表れている状態・様子を指します。そ
れに対して、潜在化とは、言葉や行動として表れていない状態・様子をいいます。本人ですら、
自分の気持ちや希望に気づいていない場合があるかもしれません。

ものの、月額 5,000 円の工賃が唯一の収入で、切り詰めた生活をしています。その状況を心配したスタッフが何度となく、障害年金をすすめましたが気持ちは動きません。ところがある日、すでに障害年金を受給している仲間の鈴木さん（仮名、50 歳代、男性）が、遠藤さんの思いを受けとめたうえで、自身の体験談を話しました。そして、最後に次のように言ったそうです。「生きていかな、あかんからな」。

その言葉を聞いた瞬間、遠藤さんは鳥肌が立ちました。やさしく背中を押してもらえたような感覚になり、これまで身にまとっていた内なる偏見という鎧が解け、次の一歩を踏み出す勇気が得られたといいます。その出来事は、これまで障害を世間からどのようにみられているかを気にする自分から、障害といかにつき合いながら生きていくかを主体的に考える自分への転換点となったのです。

■「いまは」という主語

これまで筆者が述べてきたことをふまえ、支援者が取り組むべきことは何でしょうか。まずは、目の前の人に対する支援です。それは、精神・発達障害がある人に限りません。家族もまた、彼らの障害を認めることに対して、葛藤を抱いていることが少なくないのです。そのため、先がみえない不安から、時として支援者に対し、思ってもいないような言葉を発したり、感情をあらわにしたりすることもあるでしょう。

しかし、支援者はそれを、本人や家族の気持ちが揺れている証として捉えてほしいと思います。Yes・No の関係については、少し前に述べたとおりです。

必ず、人は変化し、成長します。経済的支援について本人から「必要ないから」という言葉を聞いたとき、支援者は、必ずその言葉の前に、「いまは（必要ないから）」をつけて理解をするようにしてください。そして、心のな

---

4 病識とは、自身の疾患について理解し、そのつき合い方などを一定程度理解できている状態です。それに対して、病感とは、自身の疾患について一定の違和感を覚えている状態です。病感は「腑に落ちる」という段階までは到達していないものの、疾患を有しているという何となくの感覚を抱いている段階だといえるでしょう。

かで、次のように考えるとよいでしょう。「これからのフォーマル・インフォーマルな人たちとの出会いによって、目の前の人は、1年後にいかなる変化があるのだろうか」と。間違いなくいえることは、「No は永遠の No ではない」ということです。加えていうなら、支援者のかかわりは、「No」という気持ちを解きほぐすことに少なからず影響を与えるのです。

■つたえる・つたわる・つながる

　支援者にはぜひ、精神・発達障害がある人が、未来に向かって歩むなかで、有機的に、経済的支援につながる取り組みをしてもらいたいと願います。

　具体的には、すでに経済的支援を活用している人やセルフヘルプグループ、家族会等を紹介してください。インフォーマルな社会資源の相互作用がもつ力は絶大です。また、支援者が、経済的支援の概要の資料等を作成し、支援者の連絡先を記しておくのも有効です。そうすることで、精神障害がある人や家族は、気持ちが落ち着いたときに再度、経済的支援を検討することができます。また、何よりも、「連絡先を記している書類を渡す」という行為自体が、「どうぞ遠慮なく連絡をしてきてくださいね」というメッセージになるのです。

　いずれにせよ、「つたえる」とは、相手に「つたわる」ことで初めて成立します。支援者にとって、それは 500 回目の手続きだったとしても、精神・発達障害がある人や家族にとっては、人生で最初で最後の重いものかもしれません。したがって、精神・発達障害がある人や家族が躊躇するのは当たり前です。精神・発達障害がある人や家族の気持ちや立場などを支援者が慮ってかかわれば、きっと、目の前の人へ、支援者の思いは「つたわる」ことでしょう。そして、精神障害がある人や家族は経済的支援に「つながる」ことになります。

---

5 フォーマルな社会資源とは、医師や看護師、ソーシャルワーカー、保健所や精神科病院、障害福祉サービス事業所などの専門職、専門機関や施設を指します。一方、インフォーマルな社会資源とは、仲間や家族、ボランティア、近所の人、さらには、セルフヘルプグループというような、普段着の関係の人を指します。

4 経済的支援を活用した暮らしのあり方

■社会で活かされることによって生きることができる

　精神・発達障害の有無にかかわらず、人は自身が社会で活かされることによって、生きることができるのではないでしょうか。ストレングスという言葉がよく用いられます。強みや長所、あるいは、売りという意味です。自身の売りが、社会で受け入れられ、認められ、さらに、誰かの役に立っていると感じられることが、人が活かされることにほかなりません。そのとき、人は生きている実感がわくのです。

　精神・発達障害による生きづらさと共存しながら、創意と工夫を凝らし、彼らが今と未来を生きている姿には、尊敬の念を抱かずにはいられません。以前より筆者は、次のようなことをいっています。仮に、精神・発達障害がある人が、生きづらさと対峙しながら1日2時間働いているとすれば、それは、障害がない人があふれるほどの水が入っているバケツを両手に持ちながら、休憩なく、1日10時間の仕事をするのと同じようなものではないだろうかと。

　彼らのそれまでの歴史のなかで培われた経験値、暮らしのなかで得た気づきや発見、そこから紡ぎ出された世界観。これらは正に売りだと思います。ただし、そのような境地にたどり着くには、暮らしが成り立っていてこそなのです。そのような視点からも、図1-1に示しているような、生きるための要素と、暮らしを豊かにする要素を実現し得る経済的支援が重要だといえます。

■実際の生きづらさと経済的支援の活用

　加藤さん（仮名、50歳代、女性）は、20代なかごろに自身の対人関係の違和感に気づき、発達障害の診断を受けました。その後、セルフヘルプグループを立ち上げたり、若者支援のキャリアカウンセラーをしたりしながら、2人の子どもを育ててきました。一方で、経済的には大変苦しかったといいます。また、加藤さんのピアサポーターとしてのカリスマ性、理路整然とした語りなどから、それまで主治医をはじめとする周囲の人たちは、彼女にとっ

て障害年金が必要かどうかについて現実的に考えたことはありませんでした。

　何よりも、その大きな理由は「常態化」です。加藤さんは、多くの生きづらさを抱えながらも、自身の特性に応じたつき合い方を知っています。また、セルフヘルプグループで吐露し、仲間から共感されることによって、自己肯定感が極端に下がることもありませんでした。

　ところが、実際の生きづらさは壮絶なもの。発達障害による感覚過敏から、水がかかるのが嫌で、顔を洗うには勇気が必要です。風呂に入るのは、イベントみたいな感じだといいます。スーパーマーケットにおいて、「大特価」と表示された目玉商品が置かれていようものなら、くぎづけになってしまい、その場に立ち止まったまま、気がつけば２時間以上、過ぎていたことも珍しくありません。ただ、加藤さんは自身のこのような特性を心得ており、特設コーナーを避けながら買い物をするようにしています。また、新しいスーパーマーケットには行きません。仮に行くとすれば、それは、遊園地に行くようなものだといいます。

　一方で、注意欠陥多動性障害もあるので、刺激を求める自分もいて、ついつい、新しい店に行きたいという衝動にもかられてしまうのです。また、饒舌な彼女は、人と話をするのは得意なものの、疲れてしまうことも多く、それによって引きこもってしまうことも珍しくありません。

　これらの具体的な事実が、ふとしたことから、支援者との話のなかで、彼女の口から出てきたのです。それでも、語られた事実は、ほんの一部にすぎません。

　支援者との会話がきっかけとなって、加藤さんは発達障害と診断がついてから、なんと約25年後に障害年金の請求手続きに進み始めたのです。ところが、その障害特性から、途中で疲れてしまい、請求手続きは何度も中断せざるを得ませんでした。それでも、約２年を経て、加藤さんは障害基礎年金２級を受給することができたのです。一方で、キャリアカウンセラーとしても以前と同様に働いています。また、彼女が住む自治体は、精神障害者保健福祉手帳の１・２級を所持していると、医療費助成として、全診療科の入院と通院が無料になり、特別な出費の軽減もなされています。

　ほかにも携帯電話の使用料の割引や税金控除をはじめ、多くの経済的支援

を活用できることになりました。また、生活保護制度があることも加藤さんは認識しており、将来の安心材料になっています。

■モデルを介しての追体験

　加藤さんが経済的支援を活用しながら暮らしているその姿は、多くの人にとって、「追体験」になります。多くの人とは、①精神・発達障害がある人、②家族、③専門職、そして、④社会のすべての人を指します。

　精神・発達障害は、その生きづらさが周囲の人になかなか伝わりません。そのことからも、生きづらさが具体的にどのように日常生活に影響を及ぼしているかを語る加藤さんは、①精神・発達障害がある人にとって、自らの代弁者だといえます。ゆえに、彼らは加藤さんの姿を通じて、経済的支援を活用するための、次の一歩を踏み出す勇気が得られるのです。

　また、家族であっても、わが子やきょうだいなどの抱える生きづらさについて、必ずしも客観的に理解できているとは限りません。加藤さんの話は、②家族にとって、精神・発達障害があるということは「このようなことなのか」という納得につながります。

　一方で、例えば医療機関の診察室などではふだん、生きづらさから生じるリアルなドラマを直接みることができません。③専門職にとって、加藤さんの話は、彼らの生きづらさを理解する（もしかしたら、目の前の人も同じように生きづらさを抱えているかもしれないと考える）糸口になります。

　また、社会全体が、精神・発達障害がある人の生きづらさを知ることで、理解者の多い、優しい社会に近づきます（④）。それらのことによって、精神・発達障害がある人や家族は、よりいっそう気兼ねをせずに、堂々と経済的支援を受けることができるようになるのです。

　見方を変えれば、「社会」を構成する人々にとって、加藤さんの姿は未来に対する不安を小さくすることにつながるといえます。なぜなら、自分が、

---

6 精神障害者保健福祉手帳を取得するには、一般的には医師に診断書の作成を依頼し、その診断書をもとに審査・判定を受けることになります。ただし、すでに障害年金を受給している場合は、年金証書の写しによって同じ等級の精神障害者保健福祉手帳が交付されます。

あるいは家族が、いずれ①や②の立場におかれることがあり得るからです。

　このように、人は追体験として、他者の人生をわがことのように捉えることによって、自身が体験したかのようなリアル感をもって、自分の人生に重ね合わせることができるのです。[7] その繰り返しによって、人は、他者及び自身の本質的な理解に迫ることができるのではないでしょうか。[5]

■いい加減への旅路

　自分にとってのいい加減の暮らし方は、その人にしかわかりません。まして、精神・発達障害による、彼らの生きづらさを、周囲にいる人が、外見や自身の経験から推し量ることには限界があります。したがって、加藤さんのように、自身の生きづらさを伝えることは、大きな価値があります。実際、生きづらさを抱えながら、経済的支援を具体的に活用している加藤さんは、生きた教材だといえます。

　一方で、経済的支援は、日常的な管理が大切です。また、いざというときの対応を知っていなければ、常に不安が先立ち、自らの人生を「いい加減」にできません。

　例えば、障害年金を受給した場合、どのように管理をすればよいのか。支給が停止されることはあるのか。生活保護を活用している人が、突然、保護の廃止を宣告されたら、受け入れるしかないのか。税金を少なくする方法はないのかなど、社会生活を送っているとさまざまなことが起こります。

　その際、私たちは相談窓口を訪ね、専門家に相談することによって、いい加減の暮らしに近づくことができます。また、生きづらさと対峙しながら暮らしている人をモデルとして参考にすることで、いい加減の暮らしを継続させることができます。

　とはいえ、私たちはリスクを心配しすぎると、毎日の暮らしを楽しむことができません。したがって、私たちは、フォーマル・インフォーマルな人的社会資源と、日頃からつながっていることが重要になるのです。まさに、知

---

7 人が自ら体験できることは、たかが知れています。他者の人生をわがことのように捉え、さも自らが体験したことのように感じられることを追体験といいます。

ることは生きることだといえます。

■チャレンジするための経済的支援の活用

　現代社会において人は、さまざまな困難に直面します。それは、精神・発達障害に限りません。また、精神・発達障害の有無にかかわりません。自分自身だけでなく、子ども、あるいは、孫が精神・発達障害を抱える可能性もあります。病気や障害、家計維持者の死亡、失業、労働災害・通勤災害、人災、天災事変をはじめ、社会生活では何が起こるか予想もつきません。

　誰であれ、「単線型」の人生を送ることは困難です。さまざまな理由によって、「複線型」の人生を余儀なくされ、また、それは突然やってきます。そのきっかけが彼らにとっては、精神障害や発達障害との遭遇だったのかもしれません。

　実際、精神・発達障害がある人の多くは、人生の途中で、生きづらさを抱えるようになり、それらと対峙しながら、それまでに描いていた人生とは別の人生を歩んでいます。まさに、複線型の人生を生きているのです。

　一方で、決して誤解をしてはいけません。精神・発達障害がある人は、生きづらさがあるからといって、日々の暮らしのなかで、チャレンジしたいという気持ちに蓋をする必要など、全くないということです。彼らのチャレンジを実現するために、暮らしの基盤として経済的支援が大切になるといえます。

　人にとって最も苦しく、悔しいことは、決して生きづらさがあることではないと思います。チャレンジできないことこそが最も苦しく、そして悔しいことではないでしょうか。人は誰もがチャレンジをしたいのです[6]。ただ、荒野に、たったひとりで何ももたずに出ていくのは無謀です。だからこそ、実際に経験のあるピアサポーターから体験談を聞いたり、専門家に相談したりして、使える社会資源を知り、活用しようとするのではないでしょうか。そのことによって彼らは、チャレンジしたいという思いが芽生え、よりいっそう現実のものになるといえます。

■一度きりの人生

　人は誰しも、何らかの問題を抱えています。また、その問題がきれいになくなることはありません。多くの場合、突如その人を襲った問題は、図1-3の①に示すように、生活の中心に位置づけられてしまいます。

図1-3　人々が抱える問題の位置と割合

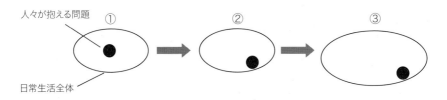

出典：青木聖久編『精神障害者の経済的支援ガイドブック』中央法規出版、2015年、21ページ

　そのとき、何らかの問題を抱えながらも、図1-1に示す2階部分の「居」としてのセルフヘルプグループに参加し、「仲」としての仲間と出会い、思いを吐露し、共感されることによって、生活の中心にあったはずの問題を一時的に棚上げすることができます。そして、人は「いま」「ここで」話をすることのできる居心地のよさに、時間が経つのを忘れてしまうような感覚を抱くことができるのでしょう。すると、「問題」は、図1-3の②に示すように不思議と生活の隅に移動するのです。

　このようにして仲間とつながったり、専門家に相談したりするなかで、経済的支援を基盤に据えることによって、「医・衣・食・住」や「居・飾・職・仲」が得られ、暮らしという分母が広がれば、図1-3の③に示すように、暮らしのなかの問題の占める割合は小さくなります。人はこのようにしながら、人とつながり、泣き笑いを繰り返しながら、生きていくのではないでしょうか。

　人生は一度きりです。仮に、精神・発達障害があったとしても、当たり前にわが人生を有意義に過ごすために、経済的支援の活用が進むことを願ってやみません。

参考文献

1) 吉川武彦『精神障害をめぐって―メンタルヘルスは今なぜ必要か』中央法規出版、1992年
2) 谷中輝雄『生活支援―精神障害者生活支援の理念と方法』やどかり出版、1996年
3) 鈴木貴之『バイオサイコソーシャルモデルと精神医学の統合』『精神神経学雑誌』120(9)、759-765、2018年
4) 青木聖久『精神障害者の生活支援』法律文化社、2013年
5) 青木聖久『追体験 霧晴れる時』ペンコム、2019年
6) 青木聖久監修、かなしろにゃんこ漫画、青木聖久解説『障害のある人の支援の現場探訪記』学研教育みらい、2021年

第**2**章

経済的支援の理解と実際

1 制度を利用するために
①精神障害者保健福祉手帳

■制度の目的

　精神障害者保健福祉手帳 (以下、「手帳」) は、精神障害がある人に対して、自立と社会参加の促進を図ることを目的に都道府県から交付されるものです。手帳を取得することで、一定の精神障害の状態にあることを証明することができ、さまざまな支援や福祉的配慮、税制上の優遇措置等を受けることができます。また、障害者の法定雇用率の算定対象としても認められます。

■歴史的背景

　身体障害者については、1949（昭和24）年に身体障害者手帳が、知的障害者については1973（昭和48）年に療育手帳が制度化され、さまざまな支援策が講じられてきました。精神障害者については、1995（平成7）年に精神保健法が、精神保健及び精神障害者福祉に関する法律に改正された際に、精神障害者保健福祉手帳制度が創設されました。身体障害者手帳の登場から46年後に制度化されたことになります。

■対象者と申請要件

　精神障害のために日常生活や社会生活に制限を受けている人が対象です。診断名は、統合失調症、気分（感情）障害、器質性精神障害（高次脳機能障害を含む）、発達障害、非定型精神病、てんかん、中毒精神病、その他の精神疾患で、知的障害は含まれません。ただし、精神疾患を併せもつ知的障害の場合は、精神疾患の診断名で申請ができます。障害年金では原則認められていない人格障害などの傷病名であっても申請が可能です。

　申請できる時期は、精神障害にかかる初診日から6か月を経過している必要があります。年齢は問いません。

■等級

　1・2・3級があり、精神疾患 (機能障害) の状態と、それに伴う生活能力

障害 (活動制限) の状態の両面から総合的に判定されます。障害が重い人から１級の手帳が交付されます。

■基本的な手続きと実施機関 (相談窓口)

　市町村の担当課が申請先になります。申請に必要なものは、①申請書、②手帳の指定様式の診断書、③申請時から１年以内に撮影した胸から上の脱帽の顔写真（３cm×４cm）です。ただし、②は障害年金の証書等を提出することにより、その提出が省略できます (Q75)。医療機関や福祉施設によっては、申請書一式を備えており、記入方法から提出まで支援してくれる場合があります。

■申請者

　精神障害者本人が申請する申請主義に基づき交付されます。ただし、家族や医療機関職員等が手帳の申請手続きを代行することは差し支えないとされています。委任状は不要です。ここで注意したいのは、「申請手続きの代行」は申請の代理ではなく、あくまで申請書類を本人に代わって市町村に提出するということです。したがって、代行する者は本人の申請意思を確認する必要があります。

■診断書の作成医

　診断書を作成する医師は、精神保健指定医を中心とし、精神科医が原則とされています。しかし、例えば、てんかんについては小児科医や内科医が、高次脳機能障害については脳外科医が主治医になっている場合のように、精神科以外の医師であっても精神障害の診断や治療に従事する医師は作成することができます。

■受けられる支援等

手帳の交付を受けると、いくつかの支援やサービスが利用できます。

全国一律に実施されている主な支援は次のとおりです。

① 所得税、住民税の控除や相続税算定上の控除を受けられます（Q49、51、52）。

② 原則として国民年金証書により行われる生活保護の障害者加算にかかる障害の程度について、年金を申請中で国民年金証書がない場合などは、手帳の障害等級に基づいて判定が行われます（手帳の障害等級が１級・２級の場合）。

③ 都道府県社会福祉協議会が実施する生活福祉資金の貸付けの対象となります(44頁)。

④ NHKの受信料の減免を受けられます（等級や市町村民税非課税世帯であるなどの条件あり）。

⑤ 障害者対象の求人に応募できるとともに、障害者雇用率の算定対象になります。

また、自治体や事業者によって、①医療費の助成（54頁、Q45）、②鉄道、バス、タクシー等の運賃割引（60頁、Q55、56）、③手当・給付金の支給、④上下水道の割引、⑤携帯電話料金の割引（Q58）、⑥公共施設や美術館等の施設入場料等の割引（Q57）などの支援が行われています。

ただし、身体障害者手帳と療育手帳の所持者と同じ等級であっても、受けることができる支援の内容が異なるものもあるため注意が必要です。

なお、後期高齢者医療制度の多くの保険者が、手帳の１・２級の所持者が希望をすれば、65歳から後期高齢者医療制度へ加入することを認めています（Q45）。

■有効期限と更新

有効期限は２年間です。更新する際は、手帳の有効期限の３か月前から手続きができます。

■手帳の等級変更

　手帳の有効期限の期間内において、精神障害の状態が重くなった、または軽くなったことにより、既存の等級以外の等級になったと考えられるときは、等級の変更申請ができます。その場合、手帳の有効期限は、変更決定を行った日から2年間です。

■手帳の再交付

　手帳を破る、汚す、紛失するということもあります。その場合、申請に基づき再交付されます。

■手帳の返還

　手帳の所持者が、政令で定める精神障害の状態がなくなったと認められるときは、都道府県知事が手帳の返還を命じることができることになっています。一方、手帳の有効期限が残り、障害が残存していても、手帳の所持者が返還を希望した場合は自主返還も認められています。

■根拠

　精神保健及び精神障害者福祉に関する法律（昭和25年5月1日法律第123号）

1 制度を利用するために
②療育手帳

■制度の目的

　知的障害がある子どもをもつ親が、最初に意識する福祉制度が「療育手帳」かもしれません。療育手帳は、知的障害児・者を対象に交付され、一貫した指導・相談が行われるとともに、さまざまな援助を受けやすくするというメリットがあります。療育手帳には本人の障害の程度のほか、次の障害状態の判定日も記載されています。

　療育手帳のデザインは自治体によってさまざまですが、一般的な手帳タイプのほか、カードタイプもあります。また、名称もさまざまで、「愛の手帳」(東京都)、「愛護手帳」(名古屋市)など自治体によって異なる場合があります。

■交付手続き

　療育手帳の交付の申請は、知的障害がある人またはその保護者が、居住地の福祉事務所の長を経由して都道府県知事等に対して行うものとされ、具体的には、市町村（主に障害福祉を担当する課）に行います。申請後は判定機関（児童相談所または知的障害者更生相談所）で検査やヒアリングが行われ、審査によって等級が決定します。一定以上の等級の場合は、市町村が独自に実施する福祉給付金などを受けることができるなど、等級によって受けられるサービスが異なる場合もあります。

　療育手帳が交付された場合、税の減免、公共施設の入場料等の割引、公共交通機関の割引やNHK受信料の免除など、経済的メリットも多く、なるべく早く取得したいという想いになるかもしれません。一方で、申請から交付まで半年ほどかかることもありますので、時間に余裕をもって申請する必要があります。

■交付後の障害の程度の確認

　都道府県知事等は、療育手帳の交付後、療育手帳の交付を受けた知的障害者の障害の程度を確認するため、原則として2年ごとに判定機関（児童相談

所または知的障害者更生相談所）において判定を行います。なお、障害の状況からみて、2年を超える期間ののち確認を行ってさしつかえないと認められる場合は、その時期が指定されます。

■療育手帳の実際

　本人に知的障害があるから、必ず療育手帳を取得しなければならないというわけではありません。一方で、療育手帳は、知的障害の程度によって、特別児童扶養手当の申請に必要な診断書がその写しで代用できるなど、多くのメリットがあります。なお、療育手帳があるからといって、さまざまな申請の手間がすべて省かれるというわけではありません。実際、療育手帳がなくとも、特別児童扶養手当の申請は可能です。

　療育手帳は、本人に「知的障害がある」という証明になります。そのため、療育手帳によって障害年金の申請が簡単にできるという誤解があります。障害年金の申請には医師の診断書が必要になりますが、療育手帳が医師の診断書に代わることはありませんし、療育手帳の障害等級がそのまま障害年金における障害の等級として認定されるわけではありません。診断書の作成に療育手帳が参考になることはありますが、それ以上の効力が療育手帳にあるわけではありません。一方で、療育手帳がないから障害年金が受給できないということでもありません。

　療育手帳の交付の要件は「知的障害がある」こと（表2-1）です。発達障害のある人で知的障害がある場合は、精神障害者保健福祉手帳のほかに療育手帳を保有することも可能です。

　療育手帳は知的障害がある人にさまざまなメリットをもたらす便利なものです。知的障害がある人が、経済的メリットを受け、よりその人らしい生活を実現するための大切なツールといえます。

表 2-1　療育手帳の対象になる「知的障害がある人」

・おおむね 18 歳未満に知的障害が認められて、その状態が継続している

・知能指数（IQ）が検査により 75 以下であると測定されている

・日常生活に支障が生じており、医療や福祉等の特別な援助が必要とされている

注：自治体によって基準に若干の差があります。
　　石川作成、2022 年

表 2-2　療育手帳

障害の程度	重度（A）とそれ以外（B）に区分し、A 区分と B 区分をさらに細かく分けます。A1・A2・B1・B2 の区分が一般的ですが、次のような区分をする自治体もあります。 東京都：1 度（最重度）/ 2 度（重度）/ 3 度（中度）/ 4 度（軽度） 愛知県：A（最重度・重度）を 2 つに分け、B（中度）、C（軽度）と区分 大阪府：A（重度）/ B1（中度）/ B2（軽度） なお、障害の程度は、知能検査による知能指数（IQ）と日常生活の支障の程度から、総合的に判断されて決定します。
判定機関	●18 歳未満：児童相談所 ●18 歳以上：知的障害者更生相談所
注意点	取得後、数年に一度再判定をする必要があります。 期間は障害の程度により異なります。

注：石川作成、2022 年

■根拠

療育手帳制度について（昭和 48 年 9 月 27 日厚生省発児第 156 号）

療育手帳制度の実施について（昭和 48 年 9 月 27 日児発第 725 号）

2 生活費を保障する・収入を増やす

① 障害年金・特別障害給付金

■制度の趣旨・目的

　公的年金には、老齢年金や遺族年金のほかに、障害年金があります。障害年金は、老齢年金が支給されるまでの現役時代の保障として位置づけられる年金給付で、受給者全体の約6割が、精神障害系（知的障害を含む）の疾患となっています。また、特別障害給付金制度が2005（平成17）年に施行されています。これら障害に関する給付は、使い道が限定されない貴重な現金給付です。治療費や生活費として使うことができます。

　また、就労による収入と組み合わせることで、経済的自立を促す効果が期待できます。

■実施機関（相談窓口）

　全国の年金事務所または街角の年金相談センターで、相談・手続きができます。なお、20歳前障害、国民年金第1号被保険者である間に初診日がある場合、または特別障害給付金は、住所地の市区町村の担当課（国民年金課など）でも相談・手続きが可能です。

■支給要件

　障害年金は、障害認定日（初診日から起算して1年6か月経過した日またはそれまでに傷病が治った日（症状固定日）。20歳前障害については原則として20歳到達日）において、一定の障害状態に該当した場合に支給されます。

　また、障害認定日に障害等級に該当しない場合でも、その後、病状が悪化して障害等級に該当した場合は、65歳になるまでの間、障害年金を請求することができます。

表 2-3　支給要件

初診日要件	国民年金	初診日において次の①または②に該当していること ①国民年金の被保険者であったこと ②国民年金の被保険者であった者であって、日本国内に住所を有し、60歳以上65歳未満であること
	厚生年金	初診日において、厚生年金保険の被保険者であったこと
障害等級要件		障害認定日(初診日から起算して1年6か月を経過した日またはそれまでに傷病が治った日(症状固定日)。20歳前障害の障害認定日は原則として20歳到達日に、障害等級(国民年金(基礎年金)は1級〜2級、厚生年金は1級〜3級)に該当する程度の障害状態であること。なお、障害認定日において障害等級に該当しない場合であっても、その後、障害等級に該当すれば、65歳到達日の前日までであれば障害年金を請求することができる。
保険料納付要件	原則	初診日の前日において、初診日の属する月の前々月までに保険料納付済期間と保険料免除期間が3分の2以上あること。なお、20歳前障害の場合には、そもそも公的年金加入前であるため、保険料納付要件は問われない。
	特例	初診日が2026(令和8)年4月1日前にある場合は、初診日の属する月の前々月までの1年間に保険料の滞納期間がなければよい。ただし、初診日において65歳以上の場合は、この特例は適用されない。

注：高橋作成、2022年

■特別障害給付金制度の概要

　国民年金に任意加入できるのにしなかった期間（1986（昭和61）年3月以前のサラリーマンの妻や1991（平成3）年3月以前の20歳以上の学生など）に初診日がある傷病で障害状態（障害等級1級または2級）に該当した人が65歳到達日の前日までに請求した場合に、請求日の属する月の翌月から支給される給付金です（所得制限あり）。

■支給額

　障害基礎年金は障害等級に応じた定額制で、子（18歳年度末までにあるか一定の障害のある20歳未満）の加算があります。

　障害厚生年金は、厚生年金加入中の給与水準の平均と加入期間により年金額が算出され、1級・2級の受給権者には配偶者（65歳未満）の加算があります。

■支給日

偶数月の15日に前2か月分が振り込まれます。（例：10月15日は8及び9月分）なお、15日が土日祝日の場合には、その前の金融機関等営業日に振り込まれます。

■根拠

国民年金法（昭和34年4月16日法律第141号）

厚生年金保険法（昭和29年5月19日法律第115号）

特定障害者に対する特別障害給付金の支給に関する法律（平成16年12月10日法律第166号）

2 生活費を保障する・収入を増やす
② 生活保護

■制度の目的

　生活保護法は、その第1条に「日本国憲法第25条に規定する理念に基づき、国が生活に困窮するすべての国民に対し、その困窮の程度に応じ、必要な保護を行い、その最低限度の生活を保障するとともに、その自立を助長することを目的とする」と定めています。日本国憲法第25条第1項には「すべての国民は、健康で文化的な最低限度の生活を営む権利を有する」と、国民の生存権を保障し、第2項には「国は、すべての生活部面について、社会福祉、社会保障及び公衆衛生の向上及び増進に努めなければならない」と、国の責務を明記しています。

■受給要件

　生活保護は、最低限度の生活の維持のために、次の①から④にあげるあらゆるものを活用しても、なお最低限度の生活水準が維持できないときに、その不足分が支給されるものです。

①　資産の活用：預貯金、生活に利用されていない土地・家屋、自動車、有価証券、多額の返戻金がある生命保険等があれば売却や解約等をして生活費に充てます。

②　能力活用：働くことが可能な人は、その能力に応じて働いて収入を得ます。

③　扶養義務者の扶養：民法上の扶養義務者から援助を受けることができる場合は、そちらを優先して援助を受けます。

④　他法他施策の活用：失業給付、年金や手当、健康保険等、他の制度で受けられる給付があるときは、それらを優先し受けます。

■基本的な手続きや実施機関 (相談窓口)

　生活保護は、特別な場合を除き、本人、扶養義務者、同居の親族の申請に基づき開始されます。申請先や相談窓口は、居住地を管轄する福祉事務所です。居住地が明らかでない場合は、現在地の福祉事務所になります。福祉事

務所は都道府県、市、特別区には設置されていますが、町村（郡部）にはほとんど設置されていません。しかし、町村役場の担当課に相談、申請ができます。その際は、郡部を担当する都道府県の福祉事務所が担当します。入院などで外出ができない場合は、電話等で福祉事務所に申請の意思を伝えることも重要です。また、保護は世帯単位で行われることが特徴で、親族以外の他人との同居も1つの世帯として捉えますので、原則として世帯の一人だけが保護を受けることはできません。

■**保護の種類**

　生活保護では、8つの扶助（表2-4）のうち、必要な扶助が給付されます。例えば、義務教育も介護も受けていなければ、教育扶助、介護扶助は支給されません。その人が該当する扶助のみ支給されます。医療扶助と介護扶助の2つは現物給付で、そのほかは原則、金銭給付です。

表2-4　扶助の種類

生活扶助	第1類費：食費・被服費等の個人単位の経費
	第2類費：光熱費・家具什器費等の世帯単位の経費
住宅扶助	家賃、間代、地代、住宅の補修費、敷金、雪下ろしの費用等
教育扶助	義務教育における教材費、給食費、活動費等
医療扶助	公的医療保険の範囲内の治療、薬剤、治療材料、看護、鍼灸等の費用
介護扶助	居宅や施設で介護サービスを受ける際の費用
出産扶助	出産に関する費用、衛生材料費等
生業扶助	小規模事業の運営費、就労に必要な技能の修得費、高等学校等就学費等
葬祭扶助	遺体の検案、運搬、埋火葬や納骨等、葬祭に必要な費用

注：荒川作成、2022年

■保護の基準（支給額と生活保護の要否の判断基準）

　生活保護では、地域における生活様式や物価差による生活水準の差に配慮して、全国の市区町村を6区分（1級地-1、1級地-2、2級地-1、2級地-2、3級地-1、3級地-2）に分けて、最低生活費の基準を定めています（1級地-1が最も高い設定）。ですから、所在地域、年齢、世帯構成、扶助の組み合わせにより、受給世帯ごとに最低生活費が異なります。また、該当者には障害者加算や母子加算などが加算されます。これらが、厚生労働大臣が定める基準に基づく最低生活費（以下、保護の基準）となり、そこから年金や給与などの収入を差し引いた額が保護費として、毎月支給されるのです。保護の基準は、支給額を決めるだけでなく、生活保護の要否の判断基準になっています。その金銭給付の支給方法は、現金支給か口座振込ですが、受給者によって異なります。

■受給者の義務

　受給者の義務がいくつかあります。その1つとして、収入があった場合、入院や退院、転居、または世帯員数など生活に変化があった際は、福祉事務所に申告や連絡をする必要があります。

■制度の有用性

　多くの精神障害がある人が、生活保護を積極的に活用することによって、親から自立し、単身生活を実現しています。また、生活保護は金銭の給付だけではなく、福祉事務所から助言や見守りなどの支援も受けられます。自立につながる有用な制度といえます。

■根拠

　生活保護法（昭和25年5月4日法律第144号）

2 生活費を保障する・収入を増やす
③傷病手当金（医療保険）

■制度の趣旨・目的

　私傷病（労災の対象とならないもので、うつ病などの精神障害まで幅広く対象とされます）による療養が必要な場合であって、かつ労務不能で給与が受けられない場合に請求できるものです。傷病手当金の額は、おおよそ月給の3分の2で、中長期の病気療養の期間中に給与が受けられない場合の生活費・治療費としての役割が大きく、療養中の雇用の維持や治癒後の職場復帰を促進する重要な制度です。

　さらに、1年6か月経過しても一定の障害が残った場合は、障害年金がその保障を引き継ぐことになります。なお、健康保険組合が行う傷病手当金は、全国健康保険協会が行うものよりも手厚い場合があります。

■実施機関（相談窓口）及び支給対象・支給要件

　在職中は事業主（会社）が手続きをします。退職後の継続給付は、本人が、在職中に加入していた健康保険（全国健康保険協会であれば各都道府県支部、健康保険組合であれば当該組合）の窓口に所定の申請書類を提出することで手続きをします。

　支給対象及び支給要件は表2-5のとおりです。

表2-5　支給対象及び支給要件

対象・要件	内容
対 象 者	健康保険の被保険者 （「任意継続被保険者」及び「特例退職被保険者」は除く）
支給要件	次の3つの要件をすべて満たすことが必要 ① 療養のためであること ② 労務に服することができないこと（労務不能） ③ 連続した3日間の「待期」を満たしていること（注）

注：待期の3日間は、連続して3日間働けない状態であればよく、給与が支給されているかどうかは問われないため、有給休暇として処理することができます。
高橋作成、2022年

生活費を保障する・収入を増やす　　33

■支給額（全国健康保険協会が支給する傷病手当金の日額）

　傷病手当金の日額は、健康保険の被保険者期間が12か月以上あるかどうかによって、表2-6のとおり計算されます。

表2-6　支給額の計算方法

被保険者期間	計算方法
12か月以上	傷病手当金の支給開始日の属する月以前の継続した12か月の 標準報酬月額の平均額×1/30×2/3
12か月未満	次の①または②のいずれか少ないほうの額×2/3 ①　その事業所で被保険者資格を取得した月から傷病手当金の 　　支給開始日の属する月までの全期間（12か月未満）の標準報酬月額の平均額×1/30 ②　1万円（＝30万円×1/30）

注：健康保険組合が支給する傷病手当金はより高い水準の場合があります。
　　高橋作成、2022年

■支給方法・支給期間

　2021（令和3）年12月31日までは支給開始から1年6か月（健康保険組合の場合にはこれよりも長い場合がある）の期間に限り支給されることとされていましたが、2022（令和4）年1月1日以降は、通算して1年6か月分（健康保険組合の場合にはこれよりも長い場合がある）を限度として支給されます。

　傷病手当金は対象となる日ごとに請求が可能ですが、1か月や2か月ごとにまとめて請求するのが一般的です。

【経過措置】

　2020（令和2）年7月2日以降に傷病手当金の支給開始日がある場合、支給開始日から1年6か月が、2022（令和4）年1月1日（改正法の施行日）をまたぐため、改正後の期間通算の条項が適用されます。

■併給調整

　傷病手当金の支給要件を満たす人が、会社から給与を受けられる場合や同一支給事由の障害年金を受けられる場合には、それらが優先され、傷病手当

金は一部または全部の支給が制限されます。

■根拠
　健康保険法（大正 11 年 4 月 22 日法律第 70 号）

2 生活費を保障する・収入を増やす
④手当

■制度の目的

　児童（障害のある児童を含む）を養育する親などや、障害による生活のし
づらさを抱える本人に対して、国や自治体はいくつかの手当を支給していま
す。これらの手当には、所得税が課税されません。

　特に、特別児童扶養手当は、世帯の経済的負担を軽減する効果があり、
障害児を養育する親にとって意義のある制度です。また、将来の障害基礎
年金につながる大切な制度でもあります。特別児童扶養手当に加え、本人
の障害の程度が重い場合に支給される障害児福祉手当と特別障害者手当も
あります。

■児童扶養手当と特別児童扶養手当

　児童扶養手当と特別児童扶養手当は、支給対象となる児童を養育している
人（親など）を対象に支給されます。また、併給が可能です。

　児童扶養手当は、父母の死亡・離婚によりひとり親になった児童、父母が
一定の障害状態にある児童、父母の生死が明らかでない児童を監護している
父母や養育している人に支給されます。手当は、ひとり親などになった世帯
の生活の経済的安定とともに、手当の支給を通じて児童の福祉の増進を図る
ことを目的とします。また、父母が障害基礎年金を受給している場合、これ
まではその年金額が児童扶養手当の額を上回る場合は手当が支給されません
でしたが、2021（令和3）年3月分以降は、その手当の額が年金の額を上
回る場合は、差額を受け取ることができるようになりました。

　特別児童扶養手当は、精神または身体に障害を有する20歳未満の児童を
家庭で監護、養育している父母などに支給されます。障害の程度により1
級と2級に区分されます。また認定（障害の状態）の更新があり、その際
は専門の医師の診断書を提出することになります。なお、診断書は、所得等
の現況届とは別に提出することになりますので注意が必要です。

表 2-7　手当の種類

	特別児童扶養手当	障害児福祉手当	特別障害者手当
支給対象者	20 歳未満で精神または身体に障害のある児童を、家庭で監護、養育している父母など	精神または身体に重度の障害があるため、日常生活において常時の介護を必要とする状態にある在宅の 20 歳未満の人	精神または身体に著しく重度の障害を有するため、日常生活において常時特別の介護を必要とする状態にある在宅の 20 歳以上の人
金額（月額）	児童の障害の程度により 1 級　52,400 円 2 級　34,900 円 （2022（令和 4）年度）	14,850 円 （2022（令和 4）年度）	27,300 円 （2022（令和 4）年度）
支給日	4 月、8 月、12 月に前月分まで支給	2 月、5 月、8 月、11 月に前月分まで支給	2 月、5 月、8 月、11 月に前月分まで支給
所得制限	あり	あり	あり

	児童手当		児童扶養手当
支給対象者	中学校卒業まで（15 歳の誕生日後の最初の 3 月 31 日まで）の児童を養育している人		18 歳の誕生日以後最初の 3 月 31 日までの間にある児童（障害児の場合は 20 歳未満）を監護している母、監護しかつ生計を同じくしている父、もしくは養育している者
金額（月額）	・3 歳未満：一律 15,000 円 ・3 歳以上～小学校修了まで： 　10,000 円（第 3 子以降は 15,000 円） ・中学生：一律 10,000 円		扶養義務者等の前年の所得により 全部支給 43,070 円 一部支給 43,060 円～ 10,160 円 2 人目以降は加算あり
支給日	2 月、6 月、10 月に前月分まで支給		1 月、3 月、5 月、7 月、9 月、11 月に前月分まで支給
所得制限	あり		あり

注：石川作成、2022年

■児童手当と障害児福祉手当

　支給対象は「児童」ですが、その児童を養育する親などが受け取ることになります。児童手当は中学校卒業までの児童を対象に支給され、障害児福祉手当は 20 歳未満の重度障害児を対象に支給されます。児童手当、障害児福祉手当は、当該児童が 15 歳になるまでは併給されます。

　児童手当は対象の児童が 3 歳未満のときが最も多い金額に設定されていて、中学校卒業まで支給されます（表 2-7）。児童養護施設などに入所して

いる場合などは、その児童には支給されず、施設の管理者などが手当の支給を受けます（手当はその児童の口座での管理を求められます）。

　障害児福祉手当は、20歳未満で重度の障害があるため、日常生活において常時介護を必要とする状態の児童に支給されます。ただし、児童手当と異なり、施設に入所している子どもには支給されません。あくまでも重度障害児の在宅生活のための経済的支援だからです。なお判定は所定の診断書により行われます。

■特別障害者手当

　20歳以上で、重度の障害があるため、日常生活において常時特別の介護を必要とする状態にある、在宅で生活する人に支給されます。

　障害児福祉手当と似た受給要件ですが、施設に入所しているとき、病院または診療所に継続して3か月を超えて入院しているときは支給されません。

■自治体の独自の手当

　なお、市町村などにおいて、独自の制度を提供している場合があります。

　愛知県岡崎市の「岡崎市心身障がい者福祉扶助料」は精神障害者保健福祉手帳などの等級に応じて手当が支給されます（所得要件あり）。1級の場合は月額4,000円、2級の場合は3,500円、3級の場合は2,000円です。

　また、「心身障害者扶助料」として同様の手当を支給しているいくつかの自治体があります（支給要件は同じではありません。住所地の市町村で確認してください）。

■根拠

特別児童扶養手当等の支給に関する法律（昭和39年7月2日法律第134号）
児童手当法（昭和46年5月27日法律第73号）
児童扶養手当法（昭和36年11月29日法律第238号）

■制度の趣旨・目的及び実施機関（窓口）

仕事中や通勤途上の傷病（精神障害を含む）に対して、保険給付が行われる制度で、事業主の賠償責任（償い）を保険化したものです。業務上の傷病に対する保険給付を労働者災害補償保険法、業務外の傷病に対する保険給付は医療保険各法（健康保険法など）が担うことになります。

実施機関（窓口）は、事業場（会社）を管轄する労働基準監督署です。

主な保険給付の種類（業務災害／死亡・介護に関するものを除く）とその支給要件は表 2-8 のとおりで、福祉的就労（雇用関係が認められるものに限る）であっても対象となります。

■支給額及び支給のタイミング（休業、傷病、障害にかかるもの）

保険給付については、原則として労災事故発生日前 3 か月の賃金をもとに保険給付額が算定され、特別支給金については、直近 1 年の賞与額等をもとに給付額が算定されるものと定額制のものがあります。

年金給付は年金額の 6 分の 1 が偶数月の 15 日に支給されます。年金給付以外は労働基準監督署にて支給の準備ができ次第随時の支払いとなります。

■根拠

労働者災害補償保険法（昭和 22 年 4 月 7 日法律第 50 号）

労働者災害補償保険特別支給金支給規則（昭和 49 年 12 月 28 日労働省令第 30 号）

表 2-8　保険給付の種類・支給要件の概要（業務災害／死亡・介護に関するもの以外）

保険給付の種類		支給要件など
治癒前 傷病が治癒していないときに支給される	療養補償給付	業務災害による傷病の療養のため支給される保険給付（10 割給付）。「労災指定病院」の場合は、病院窓口で手続きを行えば、窓口負担はない。労災指定病院以外の場合には、病院窓口にいったん治療費を全額支払い、後日、労働基準監督署へ請求を行う。
	休業補償給付	業務災害による療養のため、4日以上休業する期間（最初の3日間は労働基準法に基づき補償）で、事業主から賃金を受けない場合に、給付基礎日額の6割を請求できる。なお、特別支給金制度で2割上乗せされるため、実質的には8割給付となる。
	傷病補償年金	業務災害による傷病が1年6か月経過しても治癒しない場合であって、傷病等級1級〜3級に該当する場合には、休業補償給付から傷病補償年金に切り替えが行われる。労働基準監督署長の職権により切り替えが行われるため手続き不要。特別支給金制度あり。
治癒後	障害補償給付	業務災害による傷病が治癒し、一定の障害が残った場合に請求できるもの。障害の状態の重い1級〜7級までが年金、8級〜 14 級が一時金の支給となる。特別支給金制度あり。

注：高橋作成、2022年

生活費を保障する・収入を増やす
⑥雇用保険（基本手当）

■制度の趣旨・目的及び実施機関（窓口）

　労働者が離職（失業）した際の生活保障と再就職の支援を行う基本手当が雇用保険の給付の中心となっています。また、求職活動中に傷病によりその活動ができない場合には、傷病手当が支給されます。

　実施機関(窓口)は、住所地を管轄するハローワーク(公共職業安定所)です。

■対象・支給要件（一般被保険者が受給資格者となる場合）

　雇用保険の被保険者（一般被保険者）[1]が離職した際、一定の要件を満たしている場合に基本手当が支給されます。受給資格者となるための要件は表2-9のとおりです。

表 2-9　受給資格者の要件

原　則	離職日以前2年間に12か月以上の被保険者期間があること
例　外	倒産等の場合は、離職日以前1年間に6か月以上被保険者期間があること

注：高橋作成、2022 年

■基本手当日額及び支給手続き等

　基本手当の日額は、原則として離職前6か月の賃金の総額を180で割って算出した額（賃金日額）のおよそ8割から5割（60歳以上65歳未満は8割から4.5割）とされ、年齢区分による限度額及び支給乗率によって決定されます。

　支給手続きは、住所地のハローワーク（公共職業安定所）にて求職の申し込み（障害がある場合はその旨の申し出も含む）を行い、受給資格の認定を経て、原則4週間に1回（ハローワークから指定された失業認定日）、失業

---

1 一般被保険者：高年齢被保険者（65歳以上の被保険者）、短期雇用特例被保険者（季節的に4か月を超えて雇用され、所定労働時間が30時間以上である者）、日雇労働被保険者以外の者をいいます。

認定が行われます。

　失業認定された日数分の基本手当が、後日、口座振込により支給されます。

　なお、（正当な理由のない）自己都合退職の場合には、求職申し込み後、原則2か月間は基本手当の支給が制限されます。

■根拠

雇用保険法（昭和49年12月28日法律第116号）

コラム 「傷病手当」と「傷病手当金」

　傷病手当は雇用保険から行われる所得保障です。雇用保険の基本手当（いわゆる失業保険）を受けて就職活動をしているときに、体調が悪くなり15日以上就職活動ができなくなった場合に、基本手当の代わりに支給されます。

　一方、病気やけがで働くことができない場合に、健康保険法に基づき傷病手当金が支給されます（33頁）。

　似ている2つの用語ですが、登場する場面が異なりますので、相談の際は注意しましょう。また、正しく用語を使うことも心がけましょう。

■制度の理念

　生活福祉資金貸付制度は、1955（昭和30）年に世帯更生資金貸付制度として創設されました。その後、対象が高齢者、身体障害者等に広がり、1990（平成2）年に、名称が「生活福祉資金貸付制度」に変更されました。「低所得者、障害者又は高齢者に対し、資金の貸付けと必要な相談支援を行うことにより、その経済的自立及び生活意欲の助長促進並びに在宅福祉及び社会参加の促進を図り、安定した生活を送れるようにすること」を目的としています。

　制度化された当時と比較すると、資金の種類に変化こそあれ、制度が果たすべき役割、つまり制度の理念はそのまま受け継がれているといえます。

■実施主体

　都道府県社会福祉協議会（業務の一部を市町村社会福祉協議会に委託することができ、書類の交付や受付などの業務は市町村社会福祉協議会を経由して行われます）。

■償還方法、償還金の支払猶予等

　償還は、あらかじめ定められた償還計画に基づいて行います。

　なお、災害などやむを得ない事情により償還が著しく困難となった場合及び教育支援資金の貸し付けを受けて入学・就学した者が高校、大学などに就学中の場合などには、償還金の支払いが猶予されます。また、その期間の利子は徴収されません。

■借入申し込み

　居住地（居住予定）の地域の民生委員または市町村社会福祉協議会に借り入れの申し込みを行い、都道府県社会福祉協議会において貸し付けが決定されます。ただし、総合支援資金、緊急小口資金の貸し付けについては、すでに就職が決定している場合、病気などにより一時的に生活費が不足する場合

などを除き、生活困窮者自立支援制度における自立相談支援事業の利用が貸し付けの要件とされています。

■貸し付けを受けることができる人

　生活福祉資金貸付制度は「一般の融資など他法を利用できない人」を対象としています。具体的には次のとおりです。

① 低所得世帯

　資金の貸し付けにあわせて必要な支援を受けることにより独立自活できると認められる世帯であって、独立自活に必要な資金の融通を他から受けることが困難な世帯（市町村民税非課税程度）

② 障害者世帯

　身体障害者手帳、療育手帳、精神障害者保健福祉手帳の交付を受けた者（現に障害者総合支援法によるサービスを利用している等これと同程度と認められる者を含みます）の属する世帯

③ 高齢者世帯

　65歳以上の高齢者の属する世帯

　これらの世帯に対して生活費を漫然と貸し付けるのではなく、生活再建や、生活の質をよくするための費用として利用されます。

■制度を利用するにあたって

　生活福祉資金貸付制度は、生活に困窮している世帯を関係機関が把握し、その世帯がよりよい暮らしを送るには「どのような資金」を「どの程度貸し付けるのか」検討して、「返済できるように関係機関で生活再建のサポートを行う」ことで、はじめて完結する制度であり、ここが一般の金融機関の融資と大きく異なる点です。

■根拠

　社会福祉法（昭和26年3月29日法律第45号）

　生活福祉資金の貸付けについて（平成21年7月28日社援0728第9号）

コラム　生活福祉資金の種類

　生活福祉資金には、①総合支援資金、②福祉資金、③教育支援資金、④不動産担保型生活資金の４つがあります（表2-10）。

　低所得を対象とした総合支援資金は、資金の用途別に、「生活支援費」（生活費）、「住宅入居費」（敷金、礼金など賃貸借契約を結ぶ費用）、「一時生活再建費」（就職転職用の技能習得費や滞納中の公共料金や債務整理の費用など）に分かれます。

　低所得世帯、障害者世帯、高齢者世帯を対象とした福祉資金は、緊急事態の場合に貸し付けを行う「緊急小口資金」、13種類の用途に細分化されて貸付額もさまざまな「福祉費」の２つに分かれます。

　低所得世帯を対象とした教育支援資金は、高等学校、大学、専門学校の授業料などに充てる「教育支援費」、入学金などに充てる「就学支度費」に分かれます。なお、資金の借受人が就学する子どもである場合、その世帯の生計中心者（主に親）が連帯借受人に加わります。

　不動産担保型生活資金は、低所得の高齢者世帯を対象とする資金と、生活保護世帯向けの資金に分かれます。居住用不動産を担保にして生活資金を借り受けるものです（リバースモーゲージと呼ぶこともあります）。担保にする不動産の評価額が一定の水準でないと、十分な資金を借り受けることは難しいと思いますので、事前に十分な相談が必須です。

　このように、生活福祉資金はさまざまな用途を想定して制度化されています。また、借り受けた資金を、決められた用途以外に充てることはできません。その意味では「用途制限がある」といえるでしょう。

　ただ、相談受付の時点で丁寧な聞き取りをして、資金の具体的な使用目的と、生活福祉資金制度とのマッチングを行いますので、結果的には資金の使用用途が制限されたという事態は起こりにくいのではと思います。

表 2-10　生活福祉資金

		資金の種類	貸付限度額
総合支援資金	生活支援費	生活再建までの間に必要な生活費用	（2人以上）月20万円以内 （単身）月15万円以内 貸付期間は原則3か月、 最長 12 か月以内（延長貸付を3回行う）
	住宅入居費	敷金、礼金など住宅の賃貸契約を結ぶために必要な費用	40 万円以内
	一時生活再建費	生活を再建するために一時的に必要かつ日常生活費で賄うことが困難である費用 ・就職・転職を前提とした技能習得に要する経費 ・滞納している公共料金等の立て替え費用 ・債務整理をするために必要な経費 など	60 万円以内
福祉資金	福祉費（13 種類）	・生業を営むために必要な経費 ・技能習得に必要な経費及びその期間中の生計を維持するために必要な経費 ・住宅の増改築、補修等及び公営住宅の譲り受けに必要な経費 ・福祉用具等の購入に必要な経費 ・障害者用の自動車の購入に必要な経費 ・中国残留邦人等にかかる国民年金保険料の追納に必要な経費 ・負傷または疾病の療養に必要な経費及びその療養期間中の生計を維持するために必要な経費 ・介護サービス、障害者サービス等を受けるのに必要な経費及びその期間中の生計を維持するために必要な経費 ・災害を受けたことにより臨時に必要となる経費 ・冠婚葬祭に必要な経費 ・住居の移転等、給排水設備等設置に必要な経費 ・就職、技能習得等の支度に必要な経費 ・その他日常生活上一時的に必要な経費	580 万円以内（資金の用途に応じて目安額を設定）

教育支援資金	緊急小口資金	緊急かつ一時的に生計の維持が困難となった場合に貸し付ける少額の費用	10万円以内
	教育支度費	低所得世帯に属する者が高等学校、大学または高等専門学校に修学するのに必要な経費	高校　月3.5万円以内 高専　月6万円以内 短大　月6万円以内 大学　月6.5万円以内 （特に必要と認める場合、限度額の1.5倍まで貸付可能）
	就学支度費	低所得世帯に属する者が高等学校、大学または高等専門学校への入学に際し必要な経費	50万円以内
不動産担保型生活資金	不動産担保型生活資金	低所得の高齢者世帯に対し、一定の居住用不動産を担保として生活費を貸し付ける資金	・土地の評価額の70%程度 ・月30万円以内 ・貸付期間：借受人の死亡時までの期間または貸付元利金が貸付限度額に達するまでの期間
	要保護世帯向け不動産担保型生活資金	要保護の高齢者世帯に対し、一定の居住用不動産を担保として生活費を貸し付ける資金	・土地及び建物の評価額の70%程度（集合住宅の場合は50%） ・生活扶助額の1.5倍以内 ・貸付期間：借受人の死亡時までの期間または貸付元利金が貸付限度額に達するまでの期間

出典：『社会保障の手引 2022年版－施策の概要と基礎資料』中央法規出版、2022年、379ページより石川作成

出費(支出)を減らす・家計の負担を軽くする
①高額療養費(医療保険)

■制度の趣旨・目的

　医療機関等の受診の際、1か月の自己負担額等の額が著しく高額となった場合に、その負担額の一部が給付される制度です。70歳未満の人は、入院の際に、「限度額適用認定証」を利用することで、窓口負担が高額療養費算定基準額までの支払で済みます。また、12か月中に4回以上高額療養費の支給基準に該当する場合、高額療養費算定基準額が引き下げられる「多数回該当」制度の適用があり、より一層の医療費負担軽減措置が行われます。

■実施機関(窓口)

　健康保険証に記載されている機関が窓口(保険者)です。当該窓口にて、「限度額適用認定証」の交付申請や高額療養費の支給申請・相談ができます。

■支給要件区分等

　次の3区分で支給要件を判別し、それぞれの基準額を超えた場合、その超えた額が高額療養費として支給されます。
① 70歳以上の高齢者の場合、通院にかかる費用について個人単位で高額療養費算定基準額を適用する。
② ①で残った自己負担額等を世帯合算(70歳以上の者に限る)して高額療養費算定基準額を適用する。
③ ①・②適用後に残った自己負担額等と70歳未満の自己負担額等(21,000円以上のものに限る)を世帯合算して高額療養費算定基準額を適用する。

図 2-1　高額療養費のイメージ

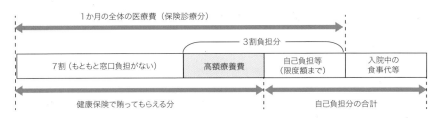

注：高橋作成、2022 年

■高額療養費算定基準額

　高額療養費制度は、健康保険法等の医療保険各法に規定されています。ここでは、健康保険法（全国健康保険協会）の 70 歳未満にかかる高額療養費算定基準額を紹介します（70 歳以上は別途高額療養費算定基準額が定められています）。

表 2-11　高額療養費算定基準額（70 歳未満）

所得	1月の上限額 （世帯ごと）	多数回該当 （4回目以降）
年収約1,160万円～ 標準報酬月額83万円以上	252,600円＋（医療費－842,000円）×1％	140,100円
年収770～約1,160万円 標準報酬月額53～79万円以上	167,400円＋（医療費－558,000円）×1％	93,000円
年収約370～約770万円 標準報酬月額28～50万円以上	80,100円＋（医療費－267,000円）×1％	44,400円
～年収約370万円 標準報酬月額26万円以下	57,600円	44,400円
住民税非課税	35,400円	24,600円

注：精神科病院の 1 か月の入院医療費は 30 ～ 50 万円程度が目安とされています。
　　計算例：80,100 ＋（400,000-267,000）× 1％ =81,430（窓口負担分）
　　厚生労働省資料より高橋作成、2022 年

■支給方法

　限度額適用認定の手続きが間に合わずに医療機関の窓口で高額な自己負担額等を支払った場合や限度額適用認定を受けてもなお自己負担額等が高額療養費算定基準額を超える場合に、健康保険証に記載されている機関の窓口に請求手続きを行うことで、後日指定の口座に高額療養費が支払われます。

■根拠

　健康保険法（大正 11 年 4 月 22 日法律第 70 号）
　国民健康保険法（昭和 33 年 12 月 27 日法律第 192 号）　ほか

3 出費 (支出) を減らす・家計の負担を軽くする
②医療費助成制度（自立支援医療）

■制度の目的

　自立支援医療（制度）は医療費の自己負担額を軽減する制度で、①精神通院医療、②更生医療、③育成医療の３つに分けられます。ここでは、精神障害のある人が対象の①精神通院医療を取り上げます。精神疾患は、長期間にわたり継続的な通院や服薬が必要になることが少なくありません。受診の度に３割の診療代や薬代を支払うことは、経済的に大きな負担になり、それが理由で受診が途絶えることもあります。自立支援医療を利用することで、公的医療保険の自己負担が、１割に軽減されます。

■申請要件

　統合失調症、気分障害、薬物などの精神作用物質による急性中毒またはその依存症、PTSDなどのストレス関連障害やパニック障害などの不安障害、知的障害、発達障害、認知症、てんかんなどの精神疾患で通院による治療を続ける必要がある病状の人が対象です。

　なお、精神障害者保健福祉手帳のように、「初診から６か月経過後に申請可」というような条件はありません。ただし、市町村民税（所得割）が年23万5,000円以上の「世帯」(公的医療保険単位の世帯)の人は、原則として対象外です。ただし、統合失調症などで、医療費が高額な治療を、長期間にわたり続けなければならない場合（「重度かつ継続」）に限り対象となります。

■自立支援医療の対象範囲

　精神疾患に対して、病院等に入院しないで行われる医療（外来診療、院外薬局等の薬代、精神科デイケア、重度認知症デイケア、精神科訪問看護等）が対象です。入院の医療費、公的医療保険の対象とならない治療（医療機関以外でのカウンセリング等）、精神疾患と関係のない疾患(風邪など)の医療費は対象になりません。

■受診医療機関等

　自立支援医療が適用される医療機関は、都道府県または指定都市が指定した「指定自立支援医療機関」に限られていますので、利用する機関が指定されているか確認が必要です。なお、脳神経外科や小児科でも指定を受けている場合があります。また、自立支援医療受給者証には指定医療機関が記載されます。記載される指定医療機関は、病院、診療所、薬局、訪問看護事業者それぞれ原則１つとされています。例えば、通院医療機関と他のデイケアを行う医療機関や複数の薬局の登録はできません。ただし、特別な理由があれば、複数の医療機関の登録が認められることがあります。その際は主治医による理由書を申請書に添付します。

■基本的な申請方法

　市町村の担当窓口で申請します。提出書類は、①申請書、②税情報の閲覧や提供の同意書、③診断書、④医療保険証、⑤障害年金等非課税収入がある場合に、年金証書や振込通知書の写し、⑥個人番号確認書類（個人番号カード、通知カード、個人番号入り住民票など）、⑦身元確認書類（顔写真付身分証明１点、もしくは顔写真なし身分証明２点）です。自治体によって必要書類が異なる場合があります。さらに、申請する市町村で必要な情報を把握できる場合は、市町村に同意書を提出することで、一部の必要書類が省略できる場合もあります。

　なお、精神障害者保健福祉手帳と同時申請をすることにより、自立支援医療の診断書が省略できます (Q75)。

■「自立支援医療受給者証」の交付と利用方法

　市町村から本人に自立支援医療受給者証と自己負担上限額管理票が交付されます。利用者によっては、受給者証に、A病院とB院外薬局とC訪問看護ステーションというように記載され、自立支援医療を利用する際は、その都度、自立支援医療受給者証と、自己負担上限額管理票を医療機関等に提示し、適用されます。

■医療費の自己負担

　制度の対象となる医療を受けた場合、かかった医療費の原則1割を負担することになりますが、「世帯」の所得等に応じて月額の負担上限額が設けられます。ここでいう「世帯」とは通院する人と同じ公的医療保険に加入する人を同一の「世帯」として取り扱います。市町村民税非課税世帯や「重度かつ継続」は、別に負担上限月額が定められ、負担が軽減されています。例えば、月の上限額が2,500円の非課税世帯の人は、同一月に1割負担で、病院で1,000円、薬局で1,000円、さらに再診で1,000円を支払った場合、再診の1,000円が500円になり、以降同一月には請求されません。

■有効期間と更新・変更申請

　受給者証の有効期間は1年以内です。更新の申請は、有効期間終了3か月前からできます。なお、更新の申請かつ治療方針の変更がない場合に限り、医師の診断書は2年に1度の提出でよいこととされています。

　申請時に申し出た医療機関や院外薬局が、受給者証に記載され、記載されている機関でしか適用されませんので、転院する際は、医療機関の変更申請が必要になります。また、医療保険の保険者が変わったとき(保険証が変更になった際)も、変更申請が必要です。

■根拠

　障害者の日常生活及び社会生活を総合的に支援するための法律（平成17年11月7日法律第123号）

3 出費(支出)を減らす・家計の負担を軽くする
③医療費助成制度(自治体独自の医療費助成制度)

■制度の概要

　自治体独自の制度として、子ども、障害者、母子・父子家庭、所得の低い高齢者等に対し、保険診療の一部負担金に相当する額について給付を行う事業があります。ここでは、精神障害がある人の医療費助成を取り上げます。

　自立支援医療(精神通院医療)の自己負担分に対し、全額もしくは一部を助成しているほか、精神障害者保健福祉手帳(障害年金受給者の場合も有)を所持している人に対して、精神科以外の通院費や入院費を助成している自治体もあります。自治体によってその対象、範囲に差があることは否めませんが、自治体単位の医療費助成制度は、精神障害がある人にとって大変重要な制度です。

■制度の特徴

　自治体独自の医療費助成には2つの特徴があります。1つ目は、「福祉医療」「重度心身障害者医療費助成」あるいは精神障害を別建てにして、「精神障害者医療費助成制度」等のさまざまな名称があることです。2つ目は、都道府県が医療費助成についてその要綱をつくっている場合、都道府県が基本的に2分の1の費用を負担するため、市町村が医療費の助成を実施しやすくなっているということです。

■申請要件

　対象者は、自治体ごとに異なります。

■基本的な手続きや実施機関(相談窓口)

　市町村の担当課が窓口です。

■根拠

　各自治体の条例等

3 出費（支出）を減らす・家計の負担を軽くする
④ 税金（所得税、住民税等）

■税金の種類

　ここでは、特に「個人」の所得＝もうけにかかる税金、すなわち所得税と個人住民税（以下、「住民税」）を取り上げます。

　相続税・贈与税については、第2章 **4** で説明します。（軽）自動車税は第3章 Q54 で、その概要から説明しています。

■所得税（住民税）とは

① 個人の所得（もうけ）にかかる税金

　所得税、住民税ともに個人の1年間（1月〜12月）の所得にかかる税金です。所得税、住民税の計算方法はほとんど同じですので一緒に説明します。

② 税金計算の枠組み

　あとで説明する所得控除をはじめ、さまざまな細かい規定があり難しく感じますが（実際難しいので税理士がいます）、税金計算の枠組みはシンプルです。

> ## 1年間の収入－1年間の支出＝もうけ（所得）

　このもうけ（難しくいうと所得）に対し、所得税や住民税の税率をかけてそれぞれの税額を計算します。大枠を理解できたら「第一関門」突破です。

図 2-2　所得税・住民税計算の枠組み

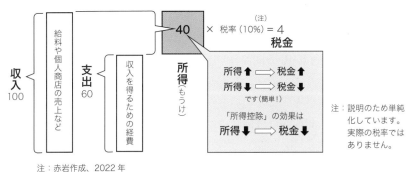

注：赤岩作成、2022 年

■所得控除

　図2-2をもう一度みてください。所得から何も控除せずに税率をかけていましたが、実際は税率をかける前に所得控除を差し引きます。所得控除とは、定められた要件を満たす場合に、一定額を所得から差し引くしくみです。実際は、

> **所得−所得控除＝課税所得**（← この課税所得に税率をかけます）

　所得控除により所得が減ったことになり、その結果、税金も減りました。これが理解できたら「第二関門」突破です。

図2-3　所得控除で所得を減らすと、税金も減る

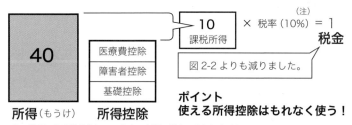

注：説明のため単純化しています。実際の税率ではありません。
　　赤岩作成、2022 年

① 絶対に押さえておきたい「生計一」

　所得控除の解説に入る前に理解しておきたいことがあります。それは「生計を一にする」ことの意味です。本書（税金部分）の随所で「要件」として登場しますので、ぜひ押さえてください。

　生計を一にしているとは、日常生活の資を共通にしていることをいいます（国税通則法基本通達第46条関係9）。おおざっぱにいえば、同じ財布（財源）で生活しているということです。したがって、必ずしも同居を要件とはしていません。また、生計を一にしているからといって、必ず扶養関係にあるわけでもありません。年収がほぼ同じ夫婦が生活費を出し合っている場合も生計を一にしています。「第三関門」突破です。

図 2-4 「生計を一にしている」とは

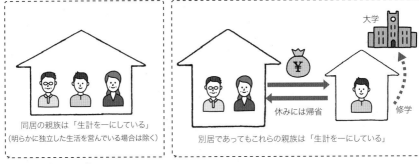

同居の親族は「生計を一にしている」
(明らかに独立した生活を営んでいる場合は除く)

別居であってもこれらの親族は「生計を一にしている」

大学

休みには帰省　　修学

注：赤岩作成、2022 年

② 　所得控除の内容

　所得控除には 10 以上の種類がありますが、ここでは、「医療費控除」「障害者控除」「扶養控除」「基礎控除」について説明します。いずれも本書を読むために知っておきたい控除です。所得控除を受ける人が誰なのか？　をしっかり意識してください（表 2-12）。また、所得控除の金額を表 2-13 にまとめました。所得控除の内容を理解できれば「第四関門」の突破です。

　A さん、B さんともに精神障害者保健福祉手帳 2 級を取得しています。また、A さん自身と B さんの父親には給与所得のみがあり、B さんには収入がありません。なお、ここでは、所得控除の適用を受ける人を「納税者」と呼びます。

図 2-5 　所得控除を受ける人は誰か？

納税者は誰か	A（未婚）本人が納税者	父親が納税者　B（未婚）

生計を一にしている

所得控除を受けるのは	A さん	B さんの父親

注：赤岩作成、2022 年

表 2-12　医療費控除、障害者控除、扶養控除、基礎控除の概要

所得控除	何をしたら どういう状態なら適用？	この場合の控除を受ける人（納税者）
医療費控除	納税者本人、または納税者と生計を一に する配偶者やそのほかの親族のために、 一定額を超える医療費を支払った場合	Aさん
		Bさんの父
障害者控除	納税者本人が障害者である場合	Aさん
	扶養親族（注1）が障害者である場合	Bさんの父
扶養控除	納税者本人に、控除対象扶養親族となる 人がいる場合（注2）	Bさんの父
基礎控除	納税者の合計所得金額（このケースでは 給与所得金額）が 2,400 万円以下の場合、 満額で受けられる	Aさん
		Bさんの父

注1：扶養親族：Bさんの親族で、Bさんと生計を一にしており、合計所得金額が48万円以下である者
　2：控除対象扶養親族：扶養親族のうち16歳以上の者
　3：所得税法第73条、第79条、第84条、第86条を参考に赤岩作成

表 2-13　所得控除の金額

所得控除		所得税	住民税
医療費控除		計算による	計算による
障害者控除	精神障害者保健福祉手帳 2級3級	27万円	26万円
	精神障害者保健福祉手帳 1級（特別障害者：非同居）	40万円	30万円
	精神障害者保健福祉手帳 1級（特別障害者：同居）	75万円	53万円
扶養控除（抜粋）	16歳以上　　19歳未満	38万円	33万円
	19歳以上　23歳未満	63万円	45万円
	23歳以上　70歳未満	38万円	33万円
基礎控除（合計所得金額2,400万円以下の場合）		48万円	43万円

出典：杉田宗久『令和3年度版 税務ハンドブック』コントロール社、2021年、164〜165ページを参考に赤岩作成

コラム 税金の還付手続きはいつまでできる？

　その年の所得税の確定申告期限は翌年3月15日ですが、それは申告により納付する税金がある場合です。確定申告の必要はないものの、源泉徴収等で納め過ぎた税金がある場合の還付申告は翌年1月1日から5年以内に行います。還付金の請求権が時効により5年で消滅するからです（所得税法第122条、国税通則法第74条第1項）。

　過年度分の住民税は、市町村が還付通知書と還付請求書を送付し、還付請求書に振込先等を記入して返送するという流れが一般的です。詳細は市町村に確認してください。また、住民税の還付金の請求権も5年で消滅します（地方税法第18条の3第1項）。

　なお、これは対象となる年の還付申告を一度もしていない場合の手続きです。すでに確定申告や還付申告をしている場合に還付を求める場合は「更正の請求」が必要です。請求の期限は原則として法定申告期限から5年以内です（国税通則法第23条）。

3 出費(支出)を減らす・家計の負担を軽くする
⑤鉄軌道、バス、タクシー、航空、船舶運賃の割引

■運賃割引

　精神障害がある人に対する運賃割引には、大きく2つの方式があります。

① 手帳提示による方式

　精神障害者保健福祉手帳（以下、「手帳」）を提示することで割引が適用される方式です。乗車券を購入するたびに、手帳を提示する必要がありますが、事前の手続きは不要です。手帳の発行元の自治体にかかわらず、割引を受けられる場合が大半です。

　手帳の代わりに障害者手帳アプリ「ミライロ ID[1]」の提示で運賃の割引を受けられる事業者も増えてきました。ミライロ ID や「障害者手帳で行こう[2]」の Web サイトでは、精神障害がある人を対象とした割引を実施している公共交通機関を検索できます。

② 福祉乗車証（福祉パス）方式

　自治体が、住民のうち障害がある人や高齢者などの社会的弱者に対して運賃割引が適用される乗車証を発行するしくみです。事前の申請が必要で、交通機関は自治体にある鉄道やバスに限定されます。政令指定都市の公営バス・公営地下鉄でみられるほか、地方でも行われているエリアがあります。改札で乗車証を提示し、利用します。乗車証を IC カードにする自治体も増えています。

■鉄軌道の運賃割引

　公営事業者では何らかの形で割引を実施しており、民間の鉄道のなかで手帳による割引を導入している事業者は全体の半数です[3]。割引の対象は事業者によって異なります (Q55、56 参照)。

■バスの運賃割引

　割引を実施するバス事業者が増加しています[3]。路線バスやコミュニティバスでは、手帳の提示や福祉乗車証により本人は半額とする例が多く、介護者

の扱いは事業者によって差があるようです。

　高速バスは対象外とする事業者もありますが、長距離高速バスで割引を行う事業者もあります。バス予約サイトやツアー会社が割引を実施していることもあります。

■タクシーの運賃割引

　タクシーは、近年、割引を適用する事業者が急増しています[3]。およそ半数の事業者が該当します。手帳の提示により、運賃の1割を引くものです。自治体によっては手帳等級によりタクシー券を交付しています。

■航空旅客運賃割引

　航空各社は、手帳による割引を実施しています。障害者割引は、介護者にも適用される、予約の変更やキャンセルが可能、搭乗直前であっても運賃は変動しないといった特徴があります。利用の仕方によってはメリットが大きいといえます。

■旅客船（フェリーなど）

　手帳による割引を実施している客船やフェリーも増えています[3]。等級によらず旅客運賃を半額に、1級の場合は介護者も半額にする例が多いようです。1級の場合、車の航送運賃を半額適用する事業者があります。

---

1 ミライロID：株式会社ミライロが開発したスマートフォン向け障害者手帳アプリ。障害者手帳の情報、求めるサポートなどを登録しておくことで、公共機関や商業施設において、必要なサポートがスムーズに受けられる。
2 「障害者手帳で行こう」全国版 https://shogaisha-techo.com
3 公共交通機関における精神障害者に対する運賃割引の実施状況（「障害者に対する公共交通機関の運賃割引等に関する協力について」（令和3年11月18日国自総第251号の4・国自旅第330号の4）

■相続税

① 相続税とは

　相続税は財産を相続した場合に、その額が一定の金額を超える場合にかかってくる税金です（図2-6）。

図2-6　相続税とは？

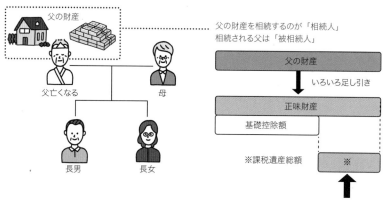

注：配偶者の税額軽減や障害者控除等によって最終的に納める相続税がゼロになる場合があります。
赤岩作成、2022年

② 相続税の申告と納付

　相続人はその相続の開始があったことを知った日（被相続人が死亡した日）の翌日から10か月以内に、被相続人の住所地の所轄税務署に申告・納税する必要があります（相続税法第27条第1項）。

　計算の結果、相続税額がゼロになった場合、基本的には申告する必要はありません。しかし、申告書の提出を要件とする軽減制度もあるので、相続税額がゼロであっても、すべてのケースで申告する必要がなくなるわけではありません。

【計算例】

おおざっぱに、1億円を子ども3人で相続した場合を考えます。

相続税の計算にあたっては、「3,000万円＋600万円×法定相続人の数」にあたる額が控除されます（基礎控除）。

したがって、この場合、基礎控除額は

3,000万円＋600万円×3人＝4,800万円

となります。

すると、課税遺産総額は、1億円－4,800万円で、5,200万円になります。

1人あたりの法定相続分に応ずる取得金額は、5,200万円÷3人＝1,733.3万円／人で、この場合、税率は15％で、また50万円が控除されることになっています（取得金額に対する税率と控除額は、その額によって異なります）。

1,733.3万円×15％－50万円＝209.99万円（1人あたり相続税）

209.99万円×3人分≒630万円（この金額を実際の相続割合で按分する）

課税価格が5,000万円、8,000万円、1億円で、相続人が子1人、子2人、子3人のそれぞれの場合の相続税額をまとめると表2-14のとおりになります。

表2-14　相続税額（相続人が子どものみの場合）

相続人／課税価格	子1人	子2人	子3人
5,000万円	160万円	80万円	20万円
8,000万円	680万円	470万円	330万円
1億円	1,220万円	770万円	630万円

注：子が複数の場合、表は全員分の金額であり、端数は丸めています。
　　赤岩作成、2022

■相続税対策（贈与税、特定贈与信託）

① 贈与税

贈与税は相続税を補完するもの

　贈与とは「当事者の一方がある財産を無償で相手方に与える意思を表示し、相手方が受諾をする」ことです（民法第549条）。

　贈与税は財産をもらった人が納める税金です。贈与税法という法律はなく、相続税法に規定されています。なぜなら贈与税は相続税を補完するものだからです。

　親が相当な財産をもっている場合、将来亡くなったときに相続税が高額にならないように、生前に子どもへ渡してしまおうと考えるのが人情です。亡くなったときに正味財産が基礎控除額以下になっていれば、相続税がかからないからです。無制限な贈与に一定の歯止めをかけるのが贈与税の目的です。

　贈与された財産に対する課税方式には、①暦年課税と②相続時精算課税があります。すでに述べたとおり、贈与税は相続税を補完するものですが、

図2-7　相続税と贈与税の関係

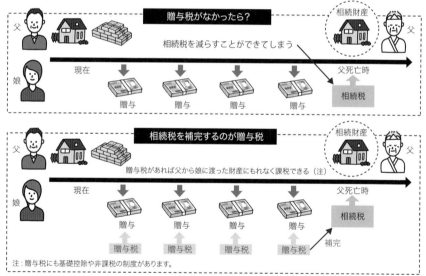

注：赤岩作成、2022年

贈与の目的によっては非課税とされているものもあります（例えば特定贈与信託）。

暦年課税

・暦年課税とは、1月から12月の間（暦年）に行われた贈与に対して課税されるものです。

・110万円の基礎控除があります。

・1年間の贈与が基礎控除額（110万円）以下であれば、原則として贈与税はかかりません。ただし、110万円以下であるかどうかはもらった側で判断します（図2-8）。

・贈与税がかかる場合は翌年2月1日から3月15日までの間に贈与税の申告と納付をします（相続税法第28条第1項）。

・18歳以上の者が直系尊属(父母や祖父母)から受けた贈与の場合、それ以外からの贈与よりも税率が低くなっています(租税特別措置法第70条の2の5)。

・相続税の計算の際、被相続人から相続開始前3年以内に暦年課税により贈与された財産は課税価格に加算します（相続税法第19条第1項）。

図2-8　暦年課税

1年間（1月〜12月）の贈与額に対して課税
基礎控除額（110万円）の考え方→もらうほうで判断

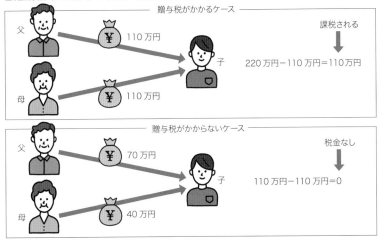

注：赤岩作成、2022年

【計算例】Aさんが父親から1年間で500万円贈与された場合

課税価格＝500万円−110万円＝390万円

贈与税額＝390万円×15％−10万円＝48万5,000円

表2-15　直系尊属から贈与を受けた場合の贈与税速算表（抜粋）

基礎控除後の課税価格	税率	控除額
200万円以下	10％	—
400万円以下	15％	10万円
600万円以下	20％	30万円
1,000万円以下	30％	90万円

出典：国税庁「贈与税の計算と税率（暦年課税）」
　　（https://www.nta.go.jp/taxes/shiraberu/taxanswer/zoyo/4408.htm）を参考に赤岩作成

　基礎控除額110万円以下の場合、基本的に贈与税はかかりませんが（図2-8）、例えば「毎年100万円を10年間あげます」というような贈与契約の場合、最初から1,000万円の贈与と決まっているということで贈与税がかかりますので要注意です。

相続時精算課税

　60歳以上の父母または祖父母（以下、「特定贈与者」）から18歳以上の子または孫に対し、財産を贈与した場合において選択できる贈与税の制度です。

・贈与する年の1月1日に60歳以上、18歳以上であることが必要です（相続税法第21条の9第1項）。

・相続時精算課税選択届出書の提出が必要です（相続税法第21条の9第2項）。

・特定贈与者ごとに1月から12月の間に贈与された財産の価額を合計します（相続税法第21条の10）。

・特定贈与者ごとに2,500万円の特別控除があります（相続税法第21条の12第1項）。

・特定贈与者からの贈与額の累計が特別控除額2,500万円に達するまでは贈与税はかかりませんが、2,500万円を超えた年から超えた部分に対して一

律で 20%の贈与税が課されます（相続税法第 21 条の 13）。

・特定贈与者からの贈与は 110 万円以下でも贈与税の申告が必要です。

・贈与があった年の翌年 2 月 1 日から 3 月 15 日までに贈与税の申告と納付をします（相続税法第 28 条第 1 項）。

・相続税の計算の際、相続時精算課税を適用した贈与財産は課税価格に加算します（相続税法第 21 条の 15）。

相続時精算課税と障害者の相続税対策

　ある程度まとまった金額を障害者である子に贈与しておきたい場合は、相続時精算課税の利用を考えるとよいかもしれません。贈与税にはありませんが、相続税には「障害者控除」があります。相続時精算課税では、親の生前に贈与された額を相続財産に加えて相続税を計算します。その際、障害者控除を使えます。

　相続時精算課税による贈与で 2,500 万円まで贈与しておき、その後相続が発生したときに相続税の計算で障害者控除を使うことで、他の要件次第ですが、この 2,500 万円に対して贈与税も相続税も払わないで済む、もしくは減額できる可能性があります。

　Q51 では相続税の障害者控除について説明しています。

図 2-9　相続時精算課税

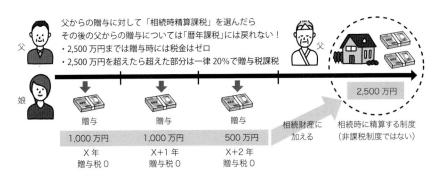

注：赤岩作成、2022 年

② 特定贈与信託

特定贈与信託とは

　精神障害者等の生活の安定を図るための選択肢の1つとして特定贈与信託があります。親が障害のある子どもの将来のために蓄えてきた財産を信託銀行等が安全に管理し、必要な生活費だけを子どもの預金口座へ送金することを可能にするものです。

　その制度趣旨から一定金額まで贈与税が非課税とされています。

相続税対策としても親なき後対策としても

　特定贈与信託は信託銀行等に財産を信託し、特定障害者扶養信託契約の内容どおり、生活費を定期的に送金するものですから、当然に信託報酬等の支払いは生じます。それが高いかどうかは、親がなくなったときの相続税額をシミュレーションし、比較したうえで判断することが必要です。

　また、一度に高額の財産を手にした障害者が管理できるのか勘案することも必要です。相続税対策としてはもちろんのこと、親なき後の対策として1つの選択肢となるでしょう。

図2-10　特定贈与信託は親なき後対策にも

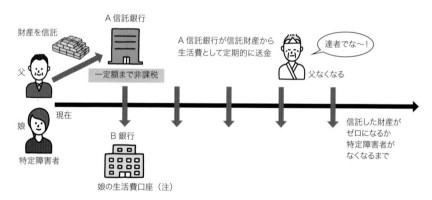

注：A信託銀行の普通預金口座を開設するケースもあり。
　　赤岩作成、2022年

4 将来に備える
②心身障害者扶養共済制度

■制度の概要
　心身障害者扶養共済制度は、障害がある人のいる世帯の「親なき後」の経済的不安に備えるためにつくられた任意加入の制度です。障害がある人を扶養している保護者で、かつ65歳未満の人が、毎月一定の掛金を納めることで、保護者が亡くなった場合等に、障害がある人に対し一定額の年金を終身にわたり支給します。

■実施主体と窓口
　心身障害者扶養共済制度は都道府県・政令指定都市が条例に基づき実施しています。加入者が転出しても、転出先で手続きを行うことで、加入が継続できます。加入手続きは福祉事務所または市町村の担当課で行います。

■加入資格
　加入できる「保護者」は障害がある人を現に扶養している父母、配偶者、兄弟姉妹、祖父母、その他の親族などで、その都道府県・指定都市内に住所があり、加入時の年度の4月1日時点の年齢が満65歳未満である人です。
　なお、対象の障害がある人に対して一人しか加入できません。また、一般の生命保険の契約と同じように告知書の提出が必要となり、加入希望者の健康状態によっては加入できない場合もあります。

■対象となる「障害がある人」
　次の①から③に該当し、将来独立自活することが困難であると認められる人が対象になります（年齢制限はありません）。
①　知的障害がある人
②　身体障害者手帳を所持し、障害が1級から3級までに該当する人
③　精神または身体に永続的な障害がある人でその障害の程度が、①及び②と同程度と認められる人

■年金と弔慰金の支給

　加入者が死亡した場合、または重度障害と認められた場合は、その月から障害のある人に対して年金が支給されます。掛金が一口の場合は月額2万円（二口加入の場合は4万円）が、生涯支給されます。

　また、加入者が1年以上加入した後、加入者の生存中に障害がある人が死亡した場合は、年金の代わりに、加入者に弔慰金が支払われます（表2-16）。なお、加入者と障害がある人が同時に死亡したときは、同様の弔慰金が支給されます。

　障害がある人が受け取る年金、加入者が受け取る弔慰金に対しては所得税がかかりません。また、年金を受ける権利は相続税・贈与税の対象にはなりません。

表 2-16　弔慰金

加入時期	弔慰金の金額（一口あたり）	
	平成 19 年度以前	平成 20 年度以降
1 年以上 5 年未満加入	30,000 円	50,000 円
5 年以上 20 年未満加入	75,000 円	125,000 円
20 年以上加入	150,000 円	250,000 円

注：すでに支払った掛金は返還されず、弔慰金が支払われます。
　　石川作成、2022年

■知られていないメリット

　掛金は加入時の年齢を元に決定します（表2-17）。加入者の年齢が上がるたびに掛金がアップすることはありません。掛金は全国一律の額となっていますが、自治体によって、掛金に独自の補助が充当される場合があります。

　加入者が生活保護を受給することになった、住民税非課税世帯になったなど、経済的に困窮した場合、申請により掛金が減免されます。減免の条件や減免率は自治体によりさまざまです。例えば、東京都では、生活保護を受けている場合、住民税が非課税である場合または免除されている場合、その他知事が特に減額を必要と認める場合（罹災など）は一口目の掛金が2分の1

免除となります。また、生活保護世帯の場合、心身障害者扶養共済制度に基づき支給される年金は生活保護の収入認定から除かれます（保護費から年金分が差し引かれない）。掛金は全額が所得控除として認められます（小規模企業共済等掛金控除として）。

そのほか、毎月一定額が口座に入金されるため、障害がある人が管理がしやすいこともメリットの1つです。

表 2-17　掛金

加入時の年度における 4月1日時点の年齢	掛金月額（1口） 平成 20 年度以降加入者
35 歳未満	9,300 円
35 歳以上 40 歳未満	11,400 円
40 歳以上 45 歳未満	14,300 円
45 歳以上 50 歳未満	17,300 円
50 歳以上 55 歳未満	18,800 円
55 歳以上 60 歳未満	20,700 円
60 歳以上 65 歳未満	23,300 円

掛金免除の要件は、加入期間が 20 年になり、65 歳の加入応当日に至ることの 2 つが必要です（または保険事故の発生まで）。

注：石川作成、2022 年

■制度の現状

さまざまな民間の生命保険商品が販売され、掛け捨ての死亡定期保険や収入保障保険については、保険料の低額化がみられます。そのような状況のなかで新規の契約者は減りつつあります。

ただ、心身障害者扶養共済制度には民間の保険にはない経済的メリットがあり、親なき後に備える選択肢の1つとして検討することができます。

■根拠

独立行政法人福祉医療機構法 (平成 14 年法律第 166 号)
都道府県・政令指定都市の条例

■死後の財産分配（遺言）

　遺言（いごん・ゆいごん）とは、遺言者が生前に残しておく意思表示です（Q63）。自分の大切な財産等を死後、どのように処理して欲しいか、遺言者の意思を文書に記しておくというものです。財産の処分方法だけでなく、身分上の事項（認知や未成年後見人の指定等）、民法の相続法適用の修正（相続人の廃除や遺産分割方法の指定等）、お墓の管理等についても記すことができます。民法の定めに従う必要があり、「口頭で遺言」はできません。

　遺言の種類には、①公正証書遺言、②自筆証書遺言、③秘密証書遺言の3つがあります。一般的に利用される遺言は、公正証書か自筆証書によることがほとんどです。

■公正証書遺言・自筆証書遺言

　公正証書遺言は、遺言者の意思を踏まえて公証人が作成し、公証役場で保管されます。公証役場に行くことが困難な場合は、公証人が病院や施設に出張して作成することもできます。

　自筆証書遺言は、遺言者が全文（目録を除く）を自身で記載すること、日付・署名等の法律上有効な要件を備えていること等が必要で（民法第968条第1項）、遺言者が他界した後に家庭裁判所で「検認」を受ける必要もあります（民法第1004条第1項）。ただし、いつでも簡易に作成でき、費用もかからないというメリットがある一方、法律上有効な要件を備えているか、偽造されていないかなど、公正証書遺言に比べて有効性が問題となりやすい危険性もあります。

1　2018（平成30）年の民法改正により、遺言に遺産目録を添付する場合は目録全文を自署しなくてもよいことになりました。ただし、目録の各ページに署名押印が必要です。

■**法務局における自筆証書遺言保管制度**

　2020（令和2）年7月からは全国の法務局で自筆証書遺言を保管する遺言書保管制度が運用されています（ただし保管手数料必要）。改ざんの危険性も下がりますし、家庭裁判所での検認手続きも必要ありません。

　公正証書遺言、自筆証書遺言ともに、年間の利用件数は少なく、相続手続きのほとんどが、遺言によらずに民法（相続法）適用により解決されています。民法の規定は遺言者の意思を細やかに反映するものではないので、伝えたいことがあれば、遺言書を作成する必要があります。

■**公正証書遺言の作成方法**

　公正証書遺言は、有効性が高い反面、通常は遺言内容を事前に公証人に相談して必要書類を揃える必要があるなど、手間や負担がかかります。もっとも、手数料（表2-18）は比較的手頃ですし、公証人が病院や施設へ出張もしてくれます。

表2-18　手数料

目的の価額	手数料
100万円以下	5,000円
100～200万円以下	7,000円
200～500万円以下	11,000円
500～1,000万円以下	17,000円
1,000～3,000万円以下	23,000円
3,000～5,000万円以下	29,000円
5,000万円～1億円以下	43,000円

注：1億円を超える場合、目的の価額に応じて5,000万までごとに一定額が加算されます。また、1億円以下の場合は、遺言加算として1万1,000円が加算されます。
　　日本公証人連合会ホームページ（https://www.koshonin.gr.jp/business/b10）を基に東作成

相続発生後のトラブル予防や遺言者の意思を伝えるためには、まずは公正証書遺言の作成を検討するとよいでしょう。

■遺言が必要かどうかの分かれ道

　民法に定められた法定相続人が、法定相続割合で相続するのであれば、遺言書は取り立てて必要になるものではありません。もっとも、相続人の範囲は相続発生時（遺言者が他界した時点）に確定するので、子どもが急に他界したり、行方不明になったりするなど、相続分配が故人の想定どおりになるとは限りません。

　また、相続人やその親族などの、相続発生時の関係者の考えや環境によっては、遺産分割協議が難航する可能性も出てきます。

　さらに、遺産の内容に応じて、金融機関や法務局等にそれぞれ書面を提出しなければならず、煩雑な手続きが必要となります。有効な遺言書があれば、こうしたトラブルを未然に防ぐことができ、かつ、故人の意思を相続人に理解してもらう機会にもなります。

5 生活を支援する
①家計管理にかかわる支援

■家計管理の目的

　お金をどう使おうが、それは個人の自由ですから、時として「家計管理のアドバイス」は単なる「おせっかい」と思われてしまうこともあります。

　では、なぜ、家計管理の支援をするのでしょうか？

　ファイナンシャル・プランナーの家計管理についてのアドバイスは、クライエントの「こんなことがしたい」「あれが欲しい」などの夢や目標を実現するために行われます。つまり「家計管理」の支援は、達成すべき目標ではなく、自分のライフプランなどを実現するための「手段」です。

　ところが、これが福祉の現場になると、「やりくりすること」が目標になってしまう場合があります。例えば、毎日食費を 500 円以内に収めることを目標にしてアドバイスしたとして、いったい何が実現されるのでしょう？毎月 5,000 円貯金ができたら、どんなことができるのでしょう？

　生きづらさを抱えている精神障害がある人に、「叶えたい目標や実現したい夢」を尋ねたことはありますか？　そのために「やりくり支援」を実践するなら、本人も「余計なおせっかい」と思うことはないでしょう。本人が家計管理を行う意義に気づいてくれたら、具体的な支援に入ります。

■家計支援は生活支援から

　家計が窮屈になっている原因の多くに食費などの生活費やスマートフォンなどの通信費があります。これらの費目は個人により大きな違いがあります。例えば、格安スマホで節約ができている人もいれば、いまだに月に数万円を使ってしまう人もいます。なぜ、このような差が生まれるのでしょう。

　スマートフォンの通信費が高額になりすぎてガラケーに変えたところ、数か月は支出が抑えられたものの、その後なぜかパチンコなどの遊興費が増えてくるといったことがありました。そのような事態になった原因を探ったところ、本人からの答えは意外なものでした。

　「他にやることがないから」

他にやることがないからスマートフォンでYouTubeを見続けた、それができなくなったからパチンコに移ったというわけです。

つまり「無駄使いをしない」ことをわかってもらうのではなく、「お金をかけなくても楽しい余暇」を探すことが必要だったのです。家計管理は本人の適切でない行動を変えて、その人の生活の質を上げることといえます。その結果、お金の消費が抑えられることも珍しくありません。家計管理は生活支援からといえます。

■家計管理は共同作業

福祉に携わる専門職によく、「家計管理がうまくいくツールや特効薬はありますか？」と質問されますが、その答えは「NO」です。質問をした人にはがっかりされますが、家計支援は収支の帳尻あわせではありませんし、家計をアンバランスにしている原因はそう簡単にはなくならないからです。

本人の目標や夢を教えてもらい、それを実現するには家計をどのように見直さなければならないのかをまずは知ることです。次に、収支をアンバランスにさせている費目を見つけ出し、家計を改善するための生活支援を他の支援者と一緒に実践する。これが障害がある人への家計支援の実際のあり方だと思います。例えば、食費が極端に多い場合は、どうすれば自炊ができるのか考える、コンビニエンスストアでしか買い物をしていないのなら、多少遠くてもスーパーに買い物に行けるように自転車を手に入れる支援をするなどです。

本人の生活課題をクリアしていくと、それが家計の改善につながります。ぜひ支援機関で連携して取り組んで欲しいと思います。

本人の生活の質を上げるために、夢や目標を実現するためにという理念をもち、自ら進んで実践する環境をつくることが、家計管理を成功に導くといえるでしょう。

　障害の有無にかかわらず人が地域で暮らすとき、さまざまな場や機会があって生活が成り立っています。例えば、暮らす場所、働く場所、所得の保障、余暇や交流の機会、相談できる相手、他者から必要とされる役割などです。精神障害がある人の場合、公的なサービスを利用することで生活を支えることができます。

■障害者総合支援法

　精神障害がある人の場合、公的な福祉的サービスは主に、障害者の日常生活及び社会生活を総合的に支援するための法律(障害者総合支援法)によって提供されます。

　障害者総合支援法は、障害者自立支援法に代わる法律として2013(平成25)年4月に施行されました。なお、18歳未満の障害児向けの一部のサービスは、児童福祉法により提供されます。

① サービス体系

　障害者総合支援法による給付や事業は、市町村による①自立支援給付と②地域生活支援事業に分けることができます。これを、都道府県が後方支援する体制です。精神障害がある人の利用が多いであろうサービスをあげます。

② 自立支援給付の例

・介護給付:居宅介護(ホームヘルプ)、生活介護、短期入所(ショートステイ)など

・訓練等給付:自立訓練、就労継続支援、就労移行支援、共同生活援助(グループホーム)、自立生活援助など

・相談支援:計画相談、地域相談(地域移行支援、地域定着支援)など

・自立支援医療(精神通院医療)

　介護給付では、障害支援区分により、目安となるサービス量(支給決定基準)が定められています。障害者の心身の状況に応じて、基準を超える量のサービスが必要な場合は、審査を経てサービスを利用することが可能です。訓練

等給付及び地域生活支援事業では障害支援区分認定は不要です。

③　市町村地域生活支援事業の例

　　・障害者相談支援

　　・移動支援（ガイドヘルプ）

　　・地域活動支援センター

④　サービスの自己負担

　障害福祉サービスの利用にあたっては、原則として費用の1割を利用者が負担します。ただし、所得に応じて4つの区分の負担上限月額が設定されています（表2-19）。

表2-19　障害福祉サービスの自己負担の負担上限月額

区分	世帯の収入状況	負担上限月額	備考
生活保護	生活保護受給世帯	0円	
低所得	市町村民税非課税世帯	0円	3人世帯で障害基礎年金1級受給の場合、収入がおおむね300万円以下の世帯が対象
一般1	市町村民税課税世帯（所得割16万円未満）	9,300円	収入がおおむね600万円以下の世帯が対象
一般2	上記以外	37,200円	20歳以上の入所施設利用者、グループホーム利用者は、市町村民税課税世帯の場合、一般2になる

注：厚生労働省のホームページを基に彼谷作成

　所得を判断する世帯の範囲は、障害者の場合、本人とその配偶者です。年金以外に収入が工賃しかない障害者の場合、市町村民税非課税世帯に該当し、実質的に利用料はかからないことがほとんどです。

　配偶者が一般企業で働いている場合や本人が企業で働いていて退職して間もない場合など、所得によって利用者負担がかかります。

■精神障害者と介護保険制度

　介護保険制度は、2000（平成12）年に開始された、介護などを必要とす

る65歳以上の高齢者（特定疾病に該当する40歳〜65歳未満の第2号被保険者も対象）に保険給付を行うしくみです。

　障害者であっても65歳になれば、障害福祉サービスに相当する介護保険サービスがある場合、介護保険サービスが優先されます。このとき、長年、障害福祉サービスを利用してきたにもかかわらず、介護保険サービスが優先され、支援者や事業所を変更せざるを得ない障害者には戸惑いや不都合が生じるかもしれません。

　また、障害者総合支援法には社会参加が理念として掲げられていますが、介護保険法には明確に位置づけられているわけではありません。

　障害支援区分と要介護度は同じ基準ではなく、サービス量の目安も異なります。一律に介護保険を優先すると、高齢障害者の生活に支障をきたしかねません。そのため、市町村が本人に適当と認めるサービス量が、介護保険のみで確保することができないと認められる場合、障害福祉サービスを受けることができます。

　また、利用者負担上限もそれぞれで異なるため、介護保険に移行すると自己負担が発生しやすくなります。

　そのため、65歳になるまでに特定の障害福祉サービスの支給決定を受けていた障害者で、一定の要件を満たした場合に、介護保険サービスの利用者負担額が償還金の支払いによって支給されるしくみが設けられています。

5 生活を支援する
③成年後見制度

■権利擁護としての成年後見制度

　成年後見制度とは、認知症、知的障害、精神障害等により判断能力が不十分な人の保護や支援を目的とした制度です。誰でも成人後は権利主体としてさまざまな法律行為を行うことができます。しかし、判断能力が不十分な場合は、無計画に大量の商品を購入したり（売買契約）、高額な生命保険に加入したり（保険契約）、不利益な遺産分配に応じたり（遺産分割協議）という場面に直面することが考えられます。

　2000（平成12）年より、本人の意思の尊重と保護を図る制度として民法に「成年後見制度」が設けられ、多くの人に利用されています。未成年者にとっての親権者のような役割に近いといえるでしょう（それぞれのかかわり方は親子とは異なりますが）。

■成年後見制度の3類型

　「障害」「判断能力が不十分」といっても、具体的に必要とする支援はさまざまです。民法は、判断能力の程度に応じて、「後見」「保佐」「補助」という3つの類型を規定しています。どの類型になるかは、医師の診断書等を踏まえて家庭裁判所が判断します。

図2-11　成年後見制度のイメージ

注：東作成、2022年

■成年後見制度の効果

　成年後見制度を利用すると、成年後見人等が本人の代理人として法律行為を行います。または、本人が成年後見人等の同意なく契約締結してしまった場合にも「取消権」を行使することで契約を白紙に戻すことができます。

　このように、成年後見制度は取引経済にかかわるものですから、取引相手にとって不測の不利益をもたらす可能性があります。「後見人／保佐人／補助人」と名乗るだけでは足らず、正式手続としての裁判所の審判を受けることが必要となります。

図 2-12　申立手続きの流れ

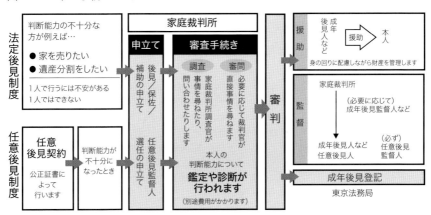

出典：千葉県後見支援センター「すまいる」6 ページを一部改変

■家庭裁判所への申立て手続き

　申立人は、本人、4 親等内の親族（おじおば・甥姪・いとこも含む）、市町村長などです。家庭裁判所へ申立書や必要書類を提出します。あらかじめ候補者を定めて申し立てる場合と候補者を立てない場合とがありますが、親族間の対立等の事情があれば、候補者を立てても、第三者が選任される傾向にあります。

　日常生活自立支援事業とは、市町村の社会福祉協議会が、本人との契約に基づき、福祉サービスの利用援助や日常的金銭管理の援助を行う事業です(表2-20)。「ニチジ」と略されたり、地域ごとの愛称（大阪市の場合、「あんしんサポート（あんさぽ）」）や、制度の前身である「地域福祉権利擁護事業」の呼び名が使われたりしています。

　成年後見制度と同じく、判断能力が不十分な場合の、本人を支援する制度ですが、本人を代理するわけではなく（取消権もない）、身上監護の対応は十分には行えません。

　実施主体が定める利用料を利用者が負担します[1]。安価で利用でき、利用開始もスムーズですが、利用希望者が多く、利用開始まで時間がかかる場合も少なくありません。

表 2-20　日常生活自立支援事業の主なサービス

福祉サービスの利用援助	福祉サービス利用や利用解除に必要な手続き 福祉サービスを適切に利用するために必要な一連の援助 （住宅改修、不動産賃借、住民票の届出等の行政手続きに関する援助等） 福祉サービス利用料の支払い
日常的金銭管理サービス	年金や生活保護の受領に必要な手続き 医療費、税金、社会保険料、公共料金の支払い手続き これらに関する預金の手続き
付随した書類等の 預かりサービス	年金証書、通帳、契約書類、保険証書、実印、銀行印等

注：厚生労働省のホームページや全国社会福祉協議会のパンフレットを参照して東作成

---

1 訪問1回あたり平均1,200円。なお、契約締結前の初期相談等にかかる経費や生活保護受給世帯の利用料は無料。
https://www.mhlw.go.jp/stf/seisakunitsuite/bunya/hukushi_kaigo/seikatsuhogo/chiiki-fukusi-yougo/index.html

6 経済的支援にかかわる専門職
① 弁護士

■法的支援の専門家ー弁護士

　弁護士も経済的支援の専門家の1人です。借金を抱えた人の債務整理や破産手続きの代理人として、生活保護申請の同行支援者として、障害がある本人の財産管理等の成年後見人等としてかかわります。刑事事件をきっかけに福祉的支援につながる場合もありますので、刑事弁護人としての出会いも、経済的支援の入口のひとつになるかもしれません。

　「弁護士」と一言にいっても、日本全国には4万人以上の弁護士がおり、経験も知識も性格も活動領域も異なります。弁護士は必ず日本弁護士連合会や各地の単位会に所属しており、弁護士会の委員会活動（人権擁護委員会・高齢者障害者に関する委員会等）もあるとはいえ、障害者問題に関する理解・関心の程度はさまざまです。民事で、原告・被告それぞれの代理人弁護士が互いの立場で異なる主張をするように、弁護士によっても見解が異なります。1人の弁護士から「違法／適法」等の助言を受けても、諦めず、別の弁護士にも相談してみるとよいでしょう。

■弁護士の費用

　弁護士を利用するには原則として費用が発生します（相談料の目安は30分5,000円です）。国が設置する、「日本司法支援センター」（通称「法テラス[1]」）に常時勤務する「法テラス・スタッフ弁護士」もいますが、通常は法テラスへ返済することが必要です。[2]「無料弁護士制度」はありません。最近では、弁護士も専門分野に分化されつつあり、高度な専門性に伴い費用が高額になる場合もあります。

　このように、弁護士費用は生じますが、法律の専門家である弁護士に依頼することで経済的負担が減るなど、事案解決に役立つ場合がたくさんあります。相談予約電話番号は、弁護士会や法テラスのホームページで確認できます。

---

1 経済的困窮にある人のための弁護士費用立替の支援機関
2 事件終了時にも生活保護受給中であるなど、経済的困窮状態が継続していれば返済免除が認められる場合があります。

6 経済的支援にかかわる専門職
②税理士

■税理士は税の専門家

税理士は、税理士法に基づく国家資格で「税務に関する専門家」です。自ら事務所を開業するほか、さまざまな場所で働いています。

■税理士の探し方

日本にはさまざまな「税金」があります。したがって、すべての税目にすべての税理士がもれなく対応できるわけではありません。医師に専門とする診療科目があるように、税理士にも得意とする分野があります。相談内容に応じて探してください。

日本税理士会連合会のウェブサイトにはトップページに「税理士を探す」という項目があります。そちらで検索してもよいでしょう。

■税理士の報酬

税理士の報酬金額はそれぞれの税理士や税理士法人が設定しています。簡単な確定申告なら 10,000 円程度で依頼できる場合もありますが、それぞれの事情により金額はさまざまです。

■どんなときに税理士へ相談するか？

国税庁のウェブサイトには各種税目の手引きや Q & A 等が掲載されていますし、税務署等に直接相談することもできますので、税理士に相談しなくても解決できることは多くあります。しかし、より複雑で税額が大きい案件については、誤った申告をすると、加算税や延滞税のような追加の税金も高額になることがあります。

相談内容によっては税理士に相談や依頼ができるよう、支援者やその所属機関が税理士とのパイプをもっておくとよいかもしれません。障害福祉事業所専門をうたっている税理士法人に問い合わせたり、家族会に税理士を招いたりして勉強会を開いてもよいのではないでしょうか。

6 経済的支援にかかわる専門職
③社会保険労務士

■社会保険労務士とは
　社会保険労務士は、社会保険労務士法に基づく国家資格です。

　社会保険労務士制度は、労働及び社会保険に関する法令の円滑な実施に寄与するとともに、事業の健全な発達と労働者等の福祉の向上に資することを目的とし、労働基準法、雇用保険法、健康保険法、国民年金法など、国民の生活と企業の事業運営に密接にかかわる労働・社会保険に関する法令に精通した身近な専門家です。

■全国社会保険労務士会連合会と都道府県社会保険労務士会
　1978（昭和53）年に都道府県ごとの社会保険労務士会が設置されるとともに、連合組織として全国社会保険労務士会連合会が設置されました。

　社会保険労務士として活動するためには、国への登録に加え、都道府県ごとに設置された社会保険労務士会に所属しなければなりません。

■社会保険労務士にも得意分野・不得意分野がある
　社会保険労務士が扱う法令は広範囲に及びます。労働分野が得意な社会保険労務士もいれば、年金などの社会保険分野が得意な社会保険労務士もいます。相談や手続きの依頼をするときは、その社会保険労務士の得意分野を確認することが重要です。

コラム　社会保険労務士の報酬

　社会保険労務士の報酬は、自由価格ですが、ある程度の相場があります。例えば、障害年金の新規裁定請求手続きですと、着手金1〜3万円程度＋支給決定時の手続き報酬（年金額の1〜3か月分）といったところです。単に報酬額だけでみるのではなく、その報酬でどの範囲まで対応してもらえるのか確認してから契約をするとよいでしょう。

6 経済的支援にかかわる専門職
④ファイナンシャル・プランナー

■ファイナンシャル・プランナーの実際

　ファイナンシャル・プランナー（以下、「FP」）は、家計管理などを通して、相談者の夢や希望を叶えるための資金計画の作成をサポートする専門家です。FP資格には、国家資格である「ファイナンシャル・プランニング技能士」（1級〜3級）と、日本FP協会のCFP®とAFPがあります。これらの資格を得るには、金融・税金・不動産・保険・相続・ライフプランニングについて幅広い知識が必要となります。

　FPの相談料について、日本FP協会によると相談料の相場は、1時間あたり5,000円以上10,000円未満が41％と一番多く、次いで10,000円以上20,000円未満が28％、5,000円未満が25％と続きます。相談料が無料の場合は、生命保険や住宅ローンの契約によりFPが報酬を得ている例もあります。相談内容をふまえ、具体的な額をあらかじめ確認することが大切です。

　最近は、生活困窮者自立支援法に基づく家計改善支援事業にFPがかかわり、生きづらさを抱える人を家計管理から支えています。

　また、「親なき後」に取り組むFPも増えています。相続に関する知識だけでなく、同時に障害がある人の長期に及ぶ生活支援を考える必要があり、福祉機関との連携が必須だといえるでしょう。

■生涯キャッシュフローを考慮した支援

　FPに相談することで、生涯のお金の流れ（キャッシュフロー）を「見える化」できます。それによって「これくらいの収入があれば、このような暮らしができる」とイメージすることができ、本人の生涯キャッシュフローを考慮した就労支援や、適切な親なき後の対策が可能になります。障害者支援の現場でFPを活用することが、本人や親の「お金の不安」を少なくすることにつながり、結果的に本人のよりよい生活に結びつきます。

---

1 日本FP協会ホームページ「料金体系について」（https://www.jafp.or.jp/confer/fpsoudan/consultation/）

6 経済的支援にかかわる専門職
⑤ソーシャルワーカー

■ソーシャルワーカーとその支援

　ソーシャルワーカー（以下、「SW」）とは、高齢者・障害者・児童などの支援が必要な人に対して、社会福祉援助技術という手法や技法を使って相談援助をする社会福祉専門職の総称です。

　SW の支援は、日中活動支援、居住支援、就労支援、家族調整など多岐にわたりますが、その1つが経済的支援です。支援にあたり、SW はさまざまな社会制度と支援が必要な人とをつなぐほか、社会制度自体がもつ問題点にも目を向け、政策や条例づくりに対して提言、参画するといった技術も用います。

■ソーシャルワーカーの勤務先と利用時の費用

　SW の主な勤務場所は、行政機関、医療機関、障害者施設、高齢者施設、児童施設、教育機関などです。また、障害者の日常生活及び社会生活を総合的に支援するための法律(障害者総合支援法)に基づく障害福祉サービス事業所で、多くの SW が相談支援を行っています。

　SW を利用する際の費用は、多くの場合、無料です。例えば、医療機関の場合、SW が所属していることで、社会的課題の解決、医療機関との信頼構築など、その機関に間接的な経済的効果をもたらします。利用者から費用を徴収せずとも、トータルで考えるとその機関にとってメリットがあるのです。

■ソーシャルワーカーの主な資格

　SW の多くは、精神保健福祉士や社会福祉士という国家資格をもち、その業務にあたっています。なお、これらの国家資格は名称独占であり、業務独占ではありません。ただし、国家資格を取得する際に、SW として求められる価値や倫理、専門知識や技術を身につけています。したがって、資格の取得は支援の水準の担保になっているといえます。

6 経済的支援にかかわる専門職
⑥ピアサポーター

■ピアサポーターとは

「ピア」「ピアサポート」という言葉を耳にすることが増えてきました。さまざまな解釈、使い方がありますが、「ピア」とは「仲間」「対等」「同輩」という意味の言葉です。「ピアサポート（peer support）」とは、「仲間同士の支え合いの営みのすべて[1]」を指します。

精神障害の領域におけるピアサポートでは、当事者同士の日常的な支え合いや、自助グループ、アルコホーリクス・アノニマス（AA）、断酒会などのグループによる活動などが知られています。当事者家族や市民を対象に、体験談を話す活動も普及しています。

障害福祉や精神科医療の領域において、自らの経験を活かし、障害がある利用者に対する支援に携わる障害がある当事者を、ピアサポーターやピアスタッフなどと呼んでいます。法令上の定義は存在せず、ここではピアサポーターとします。事業所に所属するピアサポーターにかかわってもらう費用は制度やサービスによって異なります。

■ピアアポーターの効果

ピアサポーターは、経済的支援を専門とする職種ではありませんが、経済的支援にかかわる社会資源を含めた制度の活用方法を、実体験を交えて説明できる可能性があります。

例えば、年末調整での税控除といった、精神障害者保健福祉手帳による減免や控除、障害年金の使い道などの当事者ならではの話を伝えられます。

そのような生の話は、精神障害者が経済的支援にかかわる制度を活用するにせよしないにせよ、意思決定の後押しになる可能性があります。それらは、自然なかかわりで行われることです。ただし、経験談を制度利用のための説得の手段として用いないほうがよいでしょう。

---

1 相川章子『精神障がいピアサポーター ── 活動の実際と効果的な養成・育成プログラム』中央法規出版、2013年、6ページ

第 **3** 章

経済的支援につなぐための Q&A

1 生活費を保障する・収入を増やす（障害年金）

手続きの流れと説明の際のポイント

Q1

障害年金について相談を受けることになっています。手続きの流れや説明の際のポイントを教えてください。また、保険料納付要件には、免除期間がどのようにみなされるかについても教えてください。

A1

■請求手続き

手続きの流れと説明の際のポイントは、おおよそ次のようになります。

表 3-1　相談から決定までの流れ

手順	確認事項・必要作業等
①面談（聴き取り）	●発病から初診までの状況 ●これまでの受診状況 ●現在の病状 ●年金加入歴　などを確認する
②年金記録の確認	●必ず年金事務所で確認する
③初診日証明の取得	●初診医療機関で「受診状況等証明書」を作成してもらう （1枚 3,000 円程度）
④診断書の取得	●必要となる診断書を医療機関に作成してもらう （1枚 5,000 円～1万円程度）
⑤病歴・就労状況等申立書の作成	●診断書等との整合性をみながら作成する
⑥添付書類の整備	●住民票など請求に必要な書類を市役所等で取得する （マイナンバーによる添付省略あり）
⑦年金請求書の提出	●年金請求書を最寄りの窓口（年金事務所等）に提出する ●原則として年金生活者支援給付金の申請書と併せて提出する
⑧支給決定等の連絡	支給決定までは2～3か月程度要する
⑨初回年金振込	支給決定から約50日で初回振込み （入金日約1週間前に「年金振込通知書」が届く）

注：高橋作成、2022 年

① 面談（聴き取り）

　じっくりと時間をかけて発病の頃からこれまでの話を聴き取るようにしましょう。「初診日」からではなく「具合が悪くなりはじめた頃（発病日）」から聴きはじめることがポイントです。

② 年金記録の確認

　必ず年金事務所で年金記録を確認してください（年金記録が印字されたものを交付してもらうとよい／年金記録に印字された記号の見方はコラムを参照）。聴き取りをした初診日の前日において保険料がしっかりと納付されているか（保険料納付要件）を確認します。保険料納付要件を満たしている（または満たしていると思われる）場合に、年金事務所で「受診状況等証明書」「診断書」「病歴・就労状況等申立書」などの様式が交付されます。

③ 初診日証明の取得

　年金事務所で交付を受けた「受診状況等証明書」を初診の医療機関にもって行きます。初診の医療機関が廃院している、カルテ保存年限が経過しているなどの理由により「受診状況等証明書」が取得できない場合は、Ｑ２を参考に対応してください。

④ 診断書の取得

　年金事務所で交付を受けた「診断書」を医療機関にもって行きます。診断書を作成してもらうにあたり、病状や日常生活の状況を事前に正確に伝えておくことが重要です。

⑤ 病歴・就労状況等申立書の作成

　年金事務所で交付を受けた「病歴・就労状況等申立書」を作成します。「受診状況等証明書」や「診断書」との整合性をみながら、発病からこれまでのことを切れ目なく記載します。難しい用語の羅列よりもわかりやすく記載することを心がけましょう。文章にすることが難しいときは、箇条書きでも構いません。

⑥　添付書類の整備

　独身の場合や加算対象者がいない場合には、住民票を提出するかマイナンバー（個人番号）がわかるものを提示します。加算額対象者がある場合には、戸籍謄本・世帯全員の住民票・所得の証明を添付しなければなりません。そのほかの必要書類やマイナンバー提示による添付省略可能なものについては、年金事務所窓口で確認してください。

⑦〜⑨　年金請求書の提出〜支給決定等の連絡〜初回年金振込

　年金請求書一式を窓口に提出します。2〜3か月程度で結果が本人に通知されます。支給決定の場合には、「年金証書」が送付され、不支給や却下の場合には、その旨記載された通知が送付されます。

■保険料免除と保険料納付要件

　国民年金保険料の免除制度（納付猶予制度含む）は、①保険料の全額を納付しなくてよいもの（全額免除、納付猶予など）、②保険料の一部を納付しなくてよいもの（4分の3免除、半額免除など）に大別されます。

　保険料の全額を納付しなくてよいもの（①）については、初診日の前日までに免除や猶予の申請をしていれば、保険料納付要件の判定において保険料未納期間とはされません。

　一方、保険料の一部を納付しなくてよいもの（②）については、納付を免除されていない残余の保険料額が納付されなければ、保険料納付要件の判定において保険料未納期間とされます。なお、納付を免除されていない残余の保険料額を納付したとしても、その納付日が初診日以降である場合は、保険料納付要件の判定においては保険料未納期間とされてしまいますので注意が必要です。

　年金記録確認の際は、免除・猶予申請日と保険料納付日の双方を年金事務所窓口でしっかりと確認してもらうことが重要です。

コラム　年金保険料の納付記録に表示されている記号の意味

年金事務所で年金保険料の納付記録をみると、「A」や「＊」などのアルファベットや記号が表示されています（表 3-2）。アルファベットや記号の意味は表 3-3 のとおりです。

表 3-2　記号の例

年度	456	789	101112	123
平11	///	///	/ ZZ	ZZZ
平12	＊＊＊	AAA	AAA	AAA
平13	PPP	PPP	PPP	PPP

注：日本年金機構資料より高橋作成、2022 年

表 3-3　記号（コード）の内容

コード	内　容	コード	内　容
A	定額保険料	サ	学生納付特例
B	定額保険料＋付加保険料	シ	学生納付特例追納
C	定額保険料＋付加分未納	ス	学生納付特例追納＋追納加算保険料
D	産前産後免除	セ	納付猶予
E	産前産後免除＋付加保険料	ソ	納付猶予追納
F	産前産後免除＋付加保険料（充当）	タ	納付猶予追納＋追納加算保険料
G	定額保険料（前納）＋付加保険料	チ	4分の3免除期間に係る未納
H	中国残留邦人等の特例措置に係る追納保険料	ツ	4分の3免除期間に係る納付
K	特例納付（昭和48年改正法附則第18条）	テ	4分の3免除期間に係る前納
L	中国残留邦人等の特例措置にかかる免除	ト	4分の3免除期間に係る充当
M	特例納付（昭和53年改正法附則第4条）	ナ	4分の1免除期間納付済に係る追納
P	定額保険料（前納）	ニ	4分の1免除期間納付済に係る追納＋追納加算保険料
Q	定額保険料（前納）＋付加保険料（前納）		
T	追納保険料	ヌ	4分の1免除期間前納済に係る追納
U	追納加算保険料	ネ	4分の1免除期間前納済に係る追納＋追納加算保険料
V	定額保険料（充当）		
W	定額保険料（充当）＋付加保険料（充当）	ノ	4分の1免除期間充当済に係る追納
R	みなし免除	ハ	4分の1免除期間充当済に係る追納＋追納加算保険料
X	定額＋付加分未納		

Y	法定免除		ヒ	4分の1免除期間に係る未納
Z	申請免除（全額）		フ	4分の1免除期間に係る納付
＋	第3号納付 （第3号被保険者期間のうち保険料納付済期間に算入する月）		ヘ	4分の1免除期間に係る前納
－	第3号未納 （第3号被保険者期間のうち保険料納付済期間に算入しない月）		ホ	4分の1免除期間に係る充当
＄	第3号特例納付		マ	4分の3免除期間納付済に係る追納
／	無資格（他制度加入期間等）		ミ	4分の3免除期間納付済に係る追納＋追納加算保険料
＊	未納			
＃	納付記録未切替		ム	4分の3免除期間前納に係る追納
ア	半額未納		メ	4分の3免除期間前納に係る追納＋追納加算保険料
イ	半額納付			
ウ	半額前納		モ	4分の3免除期間充当済に係る追納
エ	半額分充当		ヤ	4分の3免除期間充当済に係る追納＋追納加算保険料
オ	半額納付済の追納			
カ	半額納付済の追納＋追納加算保険料		＆	特定期間
キ	半額前納済の追納		¥	コンビニ納付（納付速報）／納付後翌営業日から20日程度表示。
ク	半額前納済の追納＋追納加算保険料			
ケ	半額充当済の追納			
コ	半額充当済の追納＋追納加算保険料			

注：日本年金機構資料より髙橋作成、2022年

初診日

Q2

精神・発達障害（知的障害を伴わないものに限る）の初診日はどのような方法で確定すればよいのでしょうか。また、初診の医療機関が廃院しており、カルテが破棄されているような場合、どのように初診日の証明を得ればよいのでしょうか。

A2

■精神・発達障害にかかる初診日の考え方と特徴

精神・発達障害にかかる初診日は、症状が出現し、初めて医師または歯科医師の診療を受けた日である点は、他の傷病と同じです。

実際のところ、不調を覚えてすぐに精神科や心療内科を受診するケースは少なく、倦怠感、不安、不眠、不適応行動などでかかりつけ医を受診し、精神的不調や発達障害の傾向を指摘されて専門科に紹介されることがほとんどです。

このように、心療内科や精神科などの専門科を受診する前に、精神的不調や発達障害の傾向を指摘された医療機関がある場合には、確定診断がついていなくとも「（精神系の疾患にかかる）療養の指示」が出ていることから、その医療機関の初診日が障害年金手続き上の初診日となります。「具合が悪くなり始めたのはいつ頃か」と尋ねることで、専門科受診前の医療機関の受診があるかどうかやその経過を知ることができ、初診日を見極める精度を上げることができます。

■初診日の証明の仕方

障害年金の初診日の証明には「受診状況等証明書」という所定の様式を使います。症状が出現し、初めて受診した医療機関で「受診状況等証明書」に必要事項を記入してもらうことで初診日を証明します。

しかし、受診した時期が5年以上前でカルテが破棄されている、受診した

医療機関が廃院しているなどの理由で「受診状況等証明書」の作成が物理的にできなくなってしまうことがあります。最初に受診した医療機関で「受診状況等証明書」の取得ができない場合には、図3-1の手順に沿って対応を進めます。

図3-1　最初に受診した医療機関で受診状況等証明書が取得できない場合の手順

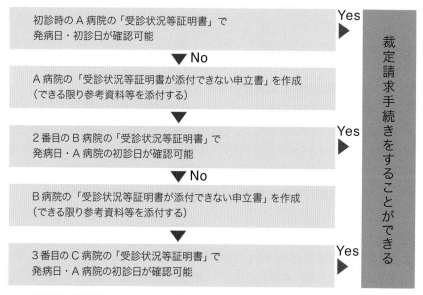

初診時のA病院の「受診状況等証明書」で発病日・初診日が確認可能　→Yes

No↓

A病院の「受診状況等証明書が添付できない申立書」を作成（できる限り参考資料等を添付する）

2番目のB病院の「受診状況等証明書」で発病日・A病院の初診日が確認可能　→Yes

No↓

B病院の「受診状況等証明書が添付できない申立書」を作成（できる限り参考資料等を添付する）

3番目のC病院の「受診状況等証明書」で発病日・A病院の初診日が確認可能　→Yes

裁定請求手続きをすることができる

※以下、確認ができるまで、この繰り返し……

注：高橋作成、2022年

★初診日認定の際に参考となる資料の例
・母子健康手帳のコピー（発育の遅れ等）
・病院のパソコンに残っていた受診日の記録や医療情報サマリー
・医師の氏名や診察科名及び日付が入った診察券
・大学病院等で研究用に保存されていた資料
・精神障害者保健福祉手帳や交付申請時の診断書の写し
・交通事故証明、労災事故証明・申請書類　など

■初診日が明確にできないときの対応方法

　図3-1の手順では、明確な初診日を証明できない場合であっても、初診日を合理的に推定できるような一定の書類により、本人が申し立てた日を初診日と確認することができます。具体的には、①第三者が証明できる場合、②初診日が一定の期間内にあると確認できる場合が認められています。

① 　第三者証明による初診日の認定

　友人、民生委員などの第三者が初診日の頃の受診状況を証明できる場合は、第三者証明書類と本人申立ての初診日についての参考資料により、本人の申し立てた初診日を確認します。

　第三者証明は、原則として、複数名から取得することが求められますが、当時を知る医療従事者（当時の担当医や看護師等）であれば、1人だけでも有効です。なお、三親等内親族による第三者証明は認められていません。

図3-2　第三者証明による初診日の認定

初診日が20歳以後である場合

┃第三者証明┃ + 他の資料（客観的なものであること）　⇒　整合性＋総合判断
└─┬─────①初診日当時に見て知った
　　　├─────②初診日当時に聞いて知った
　　　└─────③初診日当時ではないが今から「5年以上前」に聞いて知った

初診日が20歳前である場合

┃第三者証明┃ のみでも総合判断により初診日の認定が可能とされている

注：高橋作成、2022年

表3-4　第三者証明で求められる証明内容

① 発病から初診日（または20歳前）までの症状の経過
② 初診日頃（または20歳前）における日常生活上の支障の度合い
③ 医療機関の受診の契機
④ 医師からの療養の指示など受診時の状況
⑤ 初診日頃（または20歳前）の受診状況を知り得た状況　など

注：高橋作成、2022年

② 初診日が一定期間内にある場合の初診日の認定

　初診日が一定の期間にあることまではわかっているものの、正確に特定できない場合の初診日の認定を可能とする取り扱いです。初診日がある、一定期間の始まり（始期）と終わり（終期）を立証し、その間の保険料納付要件が充足されていれば、本人申立日が初診日として認定されます。

　一定の期間に加入していた年金制度が単一なのか複数なのかで取り扱いが異なります。

図 3-3　初診日が一定期間内にある場合の初診日の認定

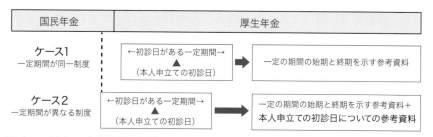

※　ケース２において初診日が国民年金加入中であると申し立てる場合（障害基礎年金のみ請求する場合）は「本人申立ての初診日についての参考資料」は不要です。
※「本人申立ての初診日についての参考資料」には、第三者証明が含まれます。

注：日本年金機構資料より高橋作成、2022 年

表 3-5　始期を証する書類の例

> ① 就職時に事業主に提出した診断書
> ② 人間ドックの結果
> ③ 交通事故の証明（交通事故が原因である傷病）
> ④ 職場の人間関係が原因で発症した精神疾患であることを証明する資料
> ⑤ 一定時期よりも前に発病していないことを医師が証明した資料
> ⑥ 当時の状況を知る職場の上司や産業医が発病していないことを証明した資料　など

注：高橋作成、2022 年

表 3-6　終期を証する書類の例

> ① ２番目以降に受診した医療機関による受診状況等証明書
> ② 障害者手帳交付時期に関する資料（診断書など）
> ③ 当時の状況を知る職場の上司や産業医が受診していたことを証明した資料
> ④ 調剤薬局の領収証等その傷病で医療を受けたことが確認できる資料
> ⑤ 装具（補聴器など）作成時の異常所見を確認できる資料　など

注：高橋作成、2022 年

遡及請求

Q3

遡 及 請求として、過去にさかのぼって障害年金を受け取りたいと
考えています。障害認定日時点で受診していません。遡及請求はで
きますか。

A3

　初診日から1年6か月経過した日（障害認定日）において、障害等級に該
当しているにもかかわらず、請求をしていない場合、障害認定日に 遡 って
障害年金の請求をすることができます。

　障害認定日時点の障害状態を証明するために必要な診断書は表3-7のとお
りであり、診断書が取得できない場合、原則として遡及請求はできません。
ただし、障害認定日時点の診断書がなくても等級判断が可能な事案もありま
すので、諦めずに遡及請求にチャレンジしてみましょう。

　参考までに過去の認定例を紹介します。

　統合失調症のあるAさんの初診日は平成12年8月23日です。その1年
6か月後の平成14年2月23日が障害認定日にあたりますが、Aさんには
当時、病識がなく、通院をしていませんでした。障害年金の申請にあたり、
①平成13年11月14日と②平成14年7月11日付の診断書を提出しました。
①と②が同一病院かつ同一医師作成であったこと、①と②に記載された内容
がいずれも障害等級2級相当で病状に大きな変化がないと推定できること、
①と②の間は病識の欠如によって通院していなかっただけで病状が改善した
わけではないことなどが総合的に考慮され、障害認定日での受給権発生（遡
及請求）が認められました。

　障害認定日時点の受診がない場合は、Aさんのように2時点の診断書で障
害状態を証明することが可能です。ただし、類似事案すべてが認定に至るも
のではありません。

表 3-7　障害認定日時点の障害状態を証明するために必要な診断書

障害年金の種類	必要な診断書
20 歳前障害による障害基礎年金	障害状態を認定する日（20 歳または同日後の障害認定日）前後3 か月以内の状態を記載した診断書
20 歳前障害による障害基礎年金以外の障害年金	障害状態を認定する日（初診日から 1 年 6 か月経過した日またはそれまでに治った日）以後 3 か月以内の状態を記載した診断書

注：高橋作成、2022 年

コラム　20 歳に受診がなくても障害基礎年金遡及請求は可能か？

　　特別児童扶養手当と障害基礎年金の障害等級はおおむね一致することから、特別児童扶養手当の認定結果（20 歳に最も近い時期のもの）をもって障害基礎年金の受給権を 20 歳時点で発生させることが実務上認められています。20 歳時点の受診がなくても 20 歳時点に遡って障害基礎年金の請求をすることが可能ということになります。ただし、特別児童扶養手当と障害基礎年金は別の制度ですので、必ず障害基礎年金の受給権発生につながるわけではないことに注意が必要です。できる限り 20 歳時点もしくは 20 歳に近い時期の受診に基づく診断書を提出して審査を受けるようにしましょう。

　　なお、20 歳時点での受診がなくても、障害基礎年金の請求手続きをする時期が 21 歳や 22 歳など 20 歳に近い時期で、病状変化がほとんどない場合には、医師に「20 歳時点と現在の病状に変化はない」等の記載を診断書上にしてもらうことで、20 歳時点に遡って障害基礎年金の受給権発生が認められることもあります。

遡及請求 ···

Q4

利用者が、障害年金の遡及請求（そきゅうせいきゅう）を考えています。遡及請求が認められ、数百万円といった大金を手にすると生活リズムが著しく不安定になるようで心配しています。どのようなアドバイスを送るとよいでしょうか？

A4

■お金に対する考え方を理解することが支援の第一歩

　障害年金を請求した結果、遡（さかのぼ）って支給決定されることがありますが、この遡る部分を「遡及分」と呼びます。遡及分は、多くの場合、２か月ごとに支払われる定額部分と同時に入金されます。ただ、正確な支払い時期はわからない場合が多く、年金事務所に行って請求手続きをする際、担当者に支払い予想時期を確認するとよいでしょう。

　一度に多額のお金が手に入ると、程度の差はあれ、誰しもお金を使いたくなります。何か欲しいものがありそれを購入する場合や、借金や滞納している公共料金の支払いにあてるなど、お金の使用目的が明確で、それを実施しないと自分に困りごとが起こる場合は、遡及した年金などの「余ったお金」を消費することは少ないかもしれません。

　また、お金に対する不安感（お金がないことへの不安感）が強い人は、消費することなく、定期預金に入れる人もいるでしょう。

　そう考えると「一度に大きな額を手にしたら、それを管理しなくてはならない」のではなく、ふだんから金銭管理と日常生活について本人と話し合い、本人のお金に対する考え方を理解しておくことが支援の第一歩であるといえます。それなしに「使うともったいない」「将来あなたが困る」という、障害がある人にはわかりにくい言い回しで、指導やアドバイスをしても効果があるとはいえませんし、そのときは「わかりました」と返事があっても結局は消費をしてしまうということになりかねません。

■お金の適切な使い方

　では、どうすれば適切なアドバイスができるでしょうか？

　まずは、生活費と年金や就労などの収入から、将来のお金の見通しを立てます。介護が必要になったら、病気が重くなったらなどの「今考えても答えが出せない」ことは盛り込みません。それをしてしまうと、お金を使うことに抵抗感が生まれます。「上手にお金の管理をせずに、もし医療費が増えたら、将来困るのはあなたですよ」というアドバイスは誰がされても気分がよいものではありません。

　「病気が重くなるとお金がもっと必要になるから残しておきなさい」ではなく、「お金が余計にかからないように薬を飲んで通院を」とアドバイスできれば、本人の金銭管理に対する「やらされ感」はなくなり、アクシデントがあっても支援者が知らされなかったという事態は少なくなると思います。

■生涯キャッシュフローの重要性

　次に、毎月の収支を調べます。結果は、口頭で伝えるのではなく、視覚的にわかる形で、その収支の状態を最後まで（死亡するまで）継続したら、どの程度のお金が必要になるのかを計算して、提示します。遡及分などは計算に入れずに、いくらを貯蓄から取り崩すことになるのかを把握します。

　その際、大切なのは、実際にはできない設定で計算をしないことです。1食200円で40年間暮らすのは現実的ではありませんし、小遣いが毎月1,000円で、旅行や趣味に使ってはならないという設定もあり得ません。

　こうしてできた、その人の生涯のお金の流れを「生涯キャッシュフロー」と呼びます。ファイナンシャル・プランナーは、その世帯の特徴をふまえた、生涯キャッシュフローを作成できます。

　こうした数字を根拠に、支援者は「過不足なく使いながら、心配がないようにいくらかのお金を残す」とアドバイスができればと思います。

医師への依頼

Q5

障害年金の請求にあたり、主治医には、どのような種類の診断書を
いつごろ、どのような方法で依頼をするとよいのでしょうか。

A5

■初診日の重要性

　障害年金の請求には、保険料納付要件を満たす必要があります。保険料納付要件を満たしているかどうかは、初診日の前において、初診日の属する月の前々月について確認することになりますので、初診日の把握が重要になります。しかし、精神科における初診日は判断に困る場合があります。

　ここでは、障害年金の請求を希望した 25 歳 0 か月の統合失調症の Q さんを例にあげます。Q さんは、高校 3 年生（17 歳）のときに不登校で A 病院を受診し「不安神経症」と診断され通院をはじめました。19 〜 21 歳まで受診した B クリニックでは「気分障害」と診断され、23 歳 0 か月から現在まで受診している C 病院では「統合失調症」と診断されています。精神疾患はその診断が確定するまでに時間を要し、転医の度に診断名が変わることも少なくありません。このような場合、初診日の判断として、A 病院と B クリニックの診断が、現在の傷病と同一の傷病か否か（一貫性があるのか、相当因果関係があるのか）がポイントとなります。支援にあたり、まずは現症の診断書の作成医に、初診がどこになるのか相談し、初診日を確認することが重要になります。

■初診日によって決まる受給の有無、障害年金の種類、診断書の種類

パターン①

　A 病院が現症の傷病の初診であり、現症の傷病と同一傷病と判断した場合、20 歳前の受診であり、保険料納付の確認は不要です。ただし、所得によっては、障害年金の全部か一部が支給停止になります。Q さんの場合、遡及

請求（Q3）が可能になります。

パターン②

　C病院が初診だと判断された場合、仮に保険料納付要件（28頁）を満たしていなければ、障害年金の請求ができません。一方、20歳から厚生年金に加入し続けていた場合、障害厚生年金を請求することになり、仮に同じ等級であっても障害基礎年金とは支給額が異なってきます。なお、遡及請求ではなく認定日請求になります。

　以上のように、初診日の診立てによって請求の可否が左右されたり、支給額に差が生じることになることを支援者は理解しておく必要があります。

■診断書の種類と医師への依頼方法

　パターン①を例にしますと、A病院に受診状況等証明書、Bクリニックには障害認定日の診断書、C病院には現症の診断書、合計3枚を依頼することになります。Bクリニックについては、遡及請求をする場合に依頼します。3つの医療機関に同時に診断書の作成を依頼することも可能ですが、すべての提出書類の記載の整合性が重要になりますので、一例としては、受診した医療機関に時系列で診断書等の作成を依頼します。A病院で作成した受診状況等証明書を、Bクリニックに提示し診断書を作成してもらい、次に受診状況等証明書とBクリニックが作成した診断書をC病院へ提示し、診断書を記載してもらうという具合です。

　また、医師によっては、A病院やBクリニックから診断書等を取り寄せて、初診日を検討する場合もあります。

　パターン②の場合、C病院に現症の診断書1枚を依頼します。

■支援におけるポイント

　支援者として注意したい点は、Bクリニックの診断書で遡及支給の可否、C病院の診断書でその後の支給の可否が審査、判断されるということです。Bクリニックの医師からすれば、診断書の作成材料はカルテになりますし、C病院の現在の主治医は、短時間の診察では、Qさんの日常生活の様子は詳細まで把握できないかもしれません。したがって、支援にあたっては、Qさ

んにどのような生活のしづらさがあるのか、Qさんの日常生活の様子や病状についてその詳細を書面にまとめて、BクリニックやC病院の医師に伝え、診断書作成の材料にしてもらうことが大切です。その際、障害年金の診断書は、単身で生活をした場合の能力について問われていますので、独居を想定して日常生活の能力をまとめる必要があります。

　支援者によっては、障害年金の請求に添付する病歴・就労状況等申立書を先に作成し、医師へ診断書作成の資料として提示する場合もあります。また、日常生活の聞き漏れがないように、独自のヒアリングシートを作成、聴取し、医師に提示する支援者もいます。

コラム 20歳前障害にかかる初診日証明に関する手続きの簡素化

　次の①及び②を満たしている場合は、初診日を具体的に特定しなくとも、審査のうえ、本人の申し立てた初診日が認められます。
① 　次の❶または❷のいずれかに該当すること
　❶ 　2番目以降に受診した医療機関の受診日が、18歳6か月前である場合
　❷ 　2番目以降に受診した医療機関の受診日が、18歳6か月〜20歳到達日以前にあり、20歳到達日以前に、その障害の原因となった病気やけがが治った場合（症状が固定した場合）
② 　その受診日以前に厚生年金保険に加入していないこと

医師への依頼

Q6

障害年金の請求や精神障害者保健福祉手帳の申請にあたって、診断書の作成を医師に依頼する際、生活のしづらさをどのように理解し、どのように伝えればよいのでしょうか。

A6

　障害年金の請求や精神障害者保健福祉手帳の申請にあたって用意する診断書には、どのような生活のしづらさがあるか、また日常生活にどのような制限を受けているか、具体的に評価するための項目が設けられています。

■日常生活能力のとらえ方

　障害年金の診断書では、①適切な食事摂取、②身辺の清潔保持、③金銭管理と買い物、④通院と服薬、⑤他人との意思伝達及び対人関係、⑥身辺の安全保持及び危機対応、⑦社会性（社会的手続きなど）の7つについて尋ねています。精神障害者保健福祉手帳の診断書では、これらに、「趣味・娯楽への関心及び文化的社会的活動への参加」が加わります。

■日常生活能力のとらえ方の例①

　①は「適切な食事摂取」です。例えば、糖尿病であれば、適切に血糖値をコントロールする食事ができなければなりません。

　②は「身辺の清潔保持及び規則正しい生活」です。洗面、洗髪、入浴、排泄後の衛生保持や更衣または清掃を指します。洗濯機は回していても洗剤を入れなかったり、洗濯機が回らないほど衣類を入れていたり、または、こだわりでタオル1枚だけを何度も洗濯するのでは、援助があってもできるとはいえません。

　③は「金銭管理と買い物」です。家計を管理するだけではなく、車や家の契約行為が独力で適切にできるかどうかまで確認すべきです。SNSなどの

適度な利用も含まれるでしょう。

④は「通院と服薬」です。自発的に通院し、単独で薬の管理ができ、病状や副作用等について主治医とセッションができるかが問われます。

⑤は「他人との意思伝達及び対人関係」です。他人の話を聞き、自分の意思を相手に伝えるコミュニケーション能力や、他人と適切につきあう能力です。支援者から助言を受けていても、直接的なかかわりをもったことがない人には挨拶や会釈をしない。相手の謙虚さゆえの言葉、冗談、皮肉などを言葉どおりに受け止める。グループで特定の事柄を話し合っているときに、全く関係のない事柄を思いつき突然、発言するという状況は「援助があればできる」とはなりません。SNS などでのコミュニケーションも含まれるでしょう。

⑥は「身辺の安全保持・危機対応」です。危険から身を守る、事故や危機的状況にパニックを起こさずに対応するなどはもとより、一般的な感染対策ができるか、不要な訪問販売を断ることができるかなども含まれるべきです。

⑦は「社会的手続及び公共施設の利用」です。各種の申請等の手続きを行ったり、銀行や公共施設を適切に利用できるかどうかで判断されます。行政から届く通知を、単独で処理できるかどうかも重要になります。銀行では、口座の開設と解約、口座振替の手続き、指定の口座に振り込むことが独力でできるかどうか、自宅から目的地まで遠方であっても単独で行くことができるかどうかなどが問われます。

⑧は「趣味・娯楽への関心及び文化的社会的活動への参加」です。地域で行われる講演会やイベント、コンサート等への参加だけではなく、PTA や町内会の役割を援助なく果たすことができるかどうか確認すべきです。

■１つの社会活動であっても傷病によって異なる生活上の制限

⑦の「社会的手続や公共施設の利用」について、銀行での手続きを例にあげます。

統合失調症の人なら、どのように手続きをすればよいのか整理ができない。

行員全員が自分のほうをみているようで視線が怖くて、手続きができない。うつ病の人なら、銀行に行く気になれない。行ったとしても考えがまとまらず行動ができない。発達障害の人なら、いつも勤務している行員がいないと手続きを進められない。薬物依存の人なら、客も行員も大勢いる環境に、焦燥感が募ったり汗をかいたりして手続きができない。神経症性障害の人なら、ATMのタッチパネルを触れない。認知症の人なら、暗証番号を思い出せない、訪店した理由を思い出せないなど、銀行を訪れるという社会活動1つとっても、それぞれの傷病によって、活動の制限は異なることがみて取れます。

■日常生活能力のとらえ方の例②

このような例もあります。洗濯はできているが、実は洗濯機の前で50分間洗濯の様子をみつめている。料理はできているが、お湯が沸くまでみつめ、沸いたことを確認してから野菜を切りはじめる。金銭管理はできているが、全くお金を使わない。トイレは汚さないが、1日に50回トイレに行く。車の運転はできているが頻繁にぶつける。

それぞれの行為を表面的にみると、すべて「できている」となってしまいますが、実状を詳細かつ複合的にみると、社会生活に支障をきたしていることがわかります。

厚生労働省と日本年金機構から作成医宛に「障害年金の診断書(精神の障害用)記載要領」がまとめられています。これは、支援者も参考にすることができます。

■支援におけるポイント～家族の常態化に注意～

精神障害者及びその家族は、不便のある状況を当たり前の日常として捉えて過ごしていることが少なくありません。精神障害に伴う生活のしづらさが常態化しているのです。支援者が「何か困っていることはありませんか?」と聞いても、常態化しているため、困っていることをあげることができない場合があります。支援者のほうから、具体的に日常生活における生活のしづ

---

1 https://www.nenkin.go.jp/service/jukyu/todokesho/shougai/shindansho/20140421-23.files/0000015301DRaiUqGn87.pdf

らさの場面やエピソードの例をあげて聴取することで、家族は生活のしづらさに気づきはじめます。

■生活の制限を医師へ伝え、診断書に反映

医師は外来診察においては、限られた時間のなかで診察を行います。したがって、生活の細かな状況までは聴取が困難です。支援者は、精神障害による生活のしづらさを、当事者からしっかり聴取し、言語化、具現化、可視化をする必要があります。それらを書面や口頭で医師に伝え、診断書に生活の制限を書き記すことで、障害に見合った社会制度の給付を受けることにつながります。

医療と社会制度の橋渡しをする支援者の役割は大きいといえます。

病歴・就労状況等申立書

Q7

障害年金を新たに請求する際、必要になる「病歴・就労状況等申立書」は、誰がどのように作成するのでしょうか。また、裏面には障害者手帳の交付について尋ねる欄がありますが、精神障害者保健福祉手帳の等級は、障害年金の認定に影響するのでしょうか。

A7

■「病歴・就労状況等申立書」の役割や作成のポイント

受診状況等証明書や診断書は、ある一時点の情報しか記載されていないことから、全体の流れを把握することができません。また、診断書からはみえてこない日常生活上の不自由さがあることもあります。これらを国に伝えるために病歴・就労状況等申立書が用意されています。

病歴・就労状況等申立書を作成するのは原則として本人です。しかし、本人が作成することが難しい場合や作成に多くの支援が必要な場合は、家族や社会保険労務士などが代理で作成することができます。病歴・就労状況等申立書を作成する際のポイントを次のとおりまとめました。

① 「受診状況等証明書」や「診断書」は一時「点」であるのに対し、「病歴・就労状況等申立書」は、それら点と点を結ぶ「線」の役割をもっています。難解な用語の羅列よりも、発病から現在までの流れを切れ目なく「できないこと」「不自由なこと」を記載することが重要です。文章にすることが難しい場合は箇条書きでも構いません。

② 病状が「継続」しているのか、「再発」なのかなどを判断する重要な審査資料です。特に「受診していない期間」については、事実に基づき、できるだけ詳細に日常生活の状況等を記載するようにしてください。

③ 裏面の障害者手帳に関する記載欄については、障害年金の等級判定には直接的な影響はないとされています。あくまで「参考情報」です。

表 3-8 「病歴・就労状況等申立書」を作成する際のチェックポイント

①　発病日や初診日は正確に記載されているか？ 「診断書」や「受診状況等証明書」と矛盾点がないかどうか	☐
②　治療・病歴経過は正確に記載されているか？ 受診した医療機関や時期は、事実にもとづいて順番に記載されているかどうか、 また、医師が書いた証明書と矛盾がないかどうか	☐
③　治療・病歴経過が切れ目なく記載されているか？ 発病から現在までのストーリーが途切れていないかどうか、 また、医師が書いた証明書と矛盾がないかどうか	☐

注：高橋作成、2022 年

コラム　病歴・就労状況等申立書の記入の簡素化

　　20 歳前に初診日があり、次の①または②に該当する場合は、病歴・就労状況等申立書の病歴状況の記入を簡素化できます。
①　知的障害については、病状や日常生活状況に大きな変化がなければ、出生時から現在までの状況をまとめて記入することが可能です。
②　「初診日証明に関する手続きの簡素化」（105 頁）を利用する場合は、発病から受診状況等証明書発行医療機関（2 番目以降の医療機関など）の受診日までの経過をまとめて記入することが可能です。

　　なお、受診状況等証明書発行医療機関（2 番目以降の医療機関など）の受診日以降の経過は、通常どおり、受診医療機関等ごとに、各欄に記載することが必要です。

障害状態確認届

Q8

「障害状態確認届」が届きましたが、この書類はどのようなもので
しょうか。また、医師に対する作成依頼や、その提出にあたり、ど
のようなことに注意したらよいでしょうか。

A8

■障害状態確認届が送付される時期と提出期限

　障害年金には、その病状に応じて「永久認定」と「有期認定」の２種類が
あります。肢体の切断など病状が変化しないものは永久認定（更新不要）と
され、精神障害など病状変化が想定されるものは有期認定（病状等に応じて
１～５年ごとの更新制）とされます。有期認定とされた障害年金の受給者に
は、更新の時期に「障害状態確認届」が封書で届きます。

　障害状態確認届の提出期限は、誕生月の末日とされており、その約３か月
前に用紙が届きます。８月が誕生月の場合、提出期限が８月31日、用紙が届
くのが５月末頃です。

　なお、提出期限を過ぎてしまうと、障害年金の支給が「一時差止」とされ
ますが、障害状態確認届が提出され、支給継続と判定されれば、一時差止に
なった障害年金は遡って支給されます。

■支給停止と一時差止の違い

　「支給停止」は、障害等級非該当等の理由により障害年金が支給されなく
なることを意味し、支給停止の理由がなくなった場合（再び障害等級に該当
したときなど）は、支給停止の解除を求めることができます。

　一方、「一時差止」は、更新の際に障害状態確認届の提出が遅れるなど審
査に必要な書類が提出されていないため、障害年金の支給がいったん保留さ
れるもので、必要書類が提出されて支給継続できることが確認されれば、保
留されていた障害年金が遡って支給されます。

■医師への依頼のポイントなど

障害状態確認届は、受診している主治医に作成してもらいます。病状が適正に反映された障害状態確認届を得るには、主治医に病状や日常生活の状況が正確かつ詳細に伝わっていなければなりません。忙しい医師に日常生活まで伝えることが難しい場合もありますから、病状とあわせて日常生活の様子を紙にまとめて渡すなどの工夫が必要です。

■障害状態確認届提出後の流れ

障害状態確認届を提出した後の流れは、①〜③のいずれかになります。

なお、提出期限を過ぎてから障害状態確認届を提出した場合は、取り扱いが異なることがありますので、年金事務所窓口へ個別に相談してください。

① 審査結果が「支給継続」（障害等級に変更がないと判断された場合）

支給継続となったことが記載された通知はがきが届きます。通知はがきには、次回診断書提出年月があわせて記載されています。

② 審査結果が「増額改定」（障害等級が2級から1級になる場合など）

等級変更されたことが記載された支給額変更通知書が届きます。通知書には、変更後の年金額と次回診断書提出年月が記載されています。

なお、増額改定は、提出期限の属する月の翌月分から適用されます。

③ 審査結果が「減額改定または支給停止」（障害等級が1級から2級になる場合や3級から等級非該当になる場合など）

障害状態確認届提出期限が属する月の翌月から3か月分は従前の障害年金の支給が継続され、減額または支給停止となるのは4か月目からになります。8月31日が提出期限の場合、11月分（12月15日支給）まで従前の障害年金が支給され、12月分から減額または支給停止の審査結果が反映されます。

減額改定については、等級変更されたこと、変更後の年金額、次回診断書提出年月日が記載された支給額変更通知書が届きます。支給停止については、支給停止となったことが記載された支給額変更通知書が届きます。

支給額／年金額

Q9

障害年金の支給額は、どのように計算されるのでしょうか。障害基礎年金2級と障害厚生年金3級はどちらが高額になりますか。

A9

令和4年度水準については、表3-9のとおりです。障害基礎年金は定額制、障害厚生年金は給与水準と加入期間によって金額が算出されます。

なお、厚生年金加入期間が長期にわたる場合は、障害厚生年金3級であっても支給額が、障害基礎年金2級の額を超えることもあります（表3-10）。

表3-9　障害基礎年金と障害厚生年金の支給額

給付の種類	等級	支給額または計算式	備考
障害基礎年金	1級	基 本 額：972,250円 子の加算：223,800円（1・2人目） 　　　　　74,600円（3人目以降）	18歳年度末までにある子または障害状態にある20歳未満の子が加算対象
	2級	基 本 額：777,800円 子の加算：223,800円（1・2人目） 　　　　　74,600円（3人目以降）	
障害厚生年金	1級	基本額計算式：(①+②)×1.25 配偶者加給：223,800円 ①　2003（平成15）年3月以前の平均標準報酬月額×7.125／1000×被保険者期間の月数 ②　2003（平成15）年4月以後の平均標準報酬額×5.481／1000×被保険者期間の月数 ※1級の障害基礎年金も支給される	被保険者期間の月数が300月未満の場合は300月として計算します（注1）。 65歳未満の配偶者が配偶者加給の対象となります。
	2級	基本額計算式：(①+②) 配偶者加給：223,800円 ※2級の障害基礎年金も支給される	
	3級	基本額計算式：(①+②) ※3級は、583,400円が最低保障額とされ、障害基礎年金は支給されない。 ※3級は、配偶者加給は加算されません。	

注1：300月みなし（障害厚生年金における被保険者期間の月数が300月未満の場合）の計算例

（設定）　2003（平成15）年3月以前：平均標準報酬月額30万円、被保険者期間の月数120月
　　　　　2003（平成15）年4月以後：平均標準報酬額50万円、被保険者期間の月数80月
　　　　　⇒　被保険者期間の月数は、「障害認定日の属する月まで」を算入します。
　　　　　（年金額計算）
　　　　　{(300,000×7.125/1000×120)+(500,000×5.481/1000×80)}×300/(120+80)
　　　　　=713,610円

平均標準報酬月額：2003（平成15）年3月以前の標準報酬月額の総額を、2003（平成15）年3月以前の加入期
　　　　　　　　　　間で割って得た額をいいます。
平均標準報酬額：2003（平成15）年4月以降の標準報酬月額と、標準賞与額の総額を2003（平成15）年4
　　　　　　　　　月以降の加入期間で割って得た額をいいます。

注：高橋作成、2022年

表3-10　厚生年金保険加入歴が長期にわたる場合の障害厚生年金3級の計算例

（設定）
2003（平成15）年3月以前：平均標準報酬月額30万円、被保険者期間の月数120月
2003（平成15）年4月以後：平均標準報酬額50万円、被保険者期間の月数240月
⇒　被保険者期間の月数は、「障害認定日の属する月まで」を算入します。
（年金額計算）
（300,000×7.125/1000×120）+（500,000×5.481/1000×240）
=　914,220円（＞障害基礎年金2級）

注：高橋作成、2022年

コラム　相続など一時的な収入が障害年金の支給に及ぼす影響

　20歳前障害による障害基礎年金には所得制限があります。扶養家族の状況等によって所得制限水準は変わりますが、年収が400万円を超えるくらいから所得制限による障害基礎年金の支給停止に該当すると考えて差し支えありません。
　なお、所得制限の判定において、相続等の一時所得は含めないこととなっています。

支給額／配偶者や子の加算

Q10

支援している利用者が障害年金を受給しています。利用者が結婚したり、利用者に子どもが生まれたりした場合、受給額は変化するのでしょうか。

A10

障害年金の受給権発生後に結婚した場合、障害厚生年金（1・2級）の受給権者は配偶者加給年金が加算されます。また、子が生まれた場合などは、障害基礎年金の受給権者に子の加算がつきます。いずれも、「障害給付加算額・加給年金額加算開始事由該当届」を提出します。手続きにあたっては、①戸籍謄本、②世帯全員の住民票（マイナンバー提出によって添付を省略できます）、③加算対象者の所得の証明（加算対象者が追加となる日の前年所得）が必要です。

なお、配偶者加給年金額については、年収が850万円未満または所得が655.5万円未満である証明が必要です。子の加算については、義務教育終了前は添付書類の必要はありません。高校生（夜間学生は除く）の場合は学生証の写しで足ります。

コラム 児童扶養手当と障害年金

2014（平成26）年の児童扶養手当法の改正により、児童扶養手当と障害基礎年金の子の加算との併給調整のしくみが見直され、児童扶養手当額が障害基礎年金の子の加算額より多い場合に、その差額が児童扶養手当として支給されるようになりました。

しかし、2014（平成26）年の改正では、ひとり親家庭における児童扶養手当が支給されないという問題を残していました。両親家庭では、児童扶養手当の受給資格者と障害基礎年金の受給権者が別々になりますが、ひとり親家庭では、児童扶養手当の受給資格者と障害基礎年金の受給権者が同一と

なり、かつ障害基礎年金の1か月分が児童扶養手当額を下回ることが制度上あり得ないので、児童扶養手当は支給されることがありませんでした。

　そこで、2021（令和3）年の改正によって、ひとり親家庭における児童扶養手当と障害基礎年金との併給調整のしくみが見直され、児童扶養手当の額が障害年金の子の加算部分の額を上回る場合、その差額が児童扶養手当として支給されることになりました。

図3-4　2021（令和3）年改正のイメージ図
　　　　（併給調整の対象から障害基礎年金の本体部分を除く）

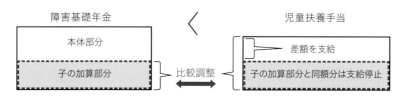

注：日本年金機構資料より高橋作成、2022年

○留意点
・障害年金の本体部分を併給調整の対象から除外する代わりに、非課税収入である障害年金を課税収入に読み替え、児童扶養手当の収入制限が計算されます。
・障害等級3級の障害厚生年金は老齢年金や遺族年金と同様に、引き続き併給調整の対象とされているため、児童扶養手当は支給されません。

Q11

障害基礎年金を受給している利用者が 65 歳を迎えます。老齢年金と障害年金をともに受け取ることができるのでしょうか。また、複数の年金の受給権が発生した場合の受給方法などを教えてください。

A11

公的年金には、「1 人 1 年金の原則」というルールがあります。ただし、65 歳以降は、例外としていくつかの受給組み合わせが認められています。

① 65 歳前

65 歳前に受給権が発生する年金は、障害基礎年金、障害厚生年金、繰上げによる老齢基礎年金（付加年金含む）、60 歳代前半の老齢厚生年金（繰上げによる老齢厚生年金含む）、遺族基礎年金、遺族厚生年金、寡婦年金の 7 種類で、同一支給事由によるものは併給されます（例：遺族基礎年金＋遺族厚生年金、障害基礎年金＋障害厚生年金）。

支給事由の異なる複数の年金の受給権が発生した場合は、年金受給選択申出書を提出して、どれか 1 種類を選んで受給することになります（1 人 1 年金の原則）。

② 65 歳以降

65 歳以降に受給できる年金の種類は、障害基礎年金、障害厚生年金、老齢基礎年金（付加年金含む）、老齢厚生年金、遺族基礎年金、遺族厚生年金の 6 種類で、同一支給事由以外で併給できる組み合わせは次の 3 通りです。

① 障害基礎年金　＋　老齢厚生年金
② 障害基礎年金　＋　遺族厚生年金（経過的寡婦加算部分は支給停止）
③ 老齢基礎年金　＋　遺族厚生年金

なお、一度選択した組み合わせは、いつでも将来に向かって変更することが認められています（遡（さかのぼ）っての変更は認められていません）。

コラム　老齢厚生年金の「障害者特例」と障害年金との関係

　2021（令和 3）年の時点で、老齢厚生年金の支給開始年齢は 65 歳とされていますが、経過措置により 65 歳前に 60 歳代前半の老齢厚生年金の支給を受けられる年代の人がいます。

　60 歳代前半の老齢厚生年金の支給を受けられる人が、障害状態（障害年金の等級で 3 級相当以上）にあり、かつ厚生年金保険の被保険者でない場合に、「障害者特例」という受給年金額の特例を請求することができます。

　障害年金の受給者が、同時に障害者特例に該当する場合は、1 人 1 年金の原則に基づき、障害年金か障害者特例が適用された 60 歳代前半の老齢厚生年金のいずれかを選択受給することになります。

例：62 歳から障害基礎年金 2 級を受給している 1959（昭和 34）年 3 月
　　10 日生まれの独身男性（20 歳から 60 歳の 480 月のうち、厚生年
　　金 240 月加入、国民年金 240 月加入したが一部に保険料の未納や免
　　除あり）の場合（年金額は概算）

　63 歳から 60 歳代前半の老齢厚生年金 51 万円が支給されるところ、障害等級 2 級の状態であり、障害者特例の適用を請求することで、支給額は 90 万円（51 万円＋ 39 万円）になります。これにより、63 歳からは、年金受給選択申出書を提出し、障害基礎年金ではなく障害者特例が適用された 60 歳代前半の老齢厚生年金を受給することができます。

　そして、65 歳になるとき、障害基礎年金 2 級＋老齢厚生年金の組み合わせに切り替えるため、年金受給選択申出書を提出します（図 3-5）。

図 3-5 「障害者特例」と障害年金

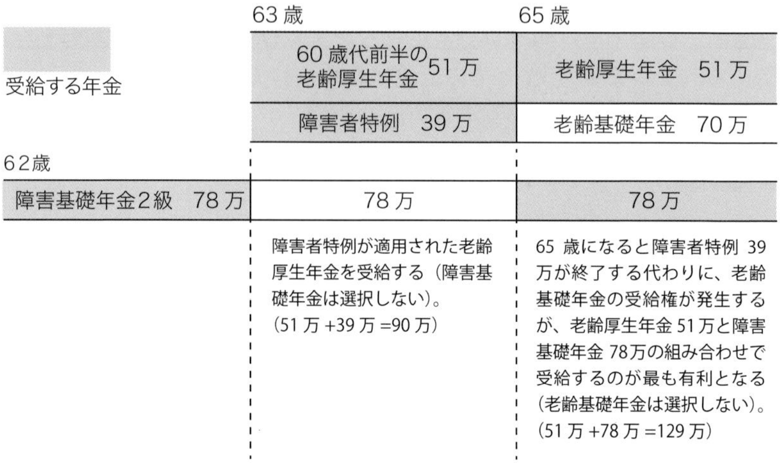

受給する年金	63歳		65歳	
	60歳代前半の老齢厚生年金 51万		老齢厚生年金　51万	
	障害者特例　39万		老齢基礎年金　70万	

62歳			
障害基礎年金2級　78万	78万	78万	

	障害者特例が適用された老齢厚生年金を受給する（障害基礎年金は選択しない）。 （51万＋39万＝90万）	65歳になると障害者特例39万が終了する代わりに、老齢基礎年金の受給権が発生するが、老齢厚生年金51万と障害基礎年金78万の組み合わせで受給するのが最も有利となる（老齢基礎年金は選択しない）。 （51万＋78万＝129万）

注：高橋作成、2022年

他障害との併合認定・総合認定 ···

Q12

> 支援している利用者は、精神障害による障害基礎年金2級を受給し
> ていますが、糖尿病性網膜症に伴う視力障害が顕著になってきまし
> た。複数障害がある場合、それぞれ障害年金が受給できるのでしょ
> うか。あるいは、等級が上がるのでしょうか。

A12

　複数障害がある場合、①併合認定、②差引認定、③総合認定の3つの認定
方法があります。それぞれの障害ごとに年金の権利が発生するか、等級変更
で処理されるかは事案により異なります。

■併合認定

　視力障害や肢体障害など外部障害は、それぞれの障害の状態を個別に判定
することができるため、それぞれの障害の状態を「併合判定参考表」で判定
し、「併合（加重）認定表」にあてはめて足し算することで最終的な等級を
決める方法です。

　先発の精神障害と後発の視力障害は異なる原因によるもので、また、糖尿
病性網膜症単独で障害厚生年金の受給権が発生する程度の障害状態にありま
す。したがって、糖尿病性網膜症に伴う視力障害で障害厚生年金の裁定請求
手続きが必要となります。

　精神障害によって障害基礎年金2級を受給し、糖尿病性網膜症による視力
障害の状態が併合判定参考表の2号（2級相当）に該当する場合、併合（加
重）認定表にあてはめると、併合番号1号となり、1級の障害基礎年金及び
障害厚生年金が裁定決定され、先発の2級の障害基礎年金は失権処理され

1　なお「併合判定参考表」及び「併合（加重）認定表」は、「国民年金・厚生年金保険障害認定基準」に収載されています。
　「国民年金・厚生年金保険障害認定基準」は、日本年金機構のホームページからダウンロードすることができま
　す (https://www.nenkin.go.jp/service/jukyu/shougainenkin/ninteikijun/20140604.html)。

ます。

　糖尿病性網膜症による視力障害の状態が併合判定参考表の5号（3級相当）に該当する場合、併合（加重）認定表にあてはめると、併合番号1号となり、2級の障害基礎年金が1級へ改定されます。なお、後発の障害厚生年金は3級のため併合失権にはならず、1級に改定された障害基礎年金と3級の障害厚生年金のいずれかを選択することになります。

　糖尿病性網膜症による視力障害の状態が併合判定参考表の6号（3級相当）に該当する場合、併合（加重）認定表にあてはめると、併合番号2号となり、先発2級の障害基礎年金は上位等級に該当せず2級のまま等級改定は発生しません。後発の障害厚生年金3級との選択になります。

　以上のように、2級以上同士なのか、2級と3級なのか、3級でも併合判定参考表5号に該当するのか、または6号以下に該当するのかで手続きや処理が変わります。年金事務所や障害年金に詳しい社会保険労務士に相談しながら対応してください。

■差引認定

　もともと障害のあった部位に別の原因でさらに障害が生じて悪化した場合に、悪化した分について等級判定を行う方法です。併合認定が足し算の考え方だとすると、差引認定は引き算の考え方になります。

■総合認定

　精神障害が重複する場合や心臓病など内部障害が重複する場合、それぞれの障害の状態を明確に区別して判定することが難しいため、全体としてどの程度の障害状態であるかを総合的に認定する方法です。

Q13

支援している利用者が、障害年金の遡及請求をしました。認定された場合、遡及して支給された期間について、納付済みの国民年金保険料は、法定免除になり還付されるのでしょうか。

A13

■法定免除制度

国民年金第1号被保険者が、障害基礎年金の受給権を取得すると、国民年金保険料は法定免除に該当します。法定免除となるのは、受給権発生日の属する月の前月分からで、10年や15年遡及して障害基礎年金の受給権が決定された場合には、法定免除も遡及します。

■法定免除か納付かを選択

障害基礎年金受給権者にかかる法定免除については、2014（平成26）年4月に法改正がありました。2014（平成26）年3月分までは本人の意思に関係なく法定免除として納付済み保険料は還付されていましたが、2014（平成26）年4月分以降は保険料納付済みのままにしておくことを選ぶことができるようになりました。

また、障害基礎年金の受給権者は、これから発生する国民年金第1号被保険者期間にかかる国民年金保険料を納付するか法定免除にするか選択することができますが、納付することを選択した期間を後から法定免除に変更することは認められないので慎重に判断してください。まずは法定免除にしておいて、納付可能なら追納の申し込みをして保険料を納付するという方法もあります。

---

1 「追納」とは、免除や納付を猶予（以下、「免除等」）された保険料を後から納付する制度です。追納は、追納申し込みから10年前までの免除等の期間に対して利用することができます。なお、2年より前の免除等の期間にかかる保険料を追納しようとする場合、追納加算額がつくため、当時の保険料額よりも高くなります。追納の申し込みや追納金額の確認は、市区町村の国民年金担当窓口または年金事務所で行うことができます。

■厚生年金の保険料

　なお、厚生年金保険料については、障害基礎年金受給権取得による免除制度はありませんので注意が必要です。

図3-6　2011(平成23)年6月に遡って障害基礎年金の受給権を取得した場合のイメージ

平成23年5月	平成23年6月 (受給権発生月)	平成26年4月以降
	この間の納付済み国民年金保険料は還付される	この間の納付済み国民年金保険料は、還付してもらうか納付のままにするかを選ぶことができる。以降の国民年金期間については、法定免除にするか納付するかを選ぶことができる。

注：高橋作成、2022年

コラム　障害基礎年金の受給権を取得したことで免除される国民年金保険料

　2021（令和3）年時点の国民年金法では、老齢基礎年金と障害基礎年金は同時に受給することができません。また、老齢基礎年金の満額と障害基礎年金2級が同額です。65歳からの受給の組み合わせは「老齢基礎年金＋老齢厚生年金」または「障害基礎年金＋老齢厚生年金」ですから、老齢基礎年金か障害基礎年金のいずれか金額が高いほうを選ぶのが一般的であり、老齢基礎年金を選択する人は極めてまれです。

　しかし、病気やけがが治って障害基礎年金が65歳の時点で支給されないということもあり得ます。その場合に備えて、国民年金保険料の法定免除を選択せずに、納付を続けるという考え方があります。

　病状の程度や予後、医療の進歩による治癒の可能性など不確定要素が多く、非常に難しい判断となります。筆者のこれまでの経験上、法定免除を選択する人は9割以上で、納付を選択する人は1割未満です。若い世代で病状改善が見込まれる場合は、まず法定免除の申請をしておき、様子をみながら追納により納付していくという方法を検討することがありますが、中高齢で病状改善の見込みが少ない場合は法定免除を優先して検討することが一般的です。

改定請求

Q14

障害年金を受給している利用者が、以前に比べて障害が重くなってきました。障害年金の支給が停止している利用者もいます。障害年金の等級を上げる方法や再支給する方法はあるのでしょうか。また、その場合、医師にどのように伝えたらよいのでしょうか。

A14

■額改定請求とその方法

同一の傷病に関して障害の程度が重くなったとき、または軽くなったときは、等級の変更を請求できます。これを額改定請求といいます。ただし、表3-11のとおりルールが定められています。

額改定請求の方法は、「障害給付 額改定請求書」に診断書を添えて、日本年金機構に提出します。診断書のほかに支援者が作成した文面や写真などの資料を添付しても問題はありません。

表3-11 額改定請求

● 新規請求をして裁定を受けた場合	
2級に認定	審査日から1年を経過した日以降に改定請求可能
非該当に認定	時期に制限なく、再度請求が可能
● 有期認定（障害状態確認届）による再認定を受けた場合	
1級から2級へ「級落ち」	審査日から1年を経過した日以降に改定請求可能
2級から2級へ「不変」	時期に制限なく、改定請求可能
1級・2級から非該当へ	時期に制限なく、受給権者支給停止事由消滅届の提出可能
● 等級の改定請求を行った場合	
改定が認められた	改定請求後、1年を経過した日以降に改定請求可能
改定が認められなかった	改定請求後、1年を経過した日以降に改定請求可能

注：高橋芳樹監修・編集、精神障害年金研究会『障害年金請求援助・実践マニュアル―精神障害者の生活を支えるために』中央法規出版、2013年を参考に荒川作成

■医師への伝え方

支援者は、額改定請求する本人の意思を確認し、診断書の作成医に、その

旨を伝えるといった仲介をします。その際、日常生活にどのような生活のしづらさがあるのか、診断書の前回提出時と比較し障害の状態にどのような変化がみられたのか、詳細な状況を聴取して、医師へ伝える支援が重要になります。

■支援におけるポイント

しかし、支援者であっても、長期間にわたって支援をしていると、徐々に低下していく利用者の状態に気づかない場合があります。精神科に入院したときや、障害者総合支援法の障害支援区分が重く変更されたとき、精神障害者保健福祉手帳の等級に変更があったときなどが、額改定請求の判断のきっかけになることを念頭におきながら、支援にあたることが大切です。利用者本人や家族の多くが、額改定請求を知りません。支援者側から額改定請求の声を掛けることが非常に重要になります。

■老齢・障害給付　受給権者支給停止事由消滅届の提出

障害状態確認届によって、障害の程度が軽くなり障害年金に該当しないと認定された場合、障害年金の支給が停止します。また、障害があるにもかかわらず、本人の希望によって、障害年金が停止している場合もあります。

前者の場合に再び障害が重くなり、停止している障害年金の再支給を希望したとき、また後者が障害年金の再支給を希望したときは、医師の診断書を添えて、受給権者支給停止事由消滅届を提出します。障害の状態に該当すれば、診断書の現症日として記載されている日付の翌月から障害年金が支給されます。認定されれば遡って支給されることもありますので、どの時点から再び障害の状態にあったのか、医師と話し合う必要があります。

就労との関係

Q15

支援している利用者は、周囲の適切なかかわりによって、2か月前から特例子会社で、フルタイムで働き、社会保険にも加入しています。次回の更新手続きの際、支給停止にならないかどうか心配しています。

A15

　障害年金制度において、社会保険に加入すると障害年金が支給停止になるとは明記されていません。しかし、社会保険に加入して就労できる程度まで障害の状態が改善しているのであれば支給停止や下位等級への変更になることはあります。

　社会保険に加入している場合、日本年金機構は、会社が届け出る標準報酬月額の記録を通して、給与水準を把握することができます。「標準報酬月額が高い＝働けている」「標準報酬月額が低い＝十分に働けていない」と判断される傾向にあり、筆者の感覚では、月給水準20万円程度を下回ると一般就労で3級、特例子会社などの障害者雇用で2級に認定されるかどうかというところです。また、1年以上継続勤務できているかも重要な審査上の要素であるといわれています。

　しかし、障害年金の等級判定においては、給与水準だけでなく、就労の内容や受けている支援の程度など総合的に把握することとされており、診断書による医学的な判断だけでなく、就労や日常生活の実態をしっかりと日本年金機構に伝えることが重要となります。

■等級判定ガイドライン

　就労している障害年金受給者にかかる審査のポイントは「精神障害に係る等級判定ガイドライン」の「考慮すべき要素」の欄に明示されています（表3-12）。診断書だけでは伝わらない、就労の内容や支援の程度、日常生活状

況等を書面にまとめ、日本年金機構に伝えることで、実態にそぐわない支給停止や下位等級への変更を回避することができます。

表3-12　精神障害に係る等級判定ガイドライン（就労状況）

	考慮すべき要素	具体的な内容例
共通事項	○　労働に従事していることをもって、直ちに日常生活能力が向上したものと捉えず、現に労働に従事している者については、その療養状況を考慮するとともに、仕事の種類、内容、就労状況、仕事場で受けている援助の内容、他の従業員との意思疎通の状況などを十分確認したうえで日常生活能力を判断する。	
	○　援助や配慮が常態化した環境下では安定した就労ができている場合でも、その援助や配慮がない場合に予想される状態を考慮する。	
	○　相当程度の援助を受けて就労している場合は、それを考慮する。	・　就労系障害福祉サービス（就労継続支援A型、就労継続支援B型）及び障害者雇用制度による就労については、1級または2級の可能性を検討する。就労移行支援についても同様とする。 ・　障害者雇用制度を利用しない一般企業や自営・家業等で就労している場合でも、就労系障害福祉サービスや障害者雇用制度における支援と同程度の援助を受けて就労している場合は、2級の可能性を検討する。
	○　就労の影響により、就労以外の場面での日常生活能力が著しく低下していることが客観的に確認できる場合は、就労の場面及び就労以外の場面の両方の状況を考慮する。	－
	○　一般企業（障害者雇用制度による就労を除く）での就労の場合は、月収の状況だけでなく、就労の実態を総合的にみて判断する。	－

精神障害	○ 安定した就労ができているか考慮する。1年を超えて就労を継続できていたとしても、その間における就労の頻度や就労を継続するために受けている援助や配慮の状況も踏まえ、就労の実態が不安定な場合は、それを考慮する。	−
	○ 発病後も継続雇用されている場合は、従前の就労状況を参照しつつ、現在の仕事の内容や仕事場での援助の有無などの状況を考慮する。	−
	○ 精神障害による出勤状況への影響（頻回の欠勤・早退・遅刻など）を考慮する。	−
	○ 仕事場での臨機応変な対応や意思疎通に困難な状況が見られる場合は、それを考慮する。	−

税金や健康保険の扶養に与える影響

Q16

支援している利用者が障害年金を受給しました。障害年金には税金がかかるのでしょうか。また、障害年金を受給する前、同居する父親（会社員）の健康保険の扶養に入っていましたが、障害年金受給開始後も扶養のままでいられますか。

A16

　ポイントは、障害基礎年金・障害厚生年金（以下、「障害年金」）という個人の「年間収入」に対する取り扱いが、税金計算上と健康保険被扶養者の認定とで異なるということです。

図 3-7　障害年金と年間収入

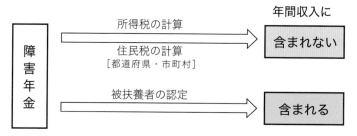

注：赤岩作成、2022年

■障害年金と税金

　個人の収入に対しては所得税、都道府県民税、市町村民税[1]（以下、「所得税等」）が課税されます。障害年金も個人の収入ですが、所得税等は課税されるのでしょうか。ちなみに「税金がかかる」ことを専門用語では「課税される」といいます。

---

1 特別区（東京23区）は特別区民税

老齢基礎年金及び付加年金、老齢厚生年金を除き、租税その他の公課を年金に対しては課することができないとされており（国民年金法第25条、厚生年金保険法第41条第2項）、所得税等は課税されません。

以上のとおり、障害年金は非課税所得ですので税金はかかりません。

■障害年金と健康保険の扶養

① 被扶養者の要件

健康保険の扶養に入っている人、すなわち健康保険の被扶養者とは、被保険者の直系尊属、配偶者等、子、孫及び兄弟姉妹であって、主としてその被保険者により生計を維持するものです（健康保険法第3条第7項各号）。

被扶養者として認定されるには、その者の年間収入が130万円未満（一定の障害者である場合等は、年間収入が180万円未満）であることが条件となります。その際、年間収入には障害年金を含みます。

仮に利用者が障害基礎年金（1級）を受給する場合、年間収入は97万円（令和4年度）ですから、受給後もそれまでと変わらず、被保険者（父親）の健康保険の被扶養者となることができます。

② 必要な手続き

父親が勤務する会社は父親（被保険者）の被扶養者について、被扶養者の要件を満たしているかどうか確認する必要があります。会社から求められた時にすぐに提出できるよう、障害年金の年金証書や障害年金の支給金額がわかる通知書を保管しておいてください。

2「収入がある者についての被扶養者の認定について」（昭和52年4月6日保発第9号・庁保発第9号）

不服申立、権利保障

Q17

障害年金の申請にあたり、等級非該当で不支給決定となってしまった場合や更新の際に障害の程度が軽くなったと判定された場合の、異議申立や不服申立は、どのようなしくみでしょうか。

A17

　障害年金の裁定請求に対する不支給決定や更新時の等級変更決定などの行政処分に納得がいかない場合は、審査請求制度があり、2回不服を申し立てることができます。

■1回目の不服申立

　審査請求（1回目の不服申立）を、地方厚生局社会保険審査官に対して処分決定があったことを知った日の翌日から起算して3か月以内に行うことができます。審査請求書を受け取った社会保険審査官は、その内容を審理し、審査請求人（代理人がある場合は代理人）に対して、決定書という書面で結論を通知します。社会保険審査官の決定には、大きく分けて、審査請求人の主張を認める「原処分取り消し」と、主張を認めない「棄却」の2種類があり、この決定に日本年金機構は従います。

■2回目の不服申立

　社会保険審査官の決定を受けてもなお不服がある場合には、再審査請求（2回目の不服申立）を社会保険審査会に対して、決定書謄本が送付された日の翌日から起算して2か月以内に行うことができます。再審査請求書を受け取った社会保険審査会は、その内容を審理し、公開審理を開いて再審査請求人や利害関係者等の意見を聴き、再審査請求人（代理人がある場合は代理人）に対して、裁決書という書面で結論を通知します。社会保険審査会の裁決も審査請求と同様、大きく分けて、再審査請求人の主張を認める「原処分取り

消し」と主張を認めない「棄却」の２種類があり、この裁決に日本年金機構
は従います。

■訴訟などの検討

　前述の２回が、行政不服審査の領域となり、その先は訴訟の領域になり
ます。社会保険審査官の決定を経れば訴訟に進むことができますが、弁護士
費用等を考えれば、まずは社会保険審査会への再審査請求に進むのが一般的
な選択肢となっています。

　審査請求と再審査請求では弁護士または社会保険労務士、訴訟では弁護士
のみが代理人になることができます。また、訴訟において社会保険労務士は
弁護士と連携し、補佐人として関与していくことが認められています。

　弁護士費用や社会保険労務士費用は、事案の内容によって異なりますので、
まずは相談するところからはじめてください。

　また、不服申立や訴訟は、結論が出るまでに長い時間がかかるだけでなく、
主張が認められることが少ないことから、障害年金の裁定請求のやり直しや支
給停止を将来に向かって解除する手続きなども同時に検討していきましょう。

コラム　生活保護を受給している利用者が支払う社会保険労務士の費用

　　社会保険労務士に支払う費用や報酬が、生活保護受給者の必要経費と認
　められるかどうかという問題ですが、市区町村ごとに判断が異なっている
　のが実情です。生活保護受給者が社会保険労務士に依頼する場合には、事
　前に生活保護担当課に確認してください。
　　筆者は、生活保護受給者から障害年金の相談を受けた場合、まず生
　活保護担当課に連絡を入れ、社会保険労務士に依頼する場合の費用の
　取り扱いについて確認し、その回答を受けて手続きを受任するかどう
　か決めています。

障害年金と年金分割 ·····

Q18

支援している夫婦は、ともに精神障害があります。妻は結婚前に精神障害を発症し、結婚後は、専業主婦でした。夫は長年、会社員として働いていましたが、数年前にうつ病を患い、退職して現在は障害年金を受給しています。夫婦は離婚を考えています。離婚時の「年金分割」という制度を聞いたことがありますが、このような事例の場合にも、妻は、年金分割を受けられるでしょうか。

A18

■離婚時の年金分割

　離婚時の年金分割とは、夫婦の婚姻期間中の厚生年金の保険料納付記録（標準報酬月額・標準賞与額）を、離婚に伴い、分割して、それぞれの固有の年金として受け取る制度です。

　経済的保障がないために離婚を躊躇せざるを得ない場合があり、社会問題となっていたことを背景に、2007（平成 19）年から制度化されました。

　「離婚時の年金分割」としてよく想定されるのは、専業主婦であった（第３号被保険者）妻が離婚後、老齢年金受給時点で、夫の老齢厚生年金部分を分割請求できるというものです。

　年金分割が認められる場合とは、夫婦の一方が、国民年金第３号被保険者の場合に限られます（内縁の場合も含む）。つまり、夫婦の一方が、会社等に勤務して社会保険等の被保険者（第２号被保険者）で、その一方が、相手に扶養されている（第３号被保険者）という関係です。

　分割の対象となる年金は、二階部分（厚生年金部分）です。基礎年金部分には影響はありません。

　また、離婚後２年以内に手続きを行う必要があります。

■年金分割の方法

　年金分割には、合意分割と3号分割の2つの方法があります。

　合意分割とは、分割の割合を夫婦間の合意によって定めるものです（上限50%）。合意がまとまらない場合には家庭裁判所で調停等を行うこともありますが、裁判所は通常、50%と判断します。

　一方、3号分割とは国民年金第3号被保険者からの請求により、相手方の保険料納付記録を2分の1ずつ分割できる制度です。2008（平成20）年以降の婚姻期間がある場合には、相手方の同意なく、第3号被保険者からの請求だけで分割可能です（話し合いや調停等は必要ありません）。2008（平成20）年以前の婚姻期間に関しては合意分割の手続による必要があります。

図3-8　公的年金制度の基本的な構造

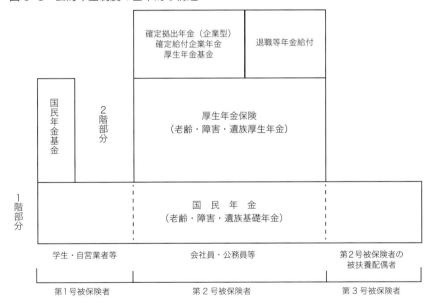

注：厚生労働省「年金制度の体系図」を基に青木・東作成

■障害厚生年金も分割の対象

　障害年金も、障害厚生年金であれば、分割の対象となりえます。

　夫が、障害厚生年金を受給しているのであれば、妻は、年金分割を受けられる可能性があります。分割が認められた場合には、妻の将来受け取る老齢年金が増額されますので、離婚時に、年金分割手続きをとっておくとよいでしょう。

　もっとも、夫の受給している障害年金が、障害基礎年金であれば、年金分割の対象にはならないため、離婚による影響はありません。

　自分や配偶者の加入している年金の種類、婚姻期間等を確認したうえで、分割請求の可能性について検討するとよいでしょう。年金事務所で「情報通知書」を取得することにより、年金加入期間や年金の種類を確認することができます。

　詳細については、年金事務所や社会保険労務士に相談するとよいでしょう。

2 生活費を保障する・収入を増やす（生活保護）

生活保護の補足性 ....

Q19

生活保護は、どのような手続きを経れば受給できるでしょうか。障害年金との併給はできますか。

また、自宅、車、エアコン、スマートフォンを所有することは可能でしょうか。どのような場合に認められるのでしょうか。

A19

■生活保護は日本国憲法で保障される権利

生活保護は、「健康で文化的な最低限度の生活を営む権利」（生存権：日本国憲法第25条第1項）に基づく国民の権利であり、保護の種類や範囲、方法は生活保護法に定められています。

生活保護は、原則として本人が申請することが必要です。本人だけでなく、2021（令和3）年10月から成年後見人による保護申請も認められています。[1]

申請先は、居住地を所轄する市や区の管理する福祉事務所で、通常は、市・区役所の生活保護課ですが、地方では圏域ごとに（市町村をまたいで）福祉事務所が設置されていることもありますので、注意が必要です。「福祉センター」「生活援護課」「福祉課」「保護課」など地域によって名称も異なります。

■生活保護申請の手続きと水際作戦

生活困窮で福祉事務所を訪ねても、地域や担当職員によっては「仕事を探すべき」「家族に援助してもらうべき」等と告げて、生活保護申請書を渡さない場合があります（いわゆる水際作戦）。生活困窮状態にある人は、失業や失敗を経験して自信を失っていたり、抑うつ状態にあったりすることも少

1「生活保護問答集について」の一部改正について（令和3年9月1日事務連絡）

なくありません。やっとの思いで福祉事務所までたどり着いても、申請できないとなればさらに追い込まれてしまいます。支援者や弁護士が申請に付き添い、本人を援助することが有用です。大事なことは、無差別平等の原則（生活保護法第2条）により、生活困窮に至った原因は大きな問題ではないという点です。生活保護は、人生を再スタートするという意味でも、必要不可欠な経済的資源です。国民の権利ですので、利用をためらう必要はありません。

■障害年金等との併給

障害基礎年金は1級でも月額8万円程度で、最低限の生活を営むのに十分ではありません。そのため、収入が障害基礎年金のみの単身世帯などの場合は、生活保護を受けている人がほとんどです。親と同居（家賃が不要）している場合や、最低生活費を上回る障害厚生年金を受給している場合は、要件を満たさない可能性があるため注意が必要です。

もっとも、生活保護は、生活が困窮している人のための制度であるため、活用できる資産がないこと等が要件です。例えば、10月15日に障害基礎年金（2級）を受給し、翌10月16日に申請に行くと、資産要件を満たさないという理由で申請できない（申請しても却下となる）可能性があります。申請にあたっては、申請時期と資産要件を吟味しましょう。

■自宅・車等の保有の可能性

スマートフォンは現代社会では日常生活の必需品といえます。生活保護を受給している場合も、1台は問題なく保有できます。ただし、ひとりが複数台保有することには相当の理由が必要とされます。

自宅は、売却が困難（売っても金額が安い場合や、購入希望者がみつからない場合など）であれば保有・居住が認められます。売却可能性があっても売却には手間や時間がかかりますので、その間暫定的に居住することは差し支えありません。住宅ローンが設定されていても同様ですが、受給した生活保護費を住宅ローン返済に充てることは認められません。

---

2 弁護士の申請同行には、日本弁護士連合会の法律援助事業（弁護士が納付した会費から賄われる）を利用することができます。

車は、障害のために移動に不可欠である場合や、電車・バスがなく通勤、通院等に必要な場合などは保有が認められる可能性があります。地域や障害の状態によって異なりますので、よく相談・検討することが必要です。

遺産相続と生活保護 ··

Q20

生活保護を受給中の利用者に対して、音信不通だった父親の遺産が
入ることがわかりました。利用者が相続の放棄を希望しています。
相続放棄は認められず、必ず相続しなければならないのでしょうか。
また、生活保護を申請する際に、音信不通の家族にも、福祉事務
所から問い合わせがされるのですか。扶養照会の範囲を教えてく
ださい。

A20

■相続による生活保護廃止の可能性

　生活保護受給者であっても、当然に相続することができますが、多額の遺産
を相続することで、生活保護の要件をみたさなくなれば生活保護が廃止されます。

　もっとも、生活保護が廃止されてしまうと、医療費も自費となり、障害の
ある本人が、安定した生活を維持できない可能性も出てきます。計画的なお
金の管理が苦手な場合には、一時金としての遺産受領よりも生活保護の継続
のほうが、安定した生活に資するかもしれません。

■遺産と相続放棄

　生活保護の基本原理の１つが「補足性の原理」（生活保護法第４条）で、
生活保護受給に際しては、資産を活用することが前提とされています。つま
り、一般的には、相続放棄は、自らの資産を放棄する点で、生活保護の趣旨
に反すると考えられています。しかし、遺産の額、被相続人との関係、保護
継続の必要性などを総合的に考えたうえで、必要性があれば、相続放棄も認
められます。例えば、音信不通だった父親の遺産を相続することに躊躇を覚
えることも理解できます。実務では、数百万円単位の相続放棄が認められた
事例もあります。事前に福祉事務所へ相談したうえで手続きを選択するとよ
いでしょう。

■生活保護申請時における扶養照会の緩和（2021（令和3）年より）

　生活保護の前提として、民法上の扶養義務者の扶養が求められ（生活保護法第4条第2項）、多くの福祉事務所が法律上の扶養義務者に対する扶養照会を厳格に実施していました（DV加害者等、現実に「扶養義務の履行が期待できない」場合を除く）。そのため、扶養照会は、遠く離れた家族には迷惑をかけたくない、生活困窮状態を知られたくない、という場合に、生活保護申請を躊躇させる大きな要因となっていました。現代社会では、核家族化を含めた多様な家族のあり方が広がるなかで、こうした運用が「現実離れしている」「権利制限である」とも批判されてきました。

　2021（令和3）年、家族の実態などを踏まえ、扶養義務履行が期待できない者の判断基準の考え方が見直されるとともに、その運用上の留意点が示されました。[1]

　扶養照会を行わない場合として、次の3つが例示されています（表3-13）。2021（令和3）年の事務連絡では、「個別の事情を検討の上、扶養義務履行が期待できない者に該当するものと判断してよい」「要保護者の相談に当たっては、丁寧に生活歴等を聞き取り、個々の要保護者に寄り添った対応がなされるよう、より一層配慮されたい」とされています。

表3-13　「扶養義務履行が期待できない者」の例示について

①　生活保護受給者、社会福祉施設入所者、長期入院患者、主たる生計維持者ではない非稼働者（いわゆる専業主婦・主夫等）、未成年者、おおむね70歳以上の高齢者など
②　要保護者の生活歴等から特別な事情があり明らかに扶養ができない場合 　例：扶養義務者と相続をめぐり対立している等の事情がある、縁が切られているなどの著しい関係不良の場合など。なお、扶養義務者と一定期間（例えば10年程度）音信不通であるなど交流が断絶していると判断される場合は、著しい関係不良とみなしてよい。
③　扶養義務者に対し扶養を求めることにより明らかに要保護者の自立を阻害することになると認められる者（夫の暴力から逃れてきた母子、虐待等の経緯がある者等）

注：「扶養義務履行が期待できない者の判断基準の留意点等について」（令和3年2月26日事務連絡）より東作成

1「扶養義務履行が期待できない者の判断基準の留意点等について」（令和3年2月26日事務連絡）

教育の機会

Q21

利用者は精神障害があり、生活保護を受給しています。同居する子どもは高校（大学）への進学を断念しなければならないのでしょうか。また、利用者本人が、通信制大学に入学したり、資格取得を目指して通信講座を受講したりすることは認められますか。

A21

■ **修学支援制度の拡大**

どのような家庭であっても、子どもには、学びの機会を十分に提供し、希望する進学の道が保障されるべきです。子どもたちが希望する進学や将来を諦めなくてよいように、支援や情報が必要です。2020（令和2）年4月から、大学等における修学の支援に関する法律に基づき、授業料・入学金の減免、給付型奨学金の支給の拡充が行われています。

また、2018（平成30）年の生活保護法改正により、「進学準備給付金」が創設され、進学に伴い転居を要する場合は30万円、自宅通学の場合は10万円が支給されます。

■ **生活保護世帯では世帯分離が必要**

実家から大学等の高等教育機関へ進学している子どもが多くいます。しかし、生活保護世帯では、大学進学は「世帯分離」が前提です（大学生は生活保護対象外）。

世帯分離の結果、保護費が減額されます。もっとも、世帯構成員は減りますが、2018（平成30）年からは家賃（住宅扶助）は減額されなくなりました。他方、世帯分離した子どもは、生活費や健康保険料の負担を負います。アルバイトに明け暮れて学業の時間が削られるとして、制度・運用の見直しも求められています。

■生活保護受給中の資格取得

　生活保護法の目的は「自立助長」にあり、自立を目指して努力することは法の趣旨に合致します。例えば、訪問介護員（ホームヘルパー）や国家資格の取得にかかる費用など（技能修得に直接必要な授業料（月謝）、教科書・教材費、義務的に課せられる費用等の経費、資格検定等に要する費用）は「技能修得費」として支給されます（表 3-14）。

　通信制講座などの利用は将来の自立につながるものであれば問題ありません。生活費を切り詰めて貯蓄した費用で利用することに何ら問題はありません（ただし、放送大学の受講など相当な範囲内に限る）。

表 3-14　技能修得費

技能修得費 （高等学校 等就学費を 除く）	83,000円以内	・技能修得の期間が 1 年以内の場合、かつ、1 年を限度。ただし、世帯の自立更生上特に効果があると認められる場合は 2 年以内を限度 ・技能修得のため交通費を必要とする場合は実費を加算
特別基準額	139,000円以内	基準によりがたく、かつ、やむを得ない事情があると認められるとき
	222,000 円以内	自立支援プログラムに基づく場合、かつ、1 年間に複数回の技能修得費を必要とする場合
	380,000円以内	①　生計の維持に役立つ生業に就くため、専修学校または各種学校において技能を修得する場合で、かつ、世帯の自立助長に資することが確実に見込まれる場合 ②　自動車運転免許を取得する場合（免許の取得が雇用の条件となっているなど確実に就労するために必要な場合に限る） ③　雇用保険法に規定する教育訓練給付金の対象となる厚生労働大臣の指定する教育訓練講座を受講する場合であって、世帯の自立助長に効果的と認められる場合（原則としてその講座の修了により世帯の自立助長に効果的と認められる公的資格が得られるものに限る）

注：2022（令和 4）年 1 月時点
　　「生活保護法による保護の実施要領について」（昭和 38 年 4 月1日社発第 246 号）第7の 8 の（2）を基に東作成

収入認定 ┈┈

Q22

働いて得た収入がある場合、また、就労以外で見舞金のようなもの
をもらった場合、すべて返還しなければならないのでしょうか。

A22

■働いて収入を得ることは、生活保護法の目的に合致

「生活保護を受ける場合は、働いてはいけない」というイメージがありま
すが、誤解です。生活保護法の目的は、「自立を助長すること」にあります
ので（生活保護法第1条）、能力を活かして働くことは好評価です。

■まずは収入申告が必要

収入に変動があったと推定される場合や、変動が予想される場合には、申
告しなければなりません（同法第61条）。就労収入の場合は原則として毎月、
申告が必要です。常時雇用など、毎月の収入の増減がない場合には例外とし
て3か月ごとの申告でもよいとされています。

収入申告には、客観的裏づけが必要です。就労収入の場合は給与証明書等
の資料が必要で、就労収入以外の収入の場合は、実態把握のために訪問調査
等が実施されることもあります。

■収入認定の方法—基礎控除

得られた就労収入の全額が収入認定されるわけではありません。①社会保
険料、所得税、労働組合費、通勤費等の実費、②「基礎控除額表」に示され
た額（就労に伴う必要経費として）、③地方税等の公租公課、健康保険の任意
継続保険料、国民年金保険料等が控除されます。[1]

例えば、アルバイトで手取月50,000円の給料（うち交通費実費5,000円）

1「生活保護法による保護の実施要領について」（昭和36年4月1日厚生省発社第123号）

を得られた場合、45,000円（交通費控除）から、基礎控除額18,000円を除いた27,000円が収入認定額となります。国民健康保険料や国民年金を支払った場合にはそれらの金額も控除されます。失業して間もない人が再就職を目指すような場合に、国民健康保険（任意継続）や国民年金の控除を認めることは非常に有効です。

■仕送りや見舞金の取り扱い

仕送り等は、原則として収入認定の対象となります（「社会通念上収入として認定することを適当としない」場合を除く）。

「見舞金」は性質にもよりますが、一度きりで高額でない範囲ならば、収入認定から除外される可能性があります。また、「出産、就職、結婚、葬祭等に際して贈与される金銭であって、社会通念上収入として認定することが適当でないもの」も収入認定から除外されています。「社会通念」といえるかどうかは、目的・金額によりケースバイケースです。迷う場合には、福祉事務所へ相談することが望ましいでしょう。

コラム　もう一歩先へ— 収入認定とアルバイト

高校生の息子が、クラブ活動の遠征費・修学旅行費・学習塾の費用に充てるためにアルバイトをしたいという場合、そのアルバイト代は収入認定されるでしょうか。

高校等に就学すると、クラブ活動、修学旅行、学習塾など、生活保護の就学費基準額では賄いきれない経費がかさみます。高校生の息子が、アルバイトをしながら学生生活を楽しみたいという思いを抱くことは当然のことですし、むしろ積極的に評価されるべきです。生活保護の運用上も、こうした経費の範囲の金額であれば、「就学のために必要な最小限度の額」として、収入認定の除外としています。

生活保護の廃止

Q23

利用者は生活保護を受給しています。親御さんが亡くなり、わずかではあるものの、預貯金を相続することになりました。生活保護は廃止になるのでしょうか。また、廃止と停止は異なるのでしょうか。

A23

■生活保護法第63条と自立更生の考え方

生活保護法第63条には、「被保護者が、急迫の場合等において資力があるにもかかわらず、保護を受けたときは、保護に要する費用を支弁した都道府県又は市町村に対して、すみやかに、その受けた保護金品に相当する金額の範囲内において保護の実施機関の定める額を返還しなければならない」と定められています。例えば、定期預金や生命保険を所有はしているが、解約に時間を要するため、先に生活保護を受給し、後にそれらの解約金を得たときに、受給した保護費を返還する場合などです。

第63条を根拠に、遺産についても福祉事務所は返還額を決定し通知します。通知を受け取った生活保護受給者は、福祉事務所が算出した金額を返還しなければなりません。ただし、第63条には、全額を返還対象とすることで自立が著しく阻害されると認められる場合は、一定額を返還額から控除して差し支えないという自立更生の考え方もあります。

■預貯金を相続した場合

相続は死亡によって開始され、相続人は相続開始の時から被相続人の財産に属した一切の権利義務を承継するもの（民法第882条及び第896条）とされています。よって、遺産相続の場合には、第63条の規定に基づく費用返還の対象となる資力の発生時点は、親御さんの死亡時と解され、生活保護受給者が相続することになった財産の額を限度として、親御さんの死亡時以降支給された保護費について返還することとなっています。[1]

■廃止と停止の違い

　保護の基準額の6か月分の受給額を超える預金を相続した場合は、生活保護は廃止になります。したがって、相続した預貯金の額がポイントになります。廃止とは、生活保護の受給者ではなくなることで、福祉事務所との関係もなくなります。この場合、相続した預貯金で当面は生活することになります。

　預金の額が保護の基準額の6か月分の受給額を超えなければ、「停止」の決定になり、生活保護受給者の生活の様子をみることになります。生活保護の停止は、保護の一時的な中断であるとのことから、国民年金の保険料の納付は引き続き法定免除に該当します。生活保護を再度申請したときに、福祉事務所はすぐに支給を再開できる状態にしており、いわば"見守り期間"といえます。

　相続した遺産が少額の場合は、生活保護法第63条の規定内で費用を返還し、生活保護は引き続き受給します。

---

1 「生活保護問答集について」（平成21年3月31日事務連絡）問13-6

コラム　生活保護の受給と障害年金の遡及請求

■障害年金の返還

　生活保護は「最低限度の生活の維持のために、あらゆるものを活用しても、なお最低限度の生活水準が維持できないときに、その不足分が支給される」という原則があります。その「あらゆるもの」の１つが、他法他施策です。障害年金の請求ができる人は請求する必要があります。また、遡及請求をする権利がある場合は遡及請求をする必要があります。

　障害年金の請求をした際、福祉事務所は生活保護法第63条に規定されている費用返還義務の通知を発行します。通知を受け取った生活保護受給者は、障害年金が支給された際、福祉事務所が算出した金額を返還しなければなりません。

　例えば、これまで受給した生活保護の費用の総額が200万円で、遡って年金が400万円支給された場合は、それまで受給した200万円を返還することになります。残りの200万円は本人の手元に残りますが、200万円があるのですから、生活保護は停止もしくは廃止になる可能性が高くなります。

　一方、これまで受けた生活保護の費用の総額が500万円で、遡って支給された年金額が400万円だった場合、400万円全額を返金納付します。その後は、2か月に1回ずつ定期受給する障害年金を月額に換算した額が、保護の基準額を下回っていれば、そのまま生活保護が継続されることになります。障害年金では保護の基準を満たせない補足分が生活保護費として支給されます。

■生活保護が廃止にならずとも大きなメリットがある

　生活保護が廃止にならなかった場合は、引き続き福祉事務所のケースワーカーによる支援が受けられます。福祉事務所のケースワーカーに、生活に必要なさまざまな相談ができ、適切な機関へつないでもらえることは、最大のメリットといえるでしょう。

Q24

病院からアパートやグループホームに移るとき、敷金、家賃や布団、食器をはじめとする生活に必要な家具等の購入費用は、どの範囲まで支給されるのでしょうか。

A24

■経常的最低生活費の考え方

生活保護受給者には、基準生活費（生活保護受給者の衣食その他日常生活の需要を満たすための一般生活費）と加算等を含めた、経常的最低生活費が毎月支給されています。これは毎月全額を消費するべきものということではなく、特別な出費を考慮しながら計画的に賄っていくものです。ただし、特別な事情がある場合は次のような扶助があります。

■家具什器費と被服費

特別な事情の代表例が、長期入院していた生活保護受給者が、退院して、一人暮らしをはじめたり、グループホームで生活をしたりしようとするときです。最低生活に直接必要な家具や布団、什器の持ち合わせがない場合、その購入に多額の費用が必要になります。そのようなときに、家具什器費や被服費という一時扶助が原則、現物給付されます。

■家具什器と被服の範囲

家具什器は、①炊飯器、鍋類、包丁やまな板、食器類、②衣類等の収納家具、③照明器具、④カーテン等居室に不可欠な物品、⑤その他最低生活に直接必要な物品などです。被服は布団類が対象です。

また、最低生活に直接必要な暖房器具や冷房器具の持ち合わせがないとき、それらの購入に要する費用が家具什器費として支給されます。冷房器具に関しては、熱中症予防が特に必要とされる人がいる場合に支給されますが、近

年の日本の夏季の気温を考慮すると、何らかの冷房器具は必要と思われます。

冷蔵庫、電子レンジに関しては、それぞれの世帯の状況に応じて、福祉事務所が必要性と緊急性を認める場合において、家具什器費として認定します。なお、家具什器費には限度額や特別基準額があるため、リユース品の購入も含めて、福祉事務所と相談しながら必要性の高いものから購入します。

いずれにしても、経常的最低生活費のなかから順次購入していけば足りるものであれば、一時扶助の対象にはなりません。

また、入院中は、福祉事務所が手持ち金の調査を行う場合があります。その額が多いと保護費や加算の計上が停止されることがあります。支援者はそれらを考慮し、退院に必要な生活用品を前もって購入するなどの工夫が必要です。

■単身生活者の生活保護費（最低生活費認定額）

生活保護の保護費は、住んでいる地域や世帯構成によって異なります。年齢、級地、世帯人員数により生活扶助費が算出され、そこに障害者は等級によって加算が足され、敷金、家賃や間代等が発生している場合は、その実費が支給されます。

ポイントは次のとおりです。

① 生活扶助基準額は同じ年齢であっても級地によって異なります。

② 級地と世帯構成によっては、生活扶助基準額のほかに「生活扶助本体における経過的加算」が支給されます。

③ 障害者加算は級地によって3段階になっています。

④ 住宅扶助は、都道府県、指定都市、中核市ごとに上限額が定められています。上限額内の家賃ならば、その実費が支給されます（Q29）。

⑤ 障害者加算と住宅扶助は、支給額に年齢による差はありません。

不服申し立て・異議申し立て

Q25

Aさんは、生活保護を申請しましたが、認められませんでした。生活保護を受給していたBさんは、収入申告の指導に従わなかったとして、生活保護が廃止されてしまいました。Aさんも、Bさんも、福祉事務所の判断に不満があるそうです。異議申し立てをすることはできますか。その際、支援してくれる専門家や専門機関がありますか。

A25

■不利益「処分」に対する審査請求（不服申し立て）

　Aさんが生活保護を申請したが認められなかった（生活保護が開始されなかった）のであれば、福祉事務所が、Aさんの申請に対し却下処分を下したことになります。生活保護を受給していたBさんの生活保護が廃止されたという場合も、廃止処分が下されています。

　AさんもBさんも、福祉事務所(行政)の処分に対する不服申し立てとして、「審査請求」を行うことができます。

　そもそも、生活保護の制度は、日本国憲法第25条第1項に保障される国民の権利です。却下や廃止という不利益処分は権利侵害となりかねません。行政の判断も常に正しいわけではありません。処分に不服があれば、行政を相手どって争うことが保障されています。

　審査請求は、行政庁の違法・不当な処分等に対して、国民が、簡易・迅速・公正な手続きで不服申し立てを行う制度です。国民の権利利益の救済と、行政の適正な運営確保という2つの視点に基づきます。審査請求は、以前は、手続きが複雑で時間もかかるなど、問題が指摘されていました。

　2014（平成26）年に行政不服審査法が約50年ぶりに改正され、「審理員制度」が導入されました（2016（平成28）年4月施行）。審査請求では、審理員が中立的な立場で審理を行います（審理員とは、審査庁が指名する者

で、処分に関与していない職員、弁護士や学識経験者が選任されることもよくあります）。また、審理員による審理の後に、9人の外部有識者などから構成される第三者機関（行政不服審査会）へ諮問される場合もあります。

■審査請求の流れ

図 3-9 審査請求の流れ

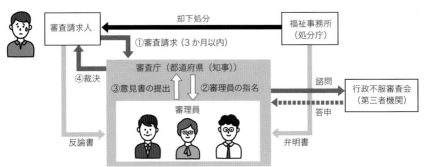

注：東作成、2022年

　例えば、Aさん（神奈川県箱根町在住）に、小田原保健福祉事務所長から「生活保護却下決定」が下された場合、Aさんは、処分を受け取った日の翌日から3か月以内に、神奈川県知事を相手に審査請求をすることができます。同審査請求を受理した知事は、審理担当者（審理員）を選任し、審理が開始されます。審理では、福祉事務所長が、審理員に弁明書を提出して当該処分が正当であると主張したり、Aさんが反論書を提出して処分が不当であると主張したりします。Aさんは、審理員と面談して口頭意見陳述を行うこともできます。

　主張が尽きたと考えられる時点で、審理員は、同事案の当否をまとめた意見書を知事に提出し、知事が審理員の意見を踏まえて裁決を出します。裁決の前に、知事が神奈川県行政不服審査会へ諮問し、同審査会が審議した結果（答申）を踏まえて裁決が出されることもあります。

　裁決とは、審査請求に対する判断で、「認容」「棄却」「却下」のいずれかです。審査請求を提出してから50日以内（行政不服審査会へ諮問に付された場合

は 70 日以内）に下されます。

　裁決に不服がある場合は、同裁決を受け取った日の翌日から 1 か月以内に再審査請求を行うことができます。再審査請求については、厚生労働大臣が裁決を行います。また、処分・裁決には、審査請求を経ずに行政裁判を提起することも可能です。

■手続きは、弁護士・司法書士に相談

　審査請求は、原則として、法律所定の事項を記載した書面の提出を要します。そのため、審査請求書の提出や反論書の提出などの手続きは、決してわかりやすいものではありません。また、内容の当否について法的知識が必要である場合もあります。生活保護の審査請求は弁護士等の専門家に相談・依頼することができ、その費用については、法テラス（Q69）を利用することもできます。民間の支援団体[1]への相談も有効です。

---

1 全国生活保護裁判連絡会 (saibanren.org) など

Q26

通院費、就労移行支援や就労継続支援事業所に通うための交通費は生活保護費から支給されるのでしょうか。また、支援している利用者は、セルフヘルプグループに毎月通うことで状態が安定しています。その交通費は支給されるのでしょうか。

A26

■通院にかかる移送費

生活保護受給者が利用する医療機関は、原則「居住地等に比較的近距離に所在する指定医療機関」とされています。しかし、傷病や障害を治療できる医療機関が常に近くにあるとは限りません。傷病や障害の状態によっては離れたところにある医療機関への受診が認められています。必要な医療を受けられなくなることがあってはならないからです。

通院にかかる移送は「傷病等の状態に応じて経済的かつ合理的な経路及び交通手段によって行うもの」とされ、電車・バスなどの利用が前提です。傷病や障害の状態によって電車・バスなどの利用が困難な場合に限り、タクシー・介護タクシーの交通費が支給されます。

給付にあたっては、事前の申請と領収書などの提出が必要です。福祉事務所は移送にかかる主治医の意見を医療機関に確認します。福祉事務所によって、手続きや様式が異なるため問い合わせたほうがよいでしょう。

一般的には、①福祉事務所に電話などで移送費の支給範囲にあたるかどうか確認する、②福祉事務所に申請する、③領収書を保管する、④病院から通院証明書をもらう、⑤領収書、通院証明書を福祉事務所に提出するという流れになります。

1「生活保護法における医療扶助運営要領について」（昭和 36 年 9 月 30 日社発第 727 号）

■生活扶助の移送費

移送費は、通院以外の用途もあります。例えば、障害者施設に通う際の交通費や転居した場合の引越し代金、急な親族の不幸で帰省する費用などです。

最低生活費で算定される生活扶助では対応しづらい費用をまかなうものといえます。通院と同様、事前の申請と領収書などの提出が必要です。

障害福祉サービスなどの事業所に通うための交通費や公共の職業訓練に通うための交通費も移送費に該当します。

なお、通所する際の電車やバスで、障害者手帳所持者を対象とした運賃割引を利用できる場合は、活用することが求められます。

また、自助グループへの参加に移送費が認められることもあります。アルコールや薬物などの依存症がある生活保護受給者とその世帯員が、「病状改善や社会復帰の促進を図ることを目的とする事業や団体の活動を継続的に活用する場合[2]」、そのほかそれらの事業や団体の実施する2泊3日以内の宿泊研修会であれば、参加交通費、宿泊費、飲食物費の支給が可能です。

■その他の支給

就職活動を行なっている受給者に、月5,000円が支給される「就労活動促進費」があります。交通費や写真代などの経費をまかなうものです。

ハローワーク（公共職業安定所）における求職活動や就労支援プログラムに基づく就労支援への参加などの活動を、月に6回以上行なっているなどの条件があり、原則6か月（最長1年）の給付です。

就職の決まった受給者が、就職のために直接必要なスーツや靴などを購入する場合、就職支度費（生業扶助）が支給されます。就職支度費では、初任給が出るまでの通勤費が認められています。

生活保護費の支給の範囲は、生活保護制度に精通していない人には判断しづらいものです。その都度問い合わせることが大切です。

2「生活保護法による保護の実施要領について」(昭和38年4月1日社発第246号)

支給範囲

Q27

生活保護の受給者は、おむつ代や眼鏡などを購入する手立てはあるのでしょうか。また、医療機関から請求される各種診断書作成にかかる費用なども、受給者が負担しなければならないのでしょうか。

A27

　扶助のうち、通常は生活扶助から食料や日用品、嗜好品を購入します。同様におむつや眼鏡の購入も自由です。しかし、おむつにしても、眼鏡にしても、安いものではありません。また、各種診断書についても、その料金は作成する医療機関によってまちまちで、例えば、障害年金の診断書の場合、1万円を超えることもあります。それらの支払いで生活費が圧迫されないよう、以下に出費軽減策を紹介します。

■おむつ代や眼鏡代の支給

　おむつや眼鏡のように、「なければ生活に支障をきたすもの」については、福祉事務所へ保護変更申請書を提出することにより、その費用が別に支給されることがあります。おむつの場合、保護変更申請書に「寝たきりのため常時失禁状態にあり、紙おむつの使用が必要になっている」と書き、おむつの領収書を添付し福祉事務所へ提出します。福祉事務所は、医師に対して書面でおむつの要否を確認したり、電話等で意見を聞いたりしたうえで、その意見を福祉事務所が審査するなどして、おむつ代が被服費として別途支給されます。おむつ代の支給には上限がありますので、上限を超えた分は、第1類費の生活扶助（入院の場合は入院日用品費）から捻出することになります。例えば5月に3万円分、6月に1万円分、おむつを購入した場合、おむつの在庫があるのであれば、5月には無理をせず、6月に購入するというように、月の上限額を考慮してバランスよく購入するほうが経済的支援につながります。

眼鏡を購入する場合も、保護変更申請書を提出する流れは同じです。福祉事務所は眼科医に眼鏡の要否の意見を求め、福祉事務所及び福祉事務所の嘱託医が眼鏡の要否を判断し、認められれば治療材料費として支給されます。ちなみに、コンタクトレンズの場合、眼鏡の購入が原則ですが、コンタクトレンズでなければ視力の矯正ができない場合のみ扶助の対象となります。

■診断書作成料や文書料の認定

① 障害年金を請求するときの診断書料等の負担

　障害年金の裁定請求に必要な費用は、収入を得るために必要な経費として、その実際必要額を当該収入から控除することになっています[1]。また、「障害基礎年金を初めて受給した際における収入認定に当たって、その診断書作成に要した費用を控除すべきである」とされています[2]。これは生活保護受給者本人がいったん診断書作成料を全額負担し、後に支給される年金から診断書作成料等を控除して収入認定するかたちです。障害年金の請求に関する社会保険労務士への支払いも同様です。ただし、福祉事務所によって判断は異なります。

② 「検診料請求書」等の請求書で出費を軽減

　本人もしくは医療機関側が、福祉事務所に対して診断書の作成について連絡すると、「検診料請求書」等が医療機関に届き（様式は福祉事務所によって異なる）、医療機関は請求書を作成し福祉事務所へ提出します。受理した福祉事務所は、本人を介さず医療機関に診断書作成料を直接支払います。ただし、診断書の種類によっては、福祉事務所の負担が認められないものもありますので、都度、福祉事務所と相談する必要があります。また、福祉事務所が負担する診断書作成料には上限額があるので注意が必要です。

③ 福祉事務所が負担する文書料の上限を超えた分は誰が負担するのか

1「生活保護法による保護の実施要領について」（昭和38年4月1日社発第246号）
2「生活保護問答集について」（平成21年3月31日事務連絡）問8-27

福祉事務所が負担する診断書作成料には上限額がありますが、医療機関から請求される診断書作成料が、その上限額以上であった場合、その差額を誰が負担するのか、ということになります。現場では、次の方法がみられます。

❶ 医療機関が差額分を生活保護受給者本人に請求し、本人が負担する。

❷ 医療機関が負担する。

❸ 福祉事務所が医療機関に対して、上限額以上を本人に請求しないよう依頼し、医療機関が負担する。

❹ 生活保護受給者本人がいったんはその差額分を負担するが、福祉事務所が障害年金等の収入認定から差額分を控除する。

❺ ①で紹介したとおり、いったん本人が全額負担し、福祉事務所が年金の収入から全額を控除する。

福祉事務所によってその判断が異なりますが、自己負担が発生しないよう調整したいものです。

■支援者としての視点

診断書作成料は生活扶助から捻出し負担すべきという考え方もあるでしょう。しかし、精神障害者の場合、有期認定となることが多いため、障害年金、精神障害者保健福祉手帳、自立支援医療の診断書を定期的に作成する必要があり、ほかの障害に比べて診断書の作成回数が圧倒的に多いと考えられます。生活保護費は国民の平均消費額から最低限度の生活を算出していることを考えると、国民が診断書を頻繁に作成しているとはいえません。そう考えると、生活扶助から診断書作成料を負担すべきではないと思います。

医療扶助 ··

Q28

利用者は休日に、これまで一度も受診したことのない内科医院を受診しましたが、医療機関から福祉事務所へ問い合わせができず、困ってしまいました。生活保護を受給している人は、医療保険証のようなものを発行してもらう、あるいは、別の方法で、医療機関を受診する方法はあるのでしょうか。入院した際の医療費なども含めて、医療扶助について教えてください。

A28

■医療扶助の開始

　医療扶助は金銭給付ではなく、現物給付を原則としています。生活保護受給者が医療機関等を受診する際は、事前に所管の福祉事務所等に受診する旨を申請しなければ、医療扶助は開始されません。しかし、福祉事務所によって受診までの流れは多少異なります。

■受診の流れ

① 　医療機関等を初めて受診する場合、生活保護受給者は福祉事務所に出向き「傷病届」という保護変更申請書を記入、提出します。その際、受診する医療機関を申し出ます。なお、町村には福祉事務所がほとんど設置されていないため、町村を管轄する福祉事務所まで容易に申請に行けない場合があります。このような場合、町役場や村役場の担当課で申請できます。

　　なお、地域によっては、受診することを生活保護受給者が福祉事務所へ電話で伝えるだけで受診できる場合や、生活保護受給者が医療機関を直接受診し、医療機関の職員やソーシャルワーカーが福祉事務所に連絡する場合など、その方法はさまざまです。

② 　福祉事務所は医療の必要性を検討したうえで、医療機関宛の「医療券・調剤券」「診療依頼書」「医療要否意見書」といった書類を発行し、受診者

に渡したり、医療機関に直接送付したりします。福祉事務所等によって、その方法は異なります。また、治療内容によっては「治療材料券」「施術券 (はり・きゅうにあっては施術費給付承認書)」が発行され、同じ流れで医療機関等に届きます。

③　定期的な受診が必要な場合や、入院したときなどは、福祉事務所が医療機関に対して、医療の要否に関する意見を問う「医療要否意見書」という書類の作成を求めます。医療機関は作成した要否意見書を福祉事務所に提出し、福祉事務所の嘱託医が医療の必要性について、検討のうえ、医療扶助の要否が決定されます。

■夜間や休日の受診と管轄福祉事務所から遠方の医療機関に受診した場合

　夜間や休日などで福祉事務所等が閉まっている時間帯に受診した場合や、緊急に受診が必要になった場合、または受診した医療機関が管轄の福祉事務所から距離がある場合は、福祉事務所で医療扶助の申請ができないため、医療機関宛の「医療券・調剤券」などは発行できません。

　このような場合、①受診者は生活保護受給者であることを医療機関側に口頭で伝える、②受診者は福祉事務所が開庁している時間帯に連絡する、③医療機関側も、福祉事務所に受診した旨を連絡するといった対応で、円滑な受診とその後の事務処理が可能になります。

　また、あらかじめ「夜間・休日等緊急受診証」や「生活保護受給証」が福祉事務所等から交付されている場合、それらを医療機関等に提示し受診します。ただし、「夜間・休日等緊急受診証」や「生活保護受給証」は、医療保険の被保険者証のような性格のものではなく、あくまでも生活保護受給者であることを証明するだけのものです。よって、後日、受診者も医療機関も、福祉事務所等に受診したことを連絡する必要があります。その連絡を受けた福祉事務所は医療券等を医療機関宛に発行します。

　また、地域によっては、福祉事務所が生活保護受給者に保護費などを通知する「保護決定 (変更) 通知書」の裏面に、「夜間や休日に受診の際は、この通知書を医療機関に提示して受診してください」といった文言を載せ、夜間や休日に生活保護受給者が円滑に受診できるように工夫している福祉事務

所もあります。

　なお、生活保護受給者も、マイナンバーカードで受診ができるようになるといわれています。

■書類よりも生命を優先

　体調不調の最中、受診するための書類を発行するために福祉事務所に寄ったことで、病状が悪化したのでは本末転倒です。緊急受診の際は生活保護の書類よりも、受診を優先すべきですし、行政・医療機関の支援者も、臨機応変に対応すべきでしょう。当然ですが、救急車の要請も可能です。

■入院の医療扶助

　医療扶助は現物給付ですから、入院した際は、医療機関が治療費や入院中の食事代を生活保護受給者に直接請求することはありません。ただし、収入のある人は自己負担金が発生することがあります。例えば、入院が1か月を超えると、地域で生活していない訳ですから、食材費や光熱水費を支出していない解釈になります。基準生活費の居宅（第1類、第2類）の計上に代わって、入院患者日用品費が計上されます。入院患者日用品費は月額23,110円以内（令和4年度・冬季以外）ですから、障害基礎年金2級を受給している人であれば、障害年金から入院患者日用品費や住宅費を差し引いた額を、自己負担金として医療機関に支払うことになります。冬季加算や障害者加算などが計上されていれば、その分、自己負担金は少なくなります。

　1か月を超えない入院の場合、毎月受給している生活扶助費を入院中の日用品の購入に充てます。その場合、よほど収入が多くない限り医療費の自己負担金は発生しません。

コラム 生活保護受給者が、県外の医療機関などへの入院を希望した場合の対応

■生活保護受給者の基本的な受診先

　医療扶助による受療は、原則受診者の自宅の近くにある医療機関に限られます。しかし、傷病等の状態により、近くにある医療機関での対応が難しく、遠方の医療機関でなければ疾病の十分な治療を行えないなど、特別な理由がある場合は、専門的な治療を行っている医療機関への受診が遠方であっても認められます。また、距離だけで判断されず、福祉事務所は受診者の希望も参考に、受診者と医師との信頼関係なども考慮し、適切な医療機関へ受診することが認められています。

■県境に居住している生活保護受給者の受診先

　県境近くに生活している生活保護受給者の受診先に関しては、受診者の居住する都道府県の指定医療機関に受診するよりも、隣接する他の都道府県の指定医療機関で受療したほうが適当である場合には、隣接する都道府県の指定医療機関に受診できます。

■遠方の医療機関であっても入院の医療扶助を受ける例

　例えば、生活保護受給者のＱさんは、東京都の区部にある福祉事務所が担当で、住民票もその区部にあり、都内の精神科病院に入院しています。Ｑさんの実家が長野県にあり、親族の精神的リポートを受けながら、ゆくゆくは長野県内で生活することを目的に、長野県内の精神科病院に転入院することになった場合はどうでしょうか。

　通常は、長野県の医療機関であっても、東京都の区部にある福祉事務所が担当したまま入院の医療扶助を受けることになります。

住宅扶助 ·····

Q29

生活保護では、家賃はどの程度まで支給されるのでしょうか。また、利用者が、医療扶助で入院する場合、留守にしているアパートの住宅扶助（家賃）はどのくらいの期間支給されるのでしょうか。

A29

■住宅扶助

① 住宅扶助（家賃、間代等）の限度額

　生活保護の住宅扶助は、家賃、間代、地代及び住宅の補修費等の住宅維持費が支給されるものです。ここでは、家賃について取り上げます。

　家賃の支給には上限額が定められており、1級地及び2級地であれば月額13,000円以内、3級地であれば月額8,000円以内とされています。ただし、これは公営住宅や間借り代等を想定した支給額であり、民間のアパートの家賃はその範囲内でおさまることは少ないといえます。

　そこで、基準額を超えるときは、都道府県、指定都市、中核市ごとに、一定の範囲内の額まで住宅扶助が支給されます。ただし、同じ級地であっても、都道府県、指定都市、中核市ごとに、その額は異なります。表3-15は兵庫県の例です。

表3-15　世帯人員別の住宅扶助（家賃・間代等）の限度額（月額）

	1人	2人	3人〜5人	6人	7人以上
1級地	40,000円	48,000円	52,000円	56,000円	62,000円
2級地	39,000円	47,000円	51,000円	55,000円	61,000円
3級地	32,300円	39,000円	42,000円	45,000円	50,400円

注：令和4年度・兵庫県
　　荒川作成、2022年

生活費を保障する・収入を増やす（生活保護）　163

② 床面積別の住宅扶助（家賃・間代等）の限度額（月額）

　表3-15の規定にかかわらず、1人世帯においては、住居等の専有床面積が15㎡以下の場合、住宅扶助費を減額するしくみがとられています。級地ごとに、11㎡〜15㎡、7㎡〜10㎡、6㎡以下という順に減額されます。ただし、通院や通所、就労や就学、高齢者や障害者等であって、転居によって何らかの支障をきたしたり、自立を阻害したりするおそれがある場合は、表3-15が適用されます。

■特別基準の住宅扶助

　住宅扶助には基準額が定められていますが、さまざまな理由から、その基準では適当な物件をみつけることが困難な場合、一定の条件のもと、「特別基準の住宅扶助」が認められることになっています。表3-15の1人の場合の限度額の1.3〜1.8倍の上限額になります。一定の条件とは、①障害等により広い居室を必要とする人がいる場合（例えば、バリアフリーが必要であるが、適当なアパートがみつからないなど）、②高齢者等が生活状況から転居が困難な場合、③通常基準の限度額の範囲では賃貸される実態がない場合などです。

■住んでいるアパートが住宅扶助の限度額を超えている場合

　住宅扶助の限度額を超える家賃の住宅に居住している世帯には、通常は、福祉事務所が住宅扶助の限度額の範囲内のアパートへの転居を促します。しかし、限度額と家賃を比べたときに、家賃がわずかに限度額を上回っている場合は、転居費用の扶助額と比較し、転居の要否を判断します。福祉事務所によって判断や対応は異なります。

■長期入院時の留守にしているアパートの住宅扶助

　生活保護受給世帯の世帯員全員が入院した場合、6か月以内に退院の見込みがあれば、入院後6か月間は住宅扶助が計上されます。なお、「世帯」には、単身世帯を含みます。入院が1か月を超えると、基準生活費の第1類と第2類に代わり、入院患者日用品費と住宅扶助の組み合わせ（ともに金銭給

付）になります。

　入院が6か月間を超えるとき、3か月以内に退院の見込みがない場合は、住宅扶助の計上がなくなります。ただし、入院期間が6か月を経過するとき、そこから3か月以内に退院する見込みがある場合は、最長3か月間は住宅扶助の計上が延長されます。

　なお、2人世帯の場合、1人が入院した場合でも、もう1人はアパートで生活していますから、住宅扶助が計上停止になることはありません。

■長期入院等で住宅扶助の支給期間を超えた場合

　住宅扶助の支給期間が終わっても、アパートを所持していたい人は少なくありません。このような場合、本人の判断になりますが、入院患者日用品費や障害者加算の支給額から、家賃を捻出することになります。ただし、生活保護受給者であれば、長期入院による住宅扶助の支給停止後に、公営住宅の使用料を免除する自治体もあります。

　疾患によっては入院治療が長期化する場合もありますので、支援者は本人のニーズも考えながら、福祉事務所と住宅扶助について話し合う必要があります。

コラム　グループホームにおける生活保護費の算定

　■グループホームと生活保護

　障害者のグループホームは、生活保護受給者とそうではない人が一緒に利用する場合が多くみられます。生活保護には世帯単位の原則がありますが、グループホームの場合、1つ屋根の下に数人が同居していても、入居者同士は生計を一にしていないので「世帯単位の原則」は適用されません。

　■グループホームの家賃と特定障害者特別給付費

　障害者のグループホームの利用者が、市町村民税非課税世帯または生活保護受給者であれば、障害者の日常生活及び社会生活を総合的に支援するための法律（障害者総合支援法）に基づく特定障害者特別給付費が原則、法定代理受領方式で支給されています。その場合の住宅扶助の額は、特定障害者特別給付費1万円と合計して住宅扶助の限度額の範囲内の額にな

ります。例えば、住宅扶助の限度額が4万円の地区で、家賃が3.8万円だった場合、特定障害者特別給付費1万円を差し引いた、2.8万円が住宅扶助になります。

■支援のポイント
　5人暮らしのグループホームに1人の生活保護受給者が居住しているという理由で、生活扶助を5で割って、1人分の生活扶助費を算出するようなことがあれば、それは間違った解釈といえます。洗濯、入浴などを別々に行い、バスタオルや居室のテレビなどもそれぞれが購入し、生計が入居者ごとに独立しているからです。支援者は生活保護制度を理解し、支給されている保護費が適正か定期的に確認する必要があります。
　また、支援者として、グループホームを運営し、グループホームの家賃を設定する際は、生活保護の基準額を上回る家賃では、入居する当事者の不利益につながります。グループホームが立地する地域の級地とその住宅扶助の限度額を理解したうえで、物件を賃貸するなど福祉経営のマネジメントが必要です。

障害者加算

Q30

生活保護を受給している利用者が、精神障害者保健福祉手帳（2級）を取得し、生活保護の障害者加算が認められました。一方、別の市の福祉事務所では、2級相当では障害者加算が認められないというケースに遭遇したことがあります。どのような場合に障害者加算がつくか教えてください。

A30

■生活保護制度における加算制度

生活保護制度における加算制度は、基準生活費において配慮されない個別的な特別需要を補填することを目的としています（障害者加算、児童養育加算、母子加算、介護保険料加算など）。加算がない人と同水準の生活を保障するための実質的平等の観点から設けられているものです。

障害者加算は、障害がある人は、障害のない人に比べて多くの費用を必要とすることを考慮して設けられたものです。

■障害の程度の判定方法 ＝ 客観的な資料

障害の程度によって障害者加算が判断されています。障害の程度の判定には、客観的資料によることが必要であり、原則として、身体障害者手帳、国民年金証書、特別児童扶養手当証書、福祉手当認定通知書によります。そうした資料を保有しない人は、指定された医師による診断書やその他の客観資料によることとされています。障害のあるなしにかかわらず、趣味嗜好や生活上のこだわりは千差万別です。そうした嗜好等ではなく、実質的平等の観点において必要不可欠といえることが障害者加算の根拠です。

精神障害者保健福祉手帳は、障害者加算認定の判定資料とされていません。そのため、精神障害者保健福祉手帳の交付を受けていても、障害者加算が認められるとは限りません。

一方で、年金証書は判定資料であるため、年金受給の有無は障害者加算に影響します。精神障害者保健福祉手帳の等級が同じでも、利用者の状況（保険料納付の状況など）によって障害者加算が認められるかどうかは異なります。医師の個別的判断等により差が生じないようにするための公平性の観点によるものと考えられますが、障害程度を重視するはずの障害者加算の制度趣旨との整合性が疑問視されます。

表 3-16　障害者加算額（月額）

		身体障害者手帳1級・2級所持者 または障害基礎年金1級受給者	身体障害者手帳3級所持者 または障害基礎年金2級受給者 ※ただし、左の場合を除く
在宅で生活する者	1級地	26,810円	17,870円
	2級地	24,940円	16,620円
	3級地	23,060円	15,380円
入院患者、社会福祉施設・ 介護施設入所者		22,310円	14,870円

注：令和4年度の金額（物価等による変動が生じる場合あり）
　　「生活保護法による保護の基準」（昭和38年4月1日）厚生省告示第158号）別表第1の第2章の2

3 生活費を保障する・収入を増やす（傷病手当金）

併給調整 ···

Q31

健康保険の傷病手当金は、他の制度（有給休暇や会社独自の休業保障など）からの給付や手当と調整されることはありますか。

A31

傷病手当金と重複する主な給付等との併給調整は次のとおりです。

■給与（有給休暇、会社独自の休業保障制度含む）との併給調整

労務不能である日に支給された給与額と傷病手当金日額を比較し、傷病手当金の額の方が高額な場合、その差額が支給されます。有給休暇を取得した日は、給与が100％支給された日として取り扱われますので、傷病手当金は不支給となります。

また、会社独自の休業保障については、その保障制度が給与に準じた休職給のような性質なのか、福利厚生としての見舞金のような性質なのか等によって、併給調整がかかるかどうか判断が分かれる可能性があるため、健康保険の窓口に事前に照会してください。

■老齢年金との併給調整

傷病手当金は、退職後も一定の要件を満たした場合に受給できます。退職者ですから、当然給与はありませんが、年齢によっては老齢年金を受給している人がいます。退職後の傷病手当金は、老齢年金の額を360で除して得た額を1日分の給与額とみなして併給調整が行われます。

■障害年金との併給調整

① 障害厚生年金

　同一支給事由により障害厚生年金と傷病手当金の受給ができる場合は、障害厚生年金の額を360で除して得た額（障害厚生年金に障害基礎年金が併給される場合や配偶者や子の加算がある場合には、すべてを合計した額を360で除して日額を算出します）と傷病手当金日額を比較して、傷病手当金の額のほうが高額な場合、その差額が支給されます（図3-10）。

図3-10　障害厚生年金との併給調整

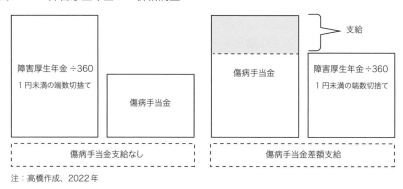

注：高橋作成、2022年

② 障害基礎年金（障害厚生年金が併給されないもの）

　20歳前障害による障害基礎年金などの受給者については、傷病手当金との併給調整規定がないため、障害基礎年金と傷病手当金の両方を満額受給することができます。

障害年金との関係

Q32

特別児童扶養手当を受給している人は、20歳になれば障害年金に切り替えるための手続きをしなくてはいけないでしょうか？　そもそもこの2つは連続性のある制度なのでしょうか？

A32

■**特別児童扶養手当と障害年金の違い**

特別児童扶養手当も障害年金も、本人に一定の障害がないと支給されませんから、その意味では似た制度であるといえます。

大きな違いは、特別児童扶養手当は「一定の障害のある子どもを監護している父・母、もしくは父母に代わってその子どもを養育している人」に対して支給される制度であるのに対し、障害年金はあくまでも「一定の障害がある本人」に支給される制度であるという点です。

特別児童扶養手当は、20歳未満の障害のある子どもを育てる人に、子どもの障害の程度に応じて、毎月一定の経済的支援を行い、障害がある子どもの監護・養育が十分に行われることを目的としています（障害のある子どもがいる世帯への子育て支援制度といえます）。

例えば、障害のある子どもを育てていくにあたって、フルタイムの仕事に就けない親がいるかもしれません。そのような事情を考慮した制度であると、障害のある子どもを育てている親などは、理解をしていることでしょう。

一方、障害年金はあくまでも「障害がある本人への経済的支援」です。障害があるために、仕事に就くことができなかったり、就労しても十分な賃金を得られなかったりする可能性を考慮し、国として障害がある人に経済的支援を行っているのが障害年金だといえます。

■特別児童扶養手当の等級と障害年金の等級

　このように、特別児童扶養手当と障害年金の2つの制度は、連続した制度というよりは、それぞれが「時間の経過とともに順番に現れてくる」という認識が正しいといえます。

　障害年金の申請にあたっては、改めて専用の診断書の作成が必要になります。特別児童扶養手当のために作成した診断書を提出するのではありません。

　ただ、特別児童扶養手当のための診断書を作成した病院が、障害年金の申請のための診断書も作成できると思いますので、障害年金の申請が近づいてきたら、その病院で相談してみてください。

　また、一般的には、特別児童扶養手当の等級と障害年金の同じ等級の「障害の程度」は同じであるといわれています。したがって、特別児童扶養手当の対象だった場合、障害年金が支給される可能性は高いといえますが、特別児童扶養手当の対象者が必ず障害年金を受給できるとまでは言い切れないので、注意が必要です（あくまでも障害年金の申請時の診断書によって判定されます）。

■連続した経済的支援

　障害がある子（人）への経済的支援という視点でみると、特別児童扶養手当も障害年金も似た制度だといえますし、また、「20歳までは特別児童扶養手当、20歳以降は障害年金」と連続して経済的な支援を受けることになる人が多く、そのまま「切り替えられる」のではと考えても不思議ではありません。

　ただ、制度の根拠法が全く異なること、制度の役割が同じではないことから、その「つながり」をつくるために、障害年金の申請を行う必要があり、障害年金を受給できるようになって初めて、連続性がある制度だといえます。

法律に基づく手当に関する制度 ⋯⋯⋯⋯⋯⋯⋯⋯⋯⋯⋯⋯⋯⋯⋯⋯⋯⋯⋯⋯

Q33

障害児福祉手当や特別障害者手当は、障害状態が重度の人が対象になると認識しています。対象に精神障害や発達障害は含まれますか？

A33

■障害児福祉手当と特別障害者手当の違い

障害児福祉手当及び特別障害者手当は重い障害がある本人に対して支給されます。一方、特別児童扶養手当は、障害がある子どもを育てている親などに支給されます。

障害児福祉手当は、20歳未満で、日常生活において常時介護を必要とする在宅の重度障害児に支給されます。

特別障害者手当は、日常生活において常時、特別の介護を必要とする20歳以上の在宅重度障害者に支給されます。障害年金1級が支給されている人のうち、「最重度」の場合がおおむね対象となります。

20歳未満の子どもに支給される障害児福祉手当と、20歳以上の人に支給される特別障害者手当という違いはありますが、双方とも「重度の障害のため必要となる精神的、物質的な特別の負担の軽減の一助として」本人がよりよく暮らせるようにという共通の目的のために支給されます。

障害児福祉手当、特別障害者手当ともに、対象には「精神の障害」が含まれています。精神障害のほか、知的障害、発達障害、高次脳機能障害も含まれますが、相当重い障害がある場合が対象となるといえるでしょう。

コラム 児童手当、児童扶養手当、特別児童扶養手当の違いと共通点

　児童手当、児童扶養手当、特別児童扶養手当とも、子どもを育てている世帯に対する経済的支援を目的とする制度です。

　児童手当は支給対象の子どもを育てている親等に支給されます。対象は中学校修了前の子ども（15歳到達後最初の3月31日までにある子ども）で、その子どもに障害があるかどうかは関係ありません。

　児童扶養手当の対象は、18歳に達する日以後の最初の3月31日までの間にある子どものほか、一定の障害がある場合は20歳になるまでが支給対象となります。

　特別児童扶養手当は、障害のある子どもが対象ですから、必然的に20歳になるまでの子どもが対象となります。

　このように対象となる子どもについては、児童手当だけが15歳までと、明確な違いがあります。（表3-17）。

表3-17　児童手当、児童扶養手当、特別児童扶養手当の違い

手当の種類	世帯の特性	対象になる子どもの年齢	所得制限
児童手当	関係ない	15歳まで	あり
児童扶養手当	ひとり親世帯	18歳まで（障害児は20歳まで）	あり（手当額に反映される）
特別児童扶養手当	障害児を監護している世帯	障害児で20歳まで	あり一定以上は不支給

注：石川作成、2022年

　児童手当の場合は、対象の子どもの年齢と人数によって支給金額に差をつけていて、3歳未満の子どもと第3子以降の小学生までの子どもがもっとも高く設定されています。子育てに手がかかる世帯を経済的に支える制度という目的から考えると、理解しやすいといえます。

　特別児童扶養手当の場合は、障害の程度により支給金額に差をつけ、重い障害がある子どもが、それ以外の子どもの約1.5倍になっています。障害の程度によって差をつける考え方は、障害年金の考え方に近いといえるでしょう。

　児童扶養手当の場合は、もっとも複雑で、すぐには金額が判断できません。支給額は請求者や配偶者、扶養義務者などの前年の所得と、子どもの人数によって決定します（表3-18）。

表 3-18 児童扶養手当の月額

対象児童数	全部支給	一部支給（所得に応じて）
1 人	43,070円	43,060円～10,160円
2 人	10,170円	10,160円～5,090円　1人目に加算する。
3 人以上	6,100円	6,090円～3,050円　1人増すごとに加算する。

注：令和 4 年度
　　石川作成、2022年

　ひとり親になった場合、収入が減ることが多く、また子どもの数が多い
と、それだけ生活にかかる費用も増えるので、このような細かい設定になっ
ているのでしょう。
　3 つの手当は対象者が子どもで、すべてを併給できます。仮に 3 つの
手当すべてを受給した場合、毎月何らかの手当が支給されることになりま
す（表 3-19）。障害のある 15 歳までの子どもを育てているひとり親世帯
がこれに該当します。
　また、手当を確実に残すコツは「手当を生活費に回す」という家計管理
にならないようにできるかどうかにかかっています。
　手当をプラスαの収入と考えておけば、それをあてにすることもありま
せん。そうすることができれば、手当を将来のために残しておくことので
きる確率は高まるといえるでしょう。

表 3-19　併給

1 月	2 月	3 月	4 月	5 月	6 月
児童扶養	児童手当	児童扶養	特別児童	児童扶養	児童手当

7 月	8 月	9 月	10月	11月	12月
児童扶養	特別児童	児童扶養	児童手当	児童扶養	特別児童

注：児童扶養…児童扶養手当 / 特別児童…特別児童扶養手当
　　石川作成、2022年

自治体独自の手当

Q34

市町村が独自に、市民福祉金などの名称で、精神障害者保健福祉手帳の等級に応じて、手当を支給しているところがあるようです。どのように調べればよいのでしょうか。

A34

　市町村が独自に、経済的な支援の制度を設けている場合があります。ここでは、市町村独自の制度を俯瞰します。

■独自の手当や助成

① 福祉金

　精神障害者保健福祉手帳（以下、「手帳」）の所持を要件として、「障害者福祉金」「福祉手当」「心身障害者福祉金」などの名称で、年1回程度で数万円の手当を支給する市町村があります（表3-20）。市町村によって金額や所得制限の要件は異なります。

表 3-20　市町村独自の福祉的な手当の例

	名称	金額（年額）	備考
富山市（富山県）	心身障害者・児福祉金	1級→24,000円 2級→18,000円	市民税非課税
姫路市（兵庫県）	障害者福祉金	1級→30,000円 2級→23,000円 3級→15,000円	世帯の所得制限あり
西脇市（兵庫県）	福祉年金	1級→24,000円 2級→18,000円 3級→6,000円	市民税非課税世帯 1年以上の居住

注：彼谷作成、2022年

② 通所・通院交通費の助成

　一般企業で働く場合、交通費の支給は一般的ですが、就労継続支援B型などの障害福祉サービスの事業所に通所する場合、交通費は支給されないこ

とがほとんどです（事業所によっては支給しています）。

　また、地域生活支援事業に基づく更生訓練費の制度では、就労移行支援と自立訓練を利用している場合、訓練のための経費や通所のための交通費を一部支給しています。

　なお、就労継続支援B型事業所などへの通所は更生訓練費の対象になりません。交通費は通所する利用者の自己負担です。市町村によっては独自に通所にかかる交通費を助成しています（表3-21）。公共交通機関だけでなく、自動車による通所に対して支給している市町村もあります。

　例えば、広島県の安芸高田市では、手帳と自立支援医療を要件として、通院にかかる交通費の3分の1を助成しています。

表3-21　市町村独自の通所交通費助成の例

	名称	助成の内容	助成の対象者	備考
札幌市（北海道）	障がい者等通所交通費助成	・交通費の25〜50% ・自動車の場合は、月額2,000円を上限	生活介護、自立訓練、就労継続支援（A型、B型）、就労移行支援、地域活動支援センター、共同作業所に通所する手帳3級もしくは自立支援医療の受給者	手帳1、2級の所持者は福祉乗車証により市内のバス、地下鉄、市電を無料で乗車できる
宝塚市（兵庫県）	障碍者施設通所費用助成	・公共交通機関を利用した交通費の半額	生活介護、自立訓練、就労移行支援、就労継続支援B型に通所する障害者	

注：彼谷作成、2022年

■行政への問い合わせ方

　「福祉的な手当はありますか？」「通所の交通費助成はありますか？」と制度の有無を問い合わせたとしましょう。制度が存在しない場合、「ありません」といわれて、やりとりが終わるかもしれません。

　したがって、経済的に困っている、交通費が負担で通所しづらいなど困りごとを伝えることが有用です。その結果、似たような制度や他の経済的支援制度を紹介されることで、解決につながるかもしれません。

5 生活費を保障する・収入を増やす（労働者災害補償保険）

労災認定 ···

Q35

仕事との関係で精神疾患を発症したと考えられる場合、労働災害として認めてもらうことは可能でしょうか。

A35

　労災による精神障害の認定基準は、2011（平成23）年12月に「心理的負荷による精神障害の認定基準」（以下、「認定基準」）が定められ、2020（令和２）年６月に当該認定基準の「別表１　業務による心理的負荷評価表」が改正され現在に至っています。認定基準では、次の要件を満たすかどうかで、労災認定を行うこととされています。

① 認定基準の対象となる精神障害（ICD-10のF3やF4など）を発病していること

② 認定基準の対象となる精神障害の発病前おおむね６か月の間に、業務による強い心理的負荷が認められること（「別表１　業務による心理的負荷評価表」により判断される）

③ 業務以外の心理的負荷や個体側要因により発病したとは認められないこと（「別表２　業務以外の心理的負荷評価表」及び個体側要因により判断される）

　また、業務による心理的負荷によって精神障害を発病した人が自殺を図った場合は、精神障害によって、正常な認識や行為選択能力、自殺行為を思いとどまる精神的抑制力が著しく阻害されている状態に陥ったもの（故意の欠如）と推定され、原則としてその死亡は労災認定となります。

　仕事が原因で精神障害を発症したと考えられる場合は、認定基準を参照しながら、可能な範囲で具体的な事実の確認と資料収集をし、それから労働基準監督署へ相談にいきましょう。

同一障害による併給

Q36

支援している利用者が、労災保険の休業補償給付や障害補償給付を受けています。加えて、障害年金も受けられることになりましたが、併給調整はどうなりますか。

A36

　同一支給事由で障害年金と労災給付を受ける権利を有する場合、原則として併給調整が行われます。具体的には次のとおりです。

① 労災の給付が優先されるもの

・20歳前障害による障害基礎年金と労災給付が同一支給事由による場合には、障害基礎年金が支給停止されます。

・厚生年金保険法による障害手当金と労災給付が同一支給事由による場合には、障害手当金は不支給となります。

② 国民年金・厚生年金保険の給付が優先されるもの

　20歳前障害による障害基礎年金以外の障害年金と労災給付が同一支給事由による場合には、労災給付が減額されます。労災の支給率は表3-22のとおりです。

表3-22　労災支給率表

障害年金＼労災給付	障害補償年金	傷病補償年金	休業補償給付
障害基礎年金・障害厚生年金	73%	73%	73%
障害厚生年金のみ	83%	88%	88%
障害基礎年金のみ	88%	88%	88%

注：高橋作成、2022年

③ 併給調整が行われないもの

　労災給付の上乗せとして支給される特別支給金（一般の特別支給金及び
ボーナス特別支給金）については、国民年金法及び厚生年金保険法による
給付との併給調整規定がありませんので、いずれの給付も全額受給するこ
とが可能です。

表 3-23　併給調整の計算例

【設例】
① 　Ｚさんは40歳男性で会社員（厚生年金加入）
② 　Ｚさんは2019（令和元）年１月頃から毎月100時間以上の残業を強いられていた
③ 　Ｚさんは2019（令和元）年６月にうつ病と診断されて休職へ
④ 　Ｚさんは「過重労働である」と労働基準監督署の認定がなされ、労災からは休業補
償給付7,200円／日と休業特別支給金2,400円／日が支給されることとなった
⑤ 　Ｚさんの病状は改善しないまま１年６か月が経過したため障害厚生年金の請求を
し、2021（令和３）年４月に２級の障害基礎・障害厚生年金（150万円／年）が決定
された
⑥ 　傷病補償年金には該当しない程度であり、引き続き休業補償給付が支給されている

【解説】
① 　国民年金・厚生年金保険と併給調整となるのは「休業補償給付7,200円／日」で、
「休業特別支給金2,400円／日」は対象外
② 　併給率は73％なので、休業補償給付を27％減額

【計算】
　Ｚさんの休業補償給付：7,200円×（1−0.27）＝5,256円
（受給総額）
　Ｚさんは、障害基礎・障害厚生年金150万円に加えて、休業補償給付5,256円／日
と休業特別支給金2,400円／日を受給することとなる。

注：高橋作成、2022年

6 生活費を保障する・収入を増やす（雇用保険）

トライアル雇用

Q37

精神障害・発達障害がある人が、一般企業で就労の練習をするようなことはできないのでしょうか。仮にあるとすれば、週に最低でも20時間以上勤務すること等が条件になるのでしょうか。また、その際、ジョブコーチ支援の活用はできますか。

A37

障害者の雇用の促進等に関する法律（障害者雇用促進法）による障害者を対象とした「障害者トライアル雇用」制度を活用し、継続的な雇用を目指すことができます。精神障害・発達障害がある場合、原則6か月以上12か月以内のトライアル雇用で週20時間以上の就労を開始し、就労先との相互理解を深め、互いの不安を解消することで長期の継続雇用につなげていきます。

1週間に20時間以上の就労が難しい場合には、週10時間以上20時間未満の短時間で就労を開始し、20時間以上の就労への移行を目指す「障害者短時間トライアル雇用」制度（雇用契約期間は3か月以上12か月以内）があります。なお、ジョブコーチ支援制度の併用も可能です。

■精神障害・発達障害がある人の障害者トライアル雇用の流れ

ハローワーク（公共職業安定所）にて障害者トライアル雇用求人に応募し、就労を希望する企業で面接を受けます。面接の結果、採用が決まると、原則6か月以上12か月以内（短時間トライアルの場合は原則3か月以上12か月以内）の有期雇用契約を結んで就労を開始します。自分に合った仕事内容か、働き続けやすい職場環境かなど見極めていくことができます。

トライアル雇用による有期雇用契約期間終了が近づいてきたら、あらためて継続雇用契約（1年を超える期間の雇用契約）をするかどうか企業側と話

し合います。

図3-11　障害者トライアル雇用の流れ

障害者トライアル雇用開始　　　　　　　障害者トライアル雇用終了
有期雇用契約の締結　　　　　　　　　　継続雇用契約の締結
　　　　　▼　　　　　　　　　　　　　　　　　　▼

| 有期雇用契約：原則6か月以上12か月以内
（短時間トライアルは原則3か月以上） | 1年を超える期間の雇用契約 |

注：高橋作成、2022年

■ジョブコーチ支援制度

　ジョブコーチ（職場適応援助者）は、会社と障害のある労働者の間に入り、職場適応に向けた支援を行います（図3-12）。ハローワーク（公共職業安定所）においてトライアル雇用の相談をする際に、ジョブコーチ支援制度についても尋ねてみましょう。支援を受けることで、よりよい就労継続につなげていくことができます。

図3-12　ジョブコーチ支援の全体像

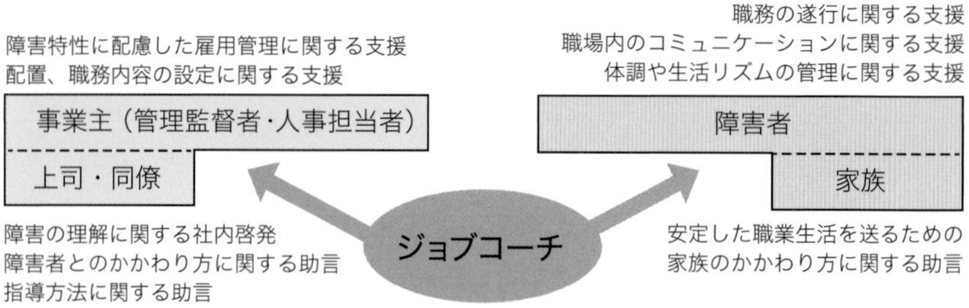

障害特性に配慮した雇用管理に関する支援
配置、職務内容の設定に関する支援

職務の遂行に関する支援
職場内のコミュニケーションに関する支援
体調や生活リズムの管理に関する支援

| 事業主（管理監督者・人事担当者） | | 障害者 |
| 上司・同僚 | ジョブコーチ | 家族 |

障害の理解に関する社内啓発
障害者とのかかわり方に関する助言
指導方法に関する助言

安定した職業生活を送るための
家族のかかわり方に関する助言

出典：厚生労働省「職場適応援助者（ジョブコーチ）支援事業について」
(https://www.mhlw.go.jp/stf/seisakunitsuite/bunya/koyou_roudou/koyou/shougaishakoyou/06a.html)

障害者等に対する手厚い失業給付 ···

Q38

ハローワーク（公共職業安定所）において、精神・発達障害によって就職活動が困難だと認められた場合など、失業給付を受けられる日数（基本手当）が、通常よりも増えると聞きました。どのようなものでしょうか。

A38

　雇用保険の被保険者であったものが離職し、受給資格者になった場合に支給されるのが基本手当です。自己都合退職であっても、就職困難者（表3-24）として認定されれば、基本手当の所定給付日数が通常（90日分〜150日）よりも多くなります（表3-25）。

　また、就職困難者として認定されなくても、離職理由によっては基本手当の所定給付日数が通常よりも多くなります。

表 3-24　就職困難者

①　障害者の雇用の促進等に関する法律（障害者雇用促進法）に規定する身体障害者、知的障害者、精神障害者（精神障害者保健福祉手帳の交付は必ずしも要件とはなっていない） ②　社会的事情により就職が著しく阻害されている者　　など

注：高橋作成、2022年

表 3-25　就職困難者の基本手当の所定給付日数

算定基礎期間 離職日の年齢	1 年未満	1 年以上
45歳未満	150日	300日
45歳以上 65歳未満		360日

出典：ハローワークインターネットサービス
(https://www.hellowork.mhlw.go.jp/insurance/insurance_benefitdays.html)

表 3-26　自己都合退職等による一般の受給資格者の場合の基本手当の所定給付日数

算定基礎期間　　　離職日の年齢	10年未満	10年以上20年未満	20年以上
全　年　齢	90日	120日	150日

出典：ハローワークインターネットサービス
(https://www.hellowork.mhlw.go.jp/insurance/insurance_benefitdays.html)

表 3-27　特定受給資格または特定理由離職の場合の基本手当の所定給付日数

算定基礎期間　　　離職日の年齢	1年未満	1年以上5年未満	5年以上10年未満	10年以上20年未満	20年以上
30歳未満	90日	90日	120日	180日	－
30歳以上35歳未満	90日	120日	180日	210日	240日
35歳以上45歳未満	90日	150日	180日	240日	270日
45歳以上60歳未満	90日	180日	240日	270日	330日
60歳以上65歳未満	90日	150日	180日	210日	240日

出典：ハローワークインターネットサービス
(https://www.hellowork.mhlw.go.jp/insurance/insurance_benefitdays.html)

表 3-28　特定理由離職者及び特定受給資格者

特定理由離職者	次の①または②の理由で離職した者 ①　期間の定めのある労働契約の期間が満了し、かつ当該労働契約の更新がないこと（契約更新を希望したが会社側と更新の合意に至らなかった場合に限る） ②　心身の障害や家族介護等の正当な理由のある自己都合
特定受給資格者	次のいずれかの理由で離職した者 ①　会社の倒産や事業縮小によるリストラ ②　会社側の都合による解雇 ③　その他厚生労働省令で定めるもの（事業所移転による通勤困難、雇用条件の著しい相違等）

注：高橋作成、2022年

Q39

障害年金を受給していると失業保険（雇用保険の基本手当）をもらえないと聞いたことがあります。体調不良で退職した場合や傷病手当金との関係なども教えてください。

A39

　雇用保険の基本手当は、就職活動をして職業に就くための期間の収入保障であり、職業に就く意思と能力がある場合に支給されるものです。体調不良による退職、退職後の傷病手当金受給中、障害年金の受給者に分けて、基本手当との関係や必要な手続きなどをまとめました（傷病手当と傷病手当金の違いは、42頁のコラム参照）。

■体調不良による退職

　退職後すぐに就職活動が始められない場合と退職後に就職活動を始めたが、体調が悪くなってしまった場合の2つに分けて説明します。

① 退職後すぐに就職活動が始められない場合

　基本手当の受給期間は、原則、退職から1年間です。

　ただし、体調不良等で引き続き30日以上職業に就くことができない場合には、受給期間の延長（最長で4年）を申請することができます。手続きは、住所地のハローワーク（公共職業安定所）で行ってください。手続きの際には「離職票」が必要となります。

② 退職後に就職活動を始めたものの、体調が悪くなって活動ができなくなってしまった場合

　求職の申し込み後（就職活動開始後）に体調が悪化して職業に就くことが難しくなってしまった場合には、その程度に応じて次の3つの選択肢があります（表3-29）。ハローワーク（公共職業安定所）で相談のうえ、必要な手続きを行ってください。

表 3-29 就職活動ができなくなった場合の対応

求職の申し込み後、疾病等により職業に就くことができない期間	内容
継続して15日未満	証明書認定によって基本手当を受給
継続して15日以上30日未満	傷病手当（基本手当日額と同額）を受給
継続して30日以上	傷病手当の受給か基本手当の受給期間延長を選択

証明書認定
通常、4週間ごとにハローワークに出向き、失業認定を受けることで基本手当が支給されますが、病気やけがのためハローワークに行くことができない場合であって、その期間が15日未満のときは、ハローワークに行けるようになった最初の失業認定日にその理由を記載した書類を提出することで基本手当の受給が認められる制度です。
注：高橋作成、2022年

■退職後の傷病手当金受給中

　退職後30日以上傷病手当金の受給が継続する場合は、「体調不良による退職」の①と同様に、基本手当の受給延長の手続きをとります。

　傷病手当金の受給終了後、就職活動が可能ならハローワーク（公共職業安定所）で受給延長終了の手続きを行い、基本手当の受給開始に進むことができます。

■障害年金の受給者

　障害年金の受給者であることは必ずしも労務不能ではなく、障害の状態や種類によっては就職活動をして、職業に就くことができます。

　労務不能でなければ、基本手当の受給を開始することができますし、逆に労務不能であれば、「体調不良による退職」の①または②と同様の対応となります。

基本手当の減額

Q40

基本手当の受給期間に、福祉的就労等によって働いて収入を得ることは問題ないのでしょうか。得た収入などはハローワーク（公共職業安定所）に報告しないといけないのでしょうか。

A40

　失業認定にかかる期間中に「自己の労働によって収入を得た」場合、その収入に応じて図3-13のように取り扱われます。

　自己の労働による収入とは、短期就労による収入であり、原則として1日4時間未満の労働であって、「就職（請負や自営も含む）とはいえない程度」のものとされています。

　福祉的就労等の状況が、就職とまではいえない程度である場合は、減額計算した基本手当が支給され、就職といえる程度であれば基本手当は支給されないということになります。

　なお、1日4時間未満であっても、1日3.5時間×週6回＝21時間となるようなケースでは、週20時間以上になるので雇用保険の被保険者資格を取得する場合があり、雇用保険の被保険者になったときは就職したものと同じ扱いになります。

　自己の労働によって収入を得たときは、収入の多寡を問わず、失業認定の際に、ハローワーク（公共職業安定所）に申告しなければなりません。

図 3-13　基本手当の減額

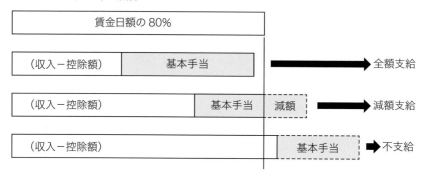

賃金日額：原則として退職前 6 か月分の賃金を 180 で除して得た額
控 除 額：1,296 円（2021（令和 3）年 8 月 1 日現在。毎年 8 月 1 日に見直される）
注：高橋作成、2022 年

表 3-30　基本手当の減額

全額支給	労働によって得た 1 日の収入額から控除額（1,296 円）を差引いた額と基本手当の日額の合計額が、賃金日額の 80%を超えないときは、基本手当が全額支給される。
減額支給	労働によって得た 1 日の収入額から控除額（1,296 円）を差引いた額が賃金日額の 80%未満であって、当該額と基本手当の額の合計額が賃金日額の 80%を超えるときは、超えた額が基本手当から減額される（減額支給）。
不支給	労働によって得た 1 日の収入額から控除額（1,296 円）を差引いた額が賃金日額の 80%を超えるときは、基本手当は支給されない（不支給）。

注：高橋作成、2022 年

生活福祉資金 ⋯⋯⋯⋯⋯⋯⋯⋯⋯⋯⋯⋯⋯⋯⋯⋯⋯⋯⋯⋯⋯⋯⋯⋯⋯⋯⋯⋯⋯⋯⋯⋯⋯

Q41

生活福祉資金は無利子と聞きますが、金融機関での借り入れと変わらないように思います。また金融機関に借り入れがある場合、生活福祉資金は利用できないのでしょうか？

A41

■生活福祉資金の理念

生活福祉資金は、高齢者や障害がある人など、一般の金融機関から借り入れが難しい場合への貸付けを行うことで、福祉の増進に寄与してきた制度です。

生活福祉資金と一般の融資との大きな違いは何でしょうか？　それは、生活福祉資金は「借受人の生活再建の支援とセットになっている貸付けである」という点です。

一般の金融機関での借り入れの場合、金融機関はまずは「この人に貸して果たして返済ができるだろうか？」という点で貸付けの可否を考えます。したがって、貸付けは可能だが返済は難しそうだと判断されれば借りる際の金利は高くなります。信用情報も考慮され、返済能力を中心に審査が行われます。また、借りた後の返済状況に応じて何らかの有効なアドバイスが行われることも、基本的にはありません。

一方、生活福祉資金の貸付けには「その人がその貸付けを受けることで生活再建が可能になるか、世帯の今後の暮らしがよりよくなるか？」という福祉的視点が添えられています。

申し込みの窓口は市町村の社会福祉協議会になります。ヒアリングで「世

1　信用情報：ローンやクレジットなどの「信用取引」を利用する際に、その人の「信用力」を判断するための情報を「信用情報」といいます。ローン等の契約内容、利用実績、利用残高などの情報を指します。信用情報を扱う会社に対して、自分の信用情報の開示請求もできます。

帯の経済状況の把握と必要としている経済的支援は何か？」を調査し、それをもとに返済計画と、返済が安定して行えるように生活再建のための支援計画が作成されます。貸付けの審査と決定は都道府県の社会福祉協議会で行われますが、その際に地域の民生委員の意見書も添えられます。

■「返済計画」と「生活再建の支援計画」

　このように、貸付けを実施するにあたり、「返済計画」と「生活再建の支援計画」を作成して、借受人をサポートしていくしくみのあることが、生活福祉資金の特徴であり、一般の金融機関の融資と異なる点です。

　生活福祉資金は、必要な資金の融資をほかから受けることができない人を貸付けの対象としており、他の方法を活用できる人は利用ができません。例えば、子どもの進学に関する費用を借りる場合、まずは「日本学生支援機構の奨学金」の利用を検討します。ひとり親世帯の場合は「母子父子寡婦福祉資金」の利用を考えます。その結果、いずれも利用できない場合に、生活福祉資金を申し込むという流れになります。

■生活福祉資金の活用

　生活福祉資金は、その名前のとおり「福祉的要素」の強い制度であり、金融機関で借入がある場合でも、生活再建を伴う返済計画が作成できれば、貸付けは可能だといえます。

　何よりも大切なことは、生活福祉資金を活用して、世帯のライフプランが実現できた、よりよい生活を送れた、という結果にたどりつくことです。

　金融機関に融資を断られたとしても、あきらめずに、社会福祉協議会に相談してください。

8 出費（支出）を減らす・家計の負担を軽くする（高額療養費、医療費の助成）

無料低額診療 ……………………………………………………………………………

Q42

医療保険の一部負担金を免除してもらえる医療機関はないのでしょうか。健康保険料の滞納が続いており、健康保険証がありません。そのような場合でも受診できるのでしょうか。

A42

　医療機関で治療を受けると、かかった医療費の1～3割を一部負担金として窓口で支払います。残りは公的医療保険が支払います。

　かかった医療費が高額になれば一部負担金も高額になります。高額療養費制度のように医療費の負担に上限を設定することで、家計の負担を軽減するしくみがあります。

　ただし、医療機関で治療を受けるためには、一部負担金を支払うことができる経済状況であること、公的医療保険に加入していることが前提になります。

　自立支援医療制度によって、精神科医療の一部負担金は1割にとどめられていますが、他科の一部負担金は3割です。

　しかし、家計の状況によって、一部負担金を払う余裕がない、そもそも健康保険証がない場合、治療を受けるにはどうしたらよいでしょうか。

　生活保護を受給していれば、医療扶助により自己負担なしで医療を受けられますが、家計の厳しい世帯がすべて生活保護を受給しているとは限りません。また、生活保護の申請から保護の開始まで日数がかかります。

■無料低額診療

　社会福祉法に基づく無料低額診療事業は、経済的な理由などによって、医療を受けることが妨げられないように、無料または低額の自己負担金で診療

を受けられる制度です。

　無料低額診療事業を行う医療機関（実施施設）には、必ずソーシャルワーカーが配置されています。

　ソーシャルワーカーが、患者からの相談にのったうえで、一部負担金の全額免除や一部免除を判断します。公的な制度や社会資源の活用を検討し、患者の収入や資産状況を確認したうえで、基準に従い減免を判断します。

　制度に共通する基準はなく、医療機関に委ねられています。例えば、全額免除は1か月の収入が生活保護基準のおおむね120％以下、一部免除は140％以下と内規で定めている医療機関もあります。

　無料低額診療事業の適用は生活が改善するまでの一時的なものです。例えば、無料診療の場合は1か月、一部負担金の減免の場合は6か月としている医療機関があります。

　その間にソーシャルワーカーが生活保護や障害年金の申請、借金を整理するサポートを行うことを想定しています。

　なお、医療機関によっては、無料低額診療の診療科を限定している場合があります。一部負担金が減免されるのは、無料低額診療事業を行なっている医療機関での診療費です。院外薬局での調剤費・薬剤費は対象になりません。

　実施医療機関によっては、個別の事情を判断しながら、院内処方での対応を行なっているところもあるようです。また、数は少ないものの、独自制度として調剤への助成を行なっている自治体もあります。

　無料低額診療事業の実施施設は、都道府県や政令市・中核市などのホームページに掲載されています。傾向として、済生会系列の病院・診療所、全日本民主医療機関連合会（民医連）に加盟する病院・診療所で、無料低額診療を実施している施設があります。

　なお、無料低額診療を実施する施設は、税制面で優遇されますが、患者の一部負担金は法人の持ち出しです。

医療保険の保険適用 ··

Q43

入院時の個室代や食事代は、医療保険の対象になるのでしょうか。また、精神科デイ・ケアの昼食代は、医療保険の対象になるのでしょうか。

A43

■入院時に自費請求されるもの

入院中の病衣のレンタル料、おむつ代、さまざまな診断書作成料、インフルエンザの予防接種料などには、公的医療保険は適用されません。

それらの費用のうち、最も負担が大きいと思われるものが、差額ベッド代（個室料金）です。医療機関や部屋によって、一日3,000円や5,000円の場合もあれば、一日3万円という場合もあります。差額ベッド代は、利用者が個室などの特定の病室を希望した場合、利用者が負担することになります。病院側の都合で個室を利用せざるを得なくなった場合は、利用者と医療機関のどちらが差額ベッド代を負担するのか、入院手続きの際に医療機関にしっかり確認したほうがよいといえます。

■公的医療保険が適用されるもの

医師の診察や処方、医師が指示した検査などは、原則として公的医療保険が適用されます。また、医療機関で発行する文書であっても、診療情報提供書（他医療機関への紹介状）や傷病手当金の診断書については、公的医療保険が適用されます。

■入院中の食事代

入院時の食事代は、一般的には保険適用外といわれますが、「食事療養費」として、3割負担ではないものの、公的医療保険が適用されています。実際の入院時の標準的な食事代は一食につき640円ですが、支払いは一食460

円になっており、その差額を公的医療保険が補っています。市町村民税非課税世帯の場合は、さらに自己負担額が軽減され、その軽減された分も各公的医療保険が負担しています。しかし、食事療養費は高額療養費制度には合算できません。ちなみに、胃ろうや経鼻経管栄養も、食事療養費に含まれます。なお、点滴は「食事」ではありません。

■精神科デイ・ケアの食事代

精神科デイ・ケアの食事代について、以前は、デイ・ケアの時間内に食事を提供した場合には、医療機関は所定の点数に「加算」として算定していましたが、現在は医療保険の対象として認められていません（デイ・ケアがサービスとして食事を提供する機関はあります）。

コラム　公認心理師の誕生と心理カウンセリングの医療保険の適用

■公認心理師と診療報酬

2017（平成29）年に公認心理師法が施行され、「公認心理師」が国家資格として誕生しました。現状では臨床心理士の仕事内容との明確な違いはありませんが、国家資格になったことで、「小児特定疾患カウンセリング料」などは、「医師の指示の下、公認心理師が当該医師による治療計画に基づいて療養上必要なカウンセリングを20分以上行った場合に算定できる」とあり、他の要件があるものの、診療報酬に算定されています。

今後は心理職単独のカウンセリングも、医療保険が適用されるようになるかもしれません。

高額療養費制度 ···

Q44

高額療養費制度には、時効があると聞きました。申請した後、一定額が戻ってくるのなら、あらかじめ手続きをすることはできないのでしょうか。

A44

■限度額適用認定証

高額療養費制度は、医療機関に3割の一部負担金を支払ったうえで申請により、所得に応じて、自己負担限度額を超えた分が払い戻されるという制度です。3割負担といっても高額な費用を一時的に支払うことになり、経済的に大きな負担になる場合もあります。その対応策として、「高額療養費貸付制度」や「高額療養費受療委任払い」といった制度がありましたが、準備する書類が多い、煩雑な手続きが必要など、使い勝手がよいものとはいえませんでした。

そこで、2007（平成19）年4月に「限度額適用認定証」が導入されました。医療機関に「限度額適用認定証」を提示することで、いったん一部負担金を支払ってから、自己負担限度額を超えた分が返金されるのではなく、所得に応じた自己負担分のみが医療機関から請求されることになります。

2012（平成24）年4月からは、通院にあたっても限度額適用認定証を利用することができるようになりました。ただし、同じ医療機関であっても、入院と通院は別々に限度額適用認定証を利用することになります。なお、国民健康保険税を滞納している場合、限度額適用認定証は発行されません。

■申請から活用

① 加入している医療保険の保険者（保険証の発行機関）に申請します。申請先は、国民健康保険の場合は市町村担当課で、全国健康保険協会（協会けんぽ）の場合は、全国健康保険協会の都道府県支部です。組合管掌健康

保険の場合は、各健康保険組合になります。共済組合の場合はそれぞれの共済組合です。申請書をダウンロードできる保険者も多く、事前に申請書を作成することもできます。担当課に出向いて申請もできますし、郵送での申請もできます。

② 申請後、「限度額適用認定証」が交付されます。

③ 「限度額適用認定証」を医療機関に提示します。

④ 提示された医療機関は、「限度額適用認定証」に記載されている区分に応じて、請求書を作成します。

　入院した際、医療機関から促されて初めて限度額適用認定証を発行することが多いようですが、入院の有無に関係なく、いつでも発行することができます。また、入院した日に限度額適用認定証を提示できなくても、入院した同月内に発行して提示すれば、多くの医療機関はその入院した月から適用してくれます。提示しなければ、高額療養費の申請をすることになります。

■申請に必要なもの
・申請書、保険証、個人番号（マイナンバー）がわかるもの、本人確認書類もしくは委任状など

■高齢受給者・後期高齢者医療の場合
　70～74歳の高齢受給者は2割負担、75歳以上の後期高齢者は1割負担ですが、両者とも現役並みの所得者は3割負担になります。現役並みの所得者は「現役Ⅰ」「現役Ⅱ」「現役Ⅲ」の区分に分かれます。

　このうち、区分が「現役Ⅰ」または「現役Ⅱ」に該当する人は、市町村へ申請すると「限度額適用認定証」が交付され、医療機関等へ提示すると自己負担限度額が減額されます。なお、区分が「現役Ⅲ」の人は、申請は不要です。一般の所得区分の人には、限度額適用認定証は発行されませんが、上限額は定められています。低所得者ⅠとⅡの人は、入院時の食事代も同時に軽減される限度額適用・標準負担額減額認定証の申請ができます。

■支援のポイントと注意点

　高額療養費は、所得に応じて適用区分が決まり、限度額適用認定証が発行されます。例えば、市町村・都道府県民税の申告や確定申告をしていなければ、所得のない人であっても課税世帯の区分で限度額適用認定証が発行されることがあります。医療機関の医療費算定係は、提示された限度額適用認定証の適用区分で医療費の算定をします。したがって支援者は、その人の収入に見合った限度額適用認定証が発行されているのか、常にチェックする必要があります。Bestな方法としては、限度額適用認定証の発行前に本人と支援者が、保険者に限度額適用認定証の適用区分の確認をすることです。所得に見合った区分でなければ、収入の申告を済ませたうえで、改めて限度額適用認定証を申請すべきでしょう。

　収入が障害年金のみであれば、非課税世帯ですが、不動産の売却などの理由で課税世帯に該当する場合もあります。また、配偶者控除の申請手続きのミスにより、課税世帯になっていた事例もあります。生活を把握している支援者による限度額適用認定証の適用区分の確認や申請支援は大変重要です。

コラム　入院中の食事代は安くなるのか？

■標準負担額減額認定証

　入院中の食事代は、医療保険の種類、診療科、地域に関係なく、1食460円です。市町村民税非課税世帯の場合は、1食210円に、さらに、91日以上入院した場合は1食160円に減額されます。70歳以上で、適用区分が低所得者Iの場合は1食100円になります。

　しかし、医療機関の医療費算定係は、入院者が課税世帯なのか非課税世帯なのか判断ができません。そこで、市町村民税非課税世帯の場合は「標準負担額減額認定証」を発行し、医療機関に提示する必要があります。申請先や申請に必要な書類は、「限度額適用認定証」と同様です。

　「限度額適用認定証」の適用区分が「オ」や「低所得者I」「低所得者II」の場合、「標準負担額減額認定証」と併せた「限度額適用・標準負担額減額認定証」が発行されます。食事代が減額される「標準負担額減額認定証」のみの申請も可能です。限度額適用・標準負担額認定証も、医療機関側は提示された月から適用します。

■長期入院該当の申請
　70歳未満の所得区分が「オ」の人、または70歳以上で「低所得者Ⅱ」の人が、申請月を含む過去12か月の間に90日を超えて入院した場合、長期入院該当の申請を行います。非課税世帯と認定されれば、限度額適用・標準負担額減額認定証の「長期入院該当」欄に、長期入院に該当した日が記入され、認定証が発行されます。医療機関に提示することで1食160円に減額されます。
　必要な書類は、①90日を超えて入院していることがわかる領収書や医療機関の証明書等、②すでに交付されている場合は、限度額適用・標準負担額減額認定証、③保険証、④個人番号（マイナンバー）がわかるもの、⑤本人確認書類か委任状です。

■支援のポイント
　入院時の食事代は1食数百円なので、一見安価に思えますが、1か月では3食×30日ですから、所得の低い人には大きな負担となります。また、食事代は医療費助成制度（Q45）の適用にならない場合が多く、その減額申請は大変重要です。限度額適用認定証の場合と同様、支援者として市町村・都道府県民税の申告の支援をするなどして、その人の所得に応じた食事の負担になるよう支援することが重要になります。

表 3-31　入院時の食事代の標準負担額

所得区分		1食あたり
下記以外の人		460円
住民税非課税世帯（70歳未満・区分オ）低所得者（70歳以上・区分Ⅱ）	過去12か月の入院日数が90日まで	210円
	過去12か月の入院日数が90日を超える場合	160円
低所得者（70歳以上・区分Ⅰ）		100円

注：2022（令和4）年4月時点
　　荒川作成、2022年

コラム 公的医療保険の変更、入退院のタイミングで出費を軽減

■入院中の転出・転入や保険者の変更は月の境目のほうが出費が軽減

　入院中に、Ａ市から転出してＢ市へ転入することもあります。国民健康保険の場合、Ａ市の国民健康保険からＢ市の国民健康保険に加入することになり、同じ国民健康保険であっても保険者が変わります。例えば、市町村民税非課税世帯の人が入院中に、月の途中15日に転出転入すると、Ａ市の限度額適用認定証とＢ市の同証を使用することになり、同じ月であっても限度額適用認定証を利用した入院費の請求書は2枚になります。この場合、保険者が異なるため、2枚の領収書を合わせて高額療養費の申請をすることはできません。一方、月の1日に転入すると、同一月に限度額適用認定証が1枚になり、請求書は1枚になります。出費の軽減につながります。健康保険から国民健康保険へ変更など、保険者が変わる場合も同様です。

■入院するなら月をまたがないほうが出費が軽減

　例えば、6月15日に入院し、7月14日に退院した場合、入院費は暦月で請求するので、6月分と7月分の限度額適用認定証を適用した請求書が2枚になります。一方、7月1日に入院し7月30日に退院すれば、同じ30日間の入院でも、限度額適用認定証を適用した請求書が1枚になります。入院日や退院日について主治医と協議できる疾病の場合は、後者のほうが出費の軽減につながります。しかし、あまり経済論を重視し過ぎて、病状が悪化しては本末転倒です。注意しましょう。

Q45

自治体独自の医療費助成制度を実施している市町村があることを知りました。その場合、精神障害者保健福祉手帳の１・２級があることによって、内科や歯科も助成の対象になるのでしょうか。

A45

■医療費助成制度—自治体によって大きな差のある対象範囲

　都道府県・市町村による医療費助成制度は、自治体が医療費の自己負担分を助成する制度です（54頁）。都道府県ごとに基準を設け、その費用は都道府県と市町村が基本的に２分の１ずつ負担します。さらに都道府県の基準では対象外になった人を、市町村が独自に基準を設け医療費の助成をするしくみになっています。自治体によって対象者、診療科、入院と通院の組み合わせなどが異なることが特徴です。

　精神障害者保健福祉手帳の所持者への医療費助成制度の場合、その等級に応じて、「全診療科の入院から通院まで対象」「全診療科の通院のみ対象」「精神科の入院のみ対象」「精神科以外の入院を対象」「入院の食事代も対象」「精神科の通院のみ対象」「所得が多いと対象外（所得制限）」「所得の制限なし」など、その対象と組み合わせはさまざまで、条件を細かく設定している市町村も少なくありません。

■給付方式

　給付方式は大きく３つあり、自治体によって異なります。

① 窓口無料（一部負担）方式：無料で、もしくは医療機関の窓口で数百円の負担金を支払うことで、受療できます。

② 自動還付方式：医療機関の窓口で、保険診療の一部負担金を支払い、後日、自治体が受給者に給付します。

③ 償還払い方式：医療機関の窓口で、保険診療の一部負担金を支払い、そ

の後、本人が都度申請し、自治体が受給者に給付します。

　②③の一部負担金の支払いが困難な低所得世帯に対して、福祉医療費の貸付けを行っている自治体もあります。

■65歳以上の医療費助成

　後期高齢者医療は75歳以上が対象ですが、障害年金や精神障害者保健福祉手帳の１・２級の人であれば、多くの保険者が、65歳から後期高齢者医療への加入を認めています。その加入により保険料が減額になる可能性をはじめ、受診時の３割負担が１割負担（現役並みの所得の人は３割）になるメリットもあります。さらに、65歳以上ならば（後期高齢者医療への加入を条件にする場合もあり）、手帳所持者を医療費助成の対象にしている自治体があります。

■支援のポイント

　それぞれの自治体の医療費助成の対象範囲を把握し、業務にあたることが大切です。

　精神障害者保健福祉手帳が対象範囲ではなくても、ひとり親世帯や身体障害者手帳で医療費助成の対象になることもあります。後期高齢者医療への加入等も含めて、さまざまな角度から医療費助成の対象になるのか見立てる必要があります。

　同じ障害、同じ等級でありながら、居住する場所によって、医療費助成の対象範囲が大きく異なるのは問題です。支援者は、自治体の既存の医療費助成制度を当然と思わず、対象範囲が狭いのであれば、都道府県や市町村に対して、政策や条例づくりへの提言、陳情や請願を行う必要もあります。

　医療費助成を施行している市町村の親戚宅へ転出といった事例もみられます。自治体間の平等な法整備が望まれるところです。

9 出費（支出）を減らす・家計の負担を軽くする（所得税・住民税等）

所得税・住民税のしくみ

Q46

支援している利用者（家族と同居）が就職しました。これからどのような税金がかかりますか。障害をもちながら暮らすことになるので、税金を少しでも減らす方法があれば教えてください。

A46

■給与と税金

利用者は就労し給与を支給されるので「給与所得者」となり、給与には所得税と復興特別所得税（以下、「所得税」）及び住民税がかかります。

■所得税：源泉徴収と年末調整

① 源泉徴収

会社は、従業員の扶養親族の数や従業員が障害者であるかどうかによってあらかじめ決められている概算の所得税を、従業員の毎月の給与から天引きします。これを「源泉徴収」といいます（所得税法第6条）。源泉徴収された所得税は税務署へ納付されます。

② 年末調整

所得税の計算期間は暦年（1月から12月）なので、会社は12月になると従業員の1年間の所得税額を計算します。源泉徴収税額はあくまで概算であり、生命保険料控除などの所得控除をそこで反映させます。

その結果と源泉徴収税額との差額を12月の給与支給時に従業員に還付したり、追加で徴収したりします。会社と税務署との間でも最終調整します。その作業が「年末調整」です（所得税法第190条〜第193条）。

③ 設例（図3-14）

・4月に入社、同月より給与支給開始。

- 毎月の源泉徴収税額（上記①）は 10 とする。
- 1 年間の所得税額（上記②）は 85 だった。

  4 月〜12 月の源泉徴収額 10 × 9 か月＝ 90　→　納め過ぎ

  90 － 85 ＝ 5 が還付される。

図 3-14　所得税の源泉徴収と年末調整（イメージ）

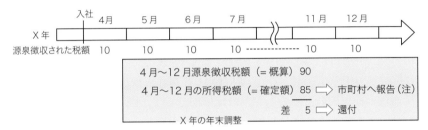

注：東京 23 区は特別区へ報告
　　赤岩作成、2022 年

■住民税：特別徴収

① 　会社から従業員の住む市区町村へ給与支払報告書提出

　会社は従業員の住民票がある市区町村へ、年末調整後の所得税額や 1 年間の給与支払額を報告します（給与支払報告書の提出）。

② 　市区町村から会社へ従業員の住民税額通知

　例えば、各従業員の X 年の所得に対する住民税額は翌年（X ＋ 1 年）5 月 31 日までに市区町村から会社へ通知されます。

③ 　住民税の特別徴収

　②の通知を受けて、会社は X ＋ 1 年 6 月の給与支給時から X 年の所得に対する住民税を天引きし市区町村へ納めます。これを特別徴収といいます（地方税法第 321 条の 3 第 1 項）。

　なお、住民税の納付方法には、特別徴収のほかに、普通徴収があります。

すでに述べたとおり、特別徴収が、会社（給与支払者）が従業員に代わり、給与から住民税を天引きして納付するのに対し、普通徴収は市区町村から交付された納付通知書を使用し、納税者が自分で納付します。

■住民税の留意点

　源泉徴収は概算額の「先払い」ですが、特別徴収・普通徴収は確定額の「後払い」です。これが住民税の注意したいポイントです。

　場合によっては前年に所得がない入社初年度よりも2年目の給与の手取り額が減ることがありますし、もし退職していたら収入がなくても住民税を納めることになります。このことは覚えておいてください。

■税金を減らす所得控除

　使える「所得控除」をもれなく使うことです。ほかに「税額控除」（住宅ローン控除等）もありますが、ここでは割愛します。

　所得税と住民税の計算のしくみはほぼ同じです。図3-15のとおり、所得控除は税金を減らす効果があります。

① 「支払ったこと」に対する所得控除

　支払った金額をもとに一定のルールで計算した金額を、所得から控除します。

❶医療費控除（Q47、48）

❷生命保険料控除・地震保険料控除

❸寄附金控除

② 「ある状態」に対する所得控除

　障害者であること等一定の状態が要件なので、所得税法であらかじめ金額が決まっています。

❶障害者控除（Q49）

❷扶養控除（58ページ）

❸基礎控除（58ページ）

図 3-15　所得控除と税金の関係

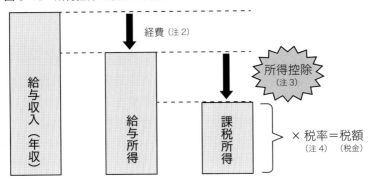

注 1：給与所得のみの場合のイメージです。
　　2：給与収入に応じて「給与所得控除」という名称で、会社が計算してくれます。
　　3：所得税と住民税で金額が若干異なります。
　　4：所得税と住民税で税率は異なります。
　　　　赤岩作成、2022 年

医療費控除

Q47

支援している利用者は、精神科以外にも、内科や歯科をはじめ、多くの医療機関を受診しています。通院に要した交通費などは医療費控除の対象となりますか。また、利用者の医療費を家族が負担している場合、家族が医療費控除を受けられますか。医療費控除によって税金が戻ってくるのでしょうか。

A47

■医療費控除の対象となる医療費

医療費控除の対象となる医療費の範囲は、医師または歯科医師による診療または治療の対価や治療または療養に必要な医薬品の購入対価等、療養にかかる費用です（所得税法第 73 条第 2 項、所得税法施行令第 207 条第 1 項第 1 号〜第 7 号）。

医療費控除の対象となる交通費は病院、診療所または助産所へ収容されるための「人的役務の提供」に対して支払う金額のうち、病状に応じて一般的に支出される水準を著しく超えない部分、すなわち通常必要とされるものとされています（所得税法施行令第 207 条、所得税基本通達 73-3）。

したがって、人的役務（サービス）の提供にあたらないガソリン代や駐車料金は対象となりませんが、タクシー代の場合、病状や病院等の立地条件で電車やバスを使用することができない場合には医療費控除の対象となります。

■医療費控除の計算

① その年の 1 月〜 12 月に支払った医療費を集計します。その際、高額療養費や保険金等で填補される金額、請求書は来たもののまだ支払っていない金額などの未払いの金額は除きます。

② （総所得金額等× 5 ％）と 10 万円を比較し、少ないほうを把握します。

③ 医療費の金額＞②の場合に医療費控除が受けられます。

例えば、図 3-16 の A さんが支払った医療費が 30 万円の場合、医療費控除の額は①－②で 20 万円となります。

④　医療費控除を受けるには「確定申告」が必要です。

図 3-16　医療費控除の計算

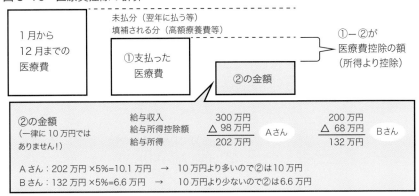

注：収入が給与のみの場合を想定しています。
　　赤岩作成、2022 年

■医療費控除が家族でも使える場合

　家族（例えば父親）が、利用者の医療費を支払った場合、父親と利用者が生計を一にしていれば、父親は自分の医療費と合わせて医療費控除の計算をします。そこで要件を満たせば父親は医療費控除が受けられます。

■医療費控除で税金が戻ってくるケース

　医療費控除は、課税所得を減らす効果がある「所得控除」の 1 つです（58頁）。

　課税所得が減ると、課税所得×税率で計算される税額（税金）も当然減りますが、税金が戻ってくるかどうかは、他の条件にも左右されます。

①　所得税の場合

　例えば、年末調整（Q46）で所得税額がゼロとなり、すでに還付されてい

る場合や、確定申告の際に他の所得控除によって所得税額がゼロになる場合には、医療費控除により税金が戻ることはありません。

　すでに納付した所得税がある場合に、医療費控除を適用して計算した所得税との差額が戻ってきます（図3-17）。

図3-17　医療費控除で税金が戻ってくるケース（イメージ）

【Aさん】

	年末調整時	確定申告時
医療費控除前の課税所得 (注1)	100万円	100万円
医療費控除	―	△20万円
課税所得	100万円	80万円
税率 (注2)	5%	5%
所得税額	5万円	4万円

△1万円
すでに納付済！
差額1万円が戻ってくる！

注1：給与所得から社会保険料控除等の各種所得控除を引いた後の金額
　　2：課税所得金額が194万9,000円までの税率
　　　赤岩作成、2022年

②　住民税の場合

　所得税と住民税では、所得控除の種類は同じですが、住民税の所得控除が少ないものがあるため、所得税額がゼロでも住民税が発生する可能性はあります。この場合は、確定申告ではなく居住地の市町村へ住民税の申告をすることになります。住民税は確定額の後払いなので、これから納付する額が少なくなるだけで、「戻る」ことはありません。

医療費控除 ···

Q48

医療費控除の対象には、障害者総合支援法に基づく障害福祉サービスは含まれないのでしょうか。医療費控除の対象になるサービスはありますか。

A48

　障害者の日常生活及び社会生活を総合的に支援するための法律（障害者総合支援法）に基づく障害福祉サービスにも医療費控除の対象となるサービスはあります。

■障害福祉サービスで医療費控除の対象となるもの

　治療や療養の範疇に含まれないサービスについては、医療費控除の対象とはなりません（Q47）。したがって、障害福祉サービスについても、利用者負担額のうち医療費控除の対象となるものは限定されています（図3-18）。

■医療費控除のための領収証

　障害福祉サービスを提供している事業者に、「障害者福祉サービス等利用料領収証」を発行してもらいます。厚生労働省より様式も発出されています。[1]

---

1 「障害者自立支援法等の下での介護福祉士等による喀痰吸引等の対価に係る医療費控除の取扱いについて」（平成25年2月25日事務連絡）

図 3-18　障害福祉サービスのうち医療費控除の対象となるもの

障害者総合支援法	費用の額の算定に関する基準 (注1)	医療費控除	要件
①居宅介護 （法第5条第2項）	身体介護 （別表第1の1イ） 身体介助を伴う通院介助 （別表第1の1ロ） 通院のための乗降介助 （別表第1の1ホ）	対象	医師との適切な連携をとって提供されたサービスに限る
②重度訪問介護（身体介護部分） （法第5条第3項）（別表第2）		1/2が対象	
③重度障害者等包括支援のうち （法第5条第9項）（別表第8）			
	①に該当するサービス	対象	
	②に該当するサービス	1/2が対象	

注1：厚生労働省告示第523号
　　　「医療費控除の対象となる在宅療養の介護費用の証明について」（平成2年7月27日老福第145号）より赤岩作成

障害者控除

Q49

障害があることを開示せずに働いている利用者（精神障害者保健福祉手帳あり）が、勤務先の会社へ初めて年末調整関係書類を提出します。障害者の欄に記入すると会社側にわかってしまうので、利用者は書きたくないといいます。障害者の欄に書くことで障害者控除が適用されると思うのですが、書かなくても障害者控除を受ける方法がありますか。

A49

■給与所得者も確定申告が可能

利用者自身が確定申告[1]をすれば、障害者の欄に書かなくても障害者控除を受けることはできます。

年末調整にあたり、会社に提出する書類の1つに「給与所得者の扶養控除等申告書」があります。年末が近づくと会社側から提出するようにと渡されます。入社年度においては、入社時に提出を求められる場合もあります。

「障害者、寡婦、ひとり親又は勤労学生」の「障害者（本人）」欄にチェックを入れておくと、年末調整では障害者控除を適用したうえで税額計算をしてくれます。

利用者が、「障害者（本人）」欄にチェックを入れずに会社へ提出すれば、申告書からは障害者であることはわかりません。年末調整は障害がないという前提で計算されるので、翌年に利用者自ら確定申告をして、そこで障害者控除を受けることになります（図3-19）。

---

1 （所得税の）確定申告とは、その年の1月から12月までに得た所得とその所得に対する税金の額を計算して申告することによって確定することです。給与所得者であっても医療費控除、寄附金控除等については年末調整では行えず、確定申告による必要があります。

図 3-19　障害者控除の効果（所得税）

	障害者控除なし	障害者控除あり
給与収入（年間）	150 万円	150 万円
給与所得控除額	△55 万円	△55 万円
給与所得（収入は給与だけと仮定）	95 万円	95 万円
障害者控除	—	△27 万円
基礎控除	△48 万円	△48 万円
課税所得	47 万円	20 万円
税率	5%	5%
所得税額	2.35 万円	1 万円

△1万3500円 →

注：給与所得控除額や税率は、給与収入、課税所得の額に応じて変わります。
　　障害者控除は精神障害者保健福祉手帳 2 級、3 級の金額です。
　　復興特別所得税（所得税額× 2.1%）は記載を省略しています。
　　赤岩作成、2022 年

■住民税への影響

　住民税については、その年の 1 月から 12 月までの所得に対する税額が翌年の 6 月支給の給与から毎月天引きされます。そして、会社が市（区）町村に納めます。このような徴収方法を特別徴収といいます（図 3-20）。

　住民税の金額は 3 月 15 日の期限までに確定申告をしていれば、その分を加味したうえで 5 月末までに会社へ通知が届きます。確定申告の内容が反映されるので、住民税額計算にも障害者控除が適用され、従業員用の通知に障害者控除適用が明記されています。

　一方、会社への通知には住民税額のみ記載されています。

図 3-20　住民税の特別徴収と確定申告

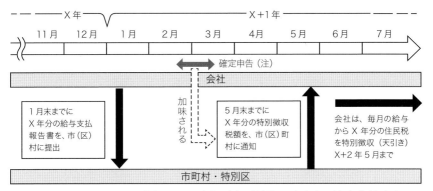

注：還付申告となる場合は 1 月から申告できます。申告の内容は税務署から市（区）町村へ提供されます。
　　赤岩作成、2022 年

■従業員用通知の秘匿措置

　住民税額の通知にあたって、従業員用の通知内容が会社側にわからないよう圧着式にするなどの秘匿措置を実施したうえで会社へ送付している市（区）町村もありますが、そうでない市（区）町村もあります。利用者が住んでいる（住民票がある）市（区）町村へ問合せすることも支援者として必要でしょう。

　また、市（区）町村側が秘匿措置を講じて会社へ通知を送付しても、可能性は低いとはいえ、会社側がみてしまったり、税額から逆算し、年末調整後に何らかの控除を受けていることを知ったりするリスクはあります。

■103万円の壁と障害者控除

　「103 万円の壁」という言葉を聞いたことがあるでしょうか。給与収入だけの場合、103 万円から給与所得控除額 55 万円を引くと課税所得は 48 万円になります。基礎控除が 48 万円なので障害者控除がなくても課税所得はゼロです。この場合、ほかの要件を満たすことで親が扶養控除及び障害者控除を適用できます（58 頁）。

■住民税の壁は98万円

住民税の基礎控除は43万円ですから、給与収入98万円以下で課税所得ゼロとなります。給与収入が98万円以下と見込まれる場合には、提出書類の障害者欄を気にしなくてもよいでしょう。

贈与と仕送り ···

Q50

支援している利用者が一人暮らしをスタートさせるために、両親からまとまったお金をもらい、当面の暮らしを支えてもらうことになりました。その場合、贈与税はかかるのでしょうか。仮に贈与税がかかるとすれば、障害者控除はありますか。

A50

■扶養義務者からの生活費の贈与

次のような贈与財産（お金）には贈与税はかかりません（相続税法第21条の3第1項第2号、相続税法基本通達21の3-5）。年間の贈与額が基礎控除額を超えても条件を満たす限り非課税です。

・扶養義務者相互間において、もらったお金であること
・生活費や教育費として「通常必要」なお金であること
・必要な都度、直接その生活費等にあてられるお金であること

ここで、扶養義務者とは、配偶者並びに直系血族及び兄弟姉妹等をいいます（相続税法第1条の2第1号、相続税法基本通達1の2-1、民法第877条）。

■仲介手数料・敷金・家賃等

一人暮らしのマンションの契約にかかる仲介手数料や敷金等、引越し代金、毎月の家賃や生活費を、必要な都度それらの支払いにあてるために贈与している場合には贈与税はかかりません。

■すぐに使われないお金は要注意

「まとまったお金」とはどのくらいの金額でしょうか。数年分の生活費をまとめて贈与し、それがすぐに使われず預貯金となっている場合は、その年に生活費にあてられなかった部分については贈与税の課税対象になりますので注意が必要です（相続税法基本通達21の3-5）。その場合、基礎控除額以

下であれば贈与税はかかりません。

■「通常必要」の意味

　両親からもらった生活費が、「通常必要」と認められるかどうかは、子の需要や親の資力、そのほかの一切の事情を勘案して、社会通念上適当と認められる範囲かどうかで判断されます。例えば、両親の生活費より仕送り額が多いというような場合には贈与税がかかる可能性があるということです（相続税法基本通達21の3-6）。

■贈与税と障害者控除

　贈与税に障害者控除はありません。

コラム　親からの仕送りと税金

　■仕送りに税金がかかる？
　　基本的には税金（贈与税）はかかりません。親から子への定期的な生活費の仕送りは、その都度食費や日用品代、治療費等に使われるはずですから、これを法律に照らせば「扶養義務者からの生活費の贈与」となります。

　■仕送りでも各種控除が受けられる？
　　親の所得税の計算上、子について扶養控除や障害者控除、医療費控除を受けるにはいずれも「生計を一にする」必要があります。簡単にいえば同じ財布で生活しているということです。
　　「生計を一にする」とは、必ずしも同居していることをいうものではありません。例えば、ふだん子は一人暮らしをしているが、休日には実家に戻るのが常例であり、常に親から子への生活費等の送金が行われている場合には、親と子は生計を一にしているといえるでしょう。そしてその他の要件を満たせば別居であっても、親は各種控除を適用することができます。
　　それぞれの控除については第2章❸で説明しています。

相続税の障害者控除

支援している利用者（Aさん）の母親が亡くなりました。父親はすでに他界しています。Aさんは精神障害者保健福祉手帳の1級をもっています。相続税の障害者控除はどのような計算になりますか。Aさんの妹にも何かメリットはありますか。

A51

　相続税の障害者控除を理解するには、まず相続税計算のおおまかな流れを知っておく必要があります（相続税法第11条～第19条）。Aさんの場合を例に説明します（図3-21）。相続財産等の金額は仮定であり、計算は単純化しています。

図3-21　Aさんと家族の状況

父 25年前に死亡　　母 X年1月15日死亡

Aさん30歳 手帳1級　　妹28歳 会社員
（注）

亡き母が遺した財産

相続財産の金額
土地・家　　5,000万円
預金　　　　4,000万円
　計　　　　9,000万円

葬式費用100万円は妹負担。
細かな調整は省略します。

注1：Aさんは父親他界後、17歳で精神疾患を発症。
　　　赤岩作成、2022年

■相続税計算の流れ

前提：Aさんは土地・家（5,000万円）を相続

　　　　妹は預金（4,000万円）を相続。葬式代（100万円）は妹が負担する

① 基礎控除額の計算

　3,000万円＋600万円×2人＝4,200万円が基礎控除額です（図3-22）。
相続する財産の価格が基礎控除額以下なら基本的に相続税はかかりません。

② 課税遺産総額の計算

　Aさんと妹の場合は、課税価格の合計額が基礎控除額を上回るので相続税
がかかります（図3-23）。

図3-22　基礎控除額

基礎控除額＝3,000万円＋600万円 × 相続人の数

相続人は2人

Aさん　　　妹

注：赤岩作成、2022年

図3-23　課税遺産総額の計算

それぞれに取得した相続財産の課税価格　　課税価格の合計と基礎控除額を比較

Aさん

土地・家　5,000万円

妹

預金　　　4,000万円
葬式費用　△100万円
差し引き　3,900万円

課税価格合計
8,900万円

課税遺産総額
4,700万円

基礎控除額
4,200万円

相続税がかかる部分

注：赤岩作成、2022年

③　相続税額の計算

相続税の総額

　②で計算した課税遺産総額4,700万円を、法定相続割合で分けたものと仮定して計算します（図3-24）。

図3-24　相続税の総額の計算

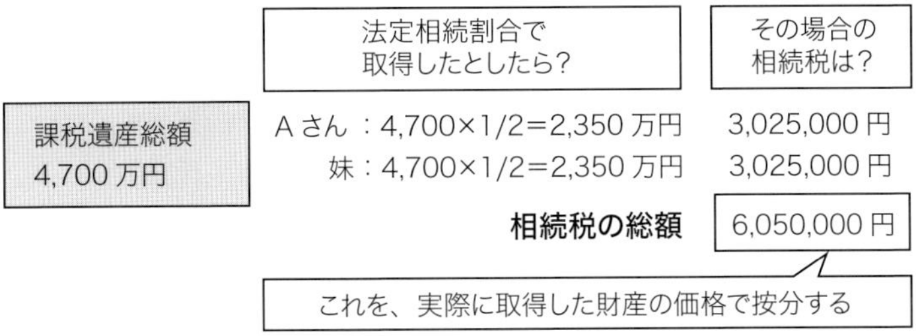

課税遺産総額 4,700万円	法定相続割合で取得したとしたら？	その場合の相続税は？
	Aさん：4,700×1/2＝2,350万円	3,025,000円
	妹：4,700×1/2＝2,350万円	3,025,000円
	相続税の総額	6,050,000円

これを、実際に取得した財産の価格で按分する

注：赤岩作成、2022年

Aさんと妹のそれぞれの相続税額

　相続税の総額をAさんと妹が実際に取得した財産額で按分します。障害者控除がなければそれぞれ図3-25に示した金額を納付することになります。

図3-25　相続税額

　Aさん：6,050,000円×0.56（注）＝3,388,000円
　妹　　：6,050,000円×0.44（注）＝2,662,000円

注：Aさんの取得分で計算　5,000万円÷8,900万円＝0.5617
　　妹との合計が1.00となるよう端数を調整しています（相続税法基本通達17-1）。
　　赤岩作成、2022年

■障害者控除（税額控除）

①　障害者控除の種類と計算方法

　精神障害者保健福祉手帳1級をもつAさんは障害者控除の適用を受けます（相続税法第19条の4）。その額は図3-26のとおりで、Aさんの障害者控除の額は20万円×（85歳－30歳）＝1,100万円となります。

② 障害者控除の適用と残額

障害者控除に残額がある場合には、障害者の扶養義務者の相続税から差し引くことができます（図3-27）。扶養義務者とは、配偶者並びに直系血族及び兄弟姉妹等をいいます（相続税法第1条の2第1号、相続税法基本通達1の2-1、民法第877条）。

妹に障害はありませんが、障害者控除を適用することができます。

図3-26　相続税の障害者控除の額

精神障害者保健福祉手帳1級	20万円×（85歳－相続開始時の年齢）
精神障害者保健福祉手帳2級、3級	10万円×（85歳－相続開始時の年齢）

注：年数計算で1年未満の端数があれば切り上げて1年とします。
　　赤岩作成、2022年

図3-27　障害者控除の額が相続税額を超える場合

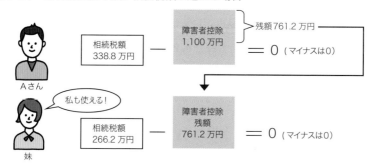

注：赤岩作成、2022年

■2回目の障害者控除

父親の相続で障害者控除を適用し、母親の相続でも2回目の障害者控除を適用する場合があります。また、1回目と2回目で障害等級が異なる場合もあります。

いずれもAさんの例より計算が複雑になりますので、税務署や税理士に相談するとよいでしょう。

障害者控除と手帳による証明 ··

Q52

障害者控除を適用したり、特定贈与信託を利用したりするためには、精神障害者保健福祉手帳を取得していなければならないのでしょうか。これらの窓口や手順について教えてください。

A52

■障害者とは

所得税や相続税の障害者控除を適用するには、所得税法等で定められた「障害者」である必要があります（所得税法第2条第1項第28号、第29号、所得税法施行令第10条、相続税法第19条の4第2項、相続税法施行令第4条の4第1項、第2項）。

特定贈与信託は相続税法に規定がありますので、障害者の考え方としては同じです（相続税法第21条の4第1項、相続税法施行令第4条の8）。

基本的には精神障害者保健福祉手帳（以下、「手帳」）を取得している人が障害者とされています。

■障害者控除の判断時点

① 所得税：その年の12月31日（年の途中になくなった場合はその日）
② 相続税：相続開始の日（被相続人がなくなった日）
③ 特定贈与信託：財産の信託がされる日までに、障害者非課税信託申告書を納税地の所轄税務署長に提出する必要があります。その申告書に手帳の写しを添付します。

■障害者控除の適用可否

ここでは特定贈与信託の話を除きます。特定贈与信託を行う時点で手帳の交付を受けていることが前提です。手帳がない場合には手帳を取得してから特定贈与信託を検討するのが現実的でしょう。

① 手帳を取得している場合

　障害者控除を適用することができます（図3-28）。

図3-28　障害者控除適用可否（精神障害部分抜粋）

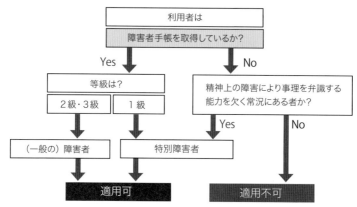

注：赤岩作成、2022年

② 手帳を取得していない場合

❶ 精神上の障害により事理を弁識する能力を欠く常況にある者（手帳がなくても特別障害者）

　民法第7条では、精神上の障害により事理を弁識する能力を欠く常況にある者については、家庭裁判所は、後見開始の審判をすることができるとされています。

　したがって、成年被後見人の場合は手帳がなくても障害者控除が認められる可能性が高く、実際に適用された事例があります（所得税：国税庁文書回答事例平成24年8月31日名古屋国税局審理課長、相続税：国税庁文書回答事例平成26年3月14日東京国税局審理課長）。

❷ その年の12月31日、相続開始の日の時点で手帳を取得していない場合

　相続税の場合、相続開始のときに手帳の交付を受けていない者であっても、相続税申告書を提出するときにおいて以下の2点をいずれも満たしていれば障害者として取り扱うとされています（相続税法基本通達19の4-3）。

・手帳の交付を受けているか、交付を申請中

・その手帳を受けるための医師の診断書や障害年金に関する書類に、相続開始のときに障害があったと記載されていること
　所得税については同様の通達はありません（所得税基本通達2-38）。

■通達とは

　所得税基本通達などの通達は、国税庁長官から国税局長へ発出するものです。国税局や税務署の職員が法令を解釈する際の指針とします。

　税務実務上、税理士も参考にしている通達ですが、法人税基本通達の前文に次のとおり記載があります。

　「通達中に例示がないとか通達に規定されていないとかの理由だけで法令の規定の趣旨や社会通念等に即しない解釈におちいったりすることのないように留意されたい」（直審 (法)25(例規) 昭和44年5月1日）。

コラム　それでもやってみる価値はある

　　手帳を取得していない場合、障害者控除の適用が難しいことは確かです。

　　しかし、相続税や贈与税は場合によって高額になります。障害者控除を適用するかしないかで何百万円も変わることもあります。挑戦してみる価値はあると思います。

　　例えば、障害年金を受給している、成年後見制度は利用していないが利用するとしたら医師から後見相当の診断書が出る可能性があるなど、条件に少しでもかすっていませんか？

　　法律の規定にないとあきらめずに、手帳を取得している障害者と実質的には同程度の状態であると説明できるような資料を作成して、税務署に相談してみましょう。「ダメもと」の覚悟で。

住民税非課税世帯 ....

Q53

「住民税の課税世帯と非課税世帯」という言葉を聞きます。課税対象となるかどうかは年収によって判断されるのだと思いますが、いつの、どのような根拠によって決定されるのでしょうか。その税率は市町村ごとに異なるのでしょうか。

A53

■住民税の概要

① 住民税の種類

　税金には、国が課税する「国税」と、地方公共団体が課税する「地方税」があります。

　住民税は、地方税の１つで、公共施設の運営、教育、福祉、消防・救急などの行政サービスをまかなうために課せられます。

　（個人の）住民税には都道府県民税と市町村民税（特別区民税）があります。都道府県民税の課税及び徴収は、市町村及び特別区が市町村民税（特別区民税）と合わせて行います（地方税法第41条、第319条第２項、第１条第２項）。

　住民税には所得に応じて負担を求められる所得割と所得にかかわらず定額の負担を求められる均等割があります。所得割は所得税と同様に課税所得×税率で計算されます。均等割は簡単にいうと「そこに住んでいれば一律でかかってくる税金」です（図3-29）。

図 3-29　住民税の種類

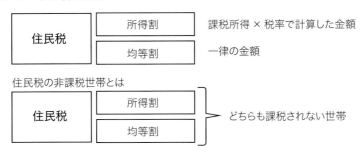

注 1：住民税：都道府県民税と市町村民税（特別区民税）
　2：課税所得：所得金額 - 所得控除額
　　　赤岩作成、2022 年

② 住民税の標準税率

　都道府県等は標準税率（表 3-32）を基準として条例で税率を定めます。利用者の住所地の税率、均等割額を確認するようにしてください。

表 3-32　住民税の標準税率

	所得割税率	均等割額（注2）
都道府県民税（注1）	4 % （2 %）	1,500円
市区町村民税（注1）	6 % （8 %）	3,500円

注 1：表中の（　）は指定都市の税率です。
　2：令和 5 年度までは復興税が上乗せされた表中の金額となります。
　　　赤岩作成、2022 年

③ どの時点で課されるか

　前年の所得に対する住民税は、翌年 1 月 1 日に住所がある市区町村において課税されます（図 3-30）。

　次の④にあげた制度を利用するにあたっては、課税のタイミングが影響す

る場合があります。例えば自立支援医療の「世帯」の所得区分は、ある年度（4月～翌年3月）のうち4月～6月については前年度の住民税額を勘案することになります（障害者総合支援法施行令第29条第1項）。

図3-30　住民税の課税と納付のタイミング

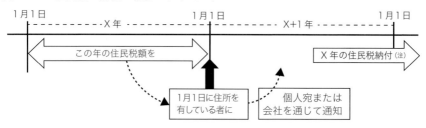

注：給与所得者は特別徴収（天引き）が原則でX＋2年5月まで。
　　個人事業者など普通徴収の場合は納付書で4回に分けて納付、X＋2年1月まで。
　　赤岩作成、2022年

④　住民税額により負担額等が変わる制度の例
　・自立支援医療の自己負担
　・特定医療費（指定難病）の自己負担
　・入院したときの食事代
　・障害者福祉サービスの利用者負担
　・高額療養費
　・高額医療・高額介護合算療養費

■住民税の非課税世帯
　住民税の課税・非課税のパターンには、①所得割、均等割ともに課税される人、②所得割は課税されない（均等割は課税）人（図3-31のイ及びロ）、③所得割・均等割ともに課税されない人（図3-31のハ、ニ、及びホ）があります。
　住民税非課税世帯とは世帯構成員がすべて③である世帯ということになります。なお、例えば自立支援医療や特定医療費（指定難病）でいう「世帯」とは、同一医療保険の加入者で構成される世帯をいいます。

図 3-31　住民税が非課税の人

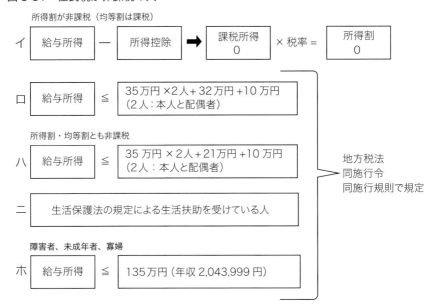

注：本人収入が給与のみで配偶者は収入ゼロと仮定します（新宿区、大阪市等の例）。
　　大阪市（https://www.city.osaka.lg.jp/zaisei/page/0000384084.html）及び新宿区
　　(https://www.city.shinjuku.lg.jp/hoken/file04_03_00001.html) を参考に赤岩作成

自動車に関する税 ··

Q54

精神障害者保健福祉手帳を所持していることによって、自動車税や軽自動車税の減免はありますか。家族が車を保有する場合でも、何らかの減免はあるのでしょうか。

A54

　減免制度はあります。また、家族所有の車でも要件を満たせば減免はありますが、都道府県や市町村、特別区によって要件が異なるので、必ず確認してください。

■自動車税の種類と減免

　2019(令和元)年10月の消費税率引き上げの際、自動車取得税が廃止され、自動車税及び軽自動車税に環境性能割と種別割が創設されました。自動車(軽自動車)税種別割は自動車の種別や用途、排気量に応じて毎年、自動車(軽自動車)税環境性能割は購入時に環境性能に応じて課税されます。

　なお、自動車にかかる税金には、このほか自動車重量税法に基づき、車の重さに応じて課税される自動車重量税があります。

　これらは、条例で定めるところにより減免することができるとされています(地方税法第167条、第177条の17、第461条、第463条の23)。

　なお、軽自動車税環境性能割は当分の間、都道府県が賦課・徴収することに伴い、減免の事務についても都道府県が行います(地方税法附則第29条の9第1項、同第29条の10第1項)。

表 3 -33　減免の申請先

税金の種類	都道府県税		市町村税（特別区：区税）	
	自動車税		軽自動車税	
	環境性能割	種別割	環境性能割	種別割
税金の徴収	都道府県		市町村（特別区）	
減免の事務	都道府県		市町村（特別区）	

注：「種別割」の「種別」とは乗用車やトラック等の種類のことをいいます。
　　赤岩作成、2022 年

■減免の要件

① 　障害者１人につき軽自動車を含めて１台

　例えば、自動車税種別割の減免を受けていたら、軽自動車税種別割の減免は受けられません。

② 　自家用に限る

　自動車検査証（車検証）に「自家用」と記載されている自動車等が対象で、「事業用」と記載されているものは対象になりません。

③ 　所有者と運転者

　減免の対象となる運転者は障害者本人、もしくは障害者本人と生計を一にする者（以下、「家族」）です。同居している家族は、明らかに互いが独立した生活を営んでいると認められる場合を除き、生計を一にしていると考えられます（参考：所得税基本通達 2-47(2)）。

　所有者・運転者の別に応じて、おおむね次の４つのパターンに分けることができます。

❶ 　所有者、運転者ともに障害者本人

　使用目的を問わず減免対象となる場合がある一方、障害者本人が運転する自動車等について、減免の対象としない都道府県等もあります。

❷ 　所有者は障害者本人、運転者は家族

　使用目的や頻度について、「もっぱら障害者本人のため」「通学、通院、

通所のため」「週に〇回以上」などの要件が規定されています。

別居の家族の運転でも認められる場合がありますが、都道府県等の多くが生計を一にしていることを証明する書類の提出を求めています。

❸　所有者は家族、運転者は障害者本人

多くの場合、使用目的を障害者本人の通院や通学等に限定しています。また、このパターンは減免対象とならない都道府県もあります。

❹　所有者、運転者ともに家族

❷と同様です。

■減免対象となる障害の程度

精神障害者保健福祉手帳（以下、「手帳」）2級及び3級を対象としている都道府県・市町村はわずかしかありません（表3-34）。手帳1級、手帳1級かつ自立支援医療受給者証（精神通院医療にかかるものに限る）の交付を受けている者が対象とされているケースがほとんどです。

表3-34　2級、3級も対象となっている地方公共団体（抜粋）

都道府県	本人運転	家族運転
北海道	1級から3級	1級から3級

市町村	本人運転	家族運転
函館市（北海道）	1級から3級	1級から3級
和泉市（大阪府）	1級から3級	1級から3級
三田市（兵庫県）	1級から3級	1級から3級
日向市（宮崎県）	1級及び2級	1級

注：2021（令和3）年10月の調査により赤岩作成
　　条例改正により変更される可能性があります。

■減免額

税額は、取得価額や車種、排気量、グリーン化の有無などで多数のパターンがありますが、多くの場合でその全部が減免されます。

■申請期限

① 自動車税環境性能割・軽自動車税環境性能割

　購入時にかかる税金です。新車・中古車の売買契約の後、「登録までに」「登録から1か月以内」などの期限が定められており、また、都道府県等によって異なります。

② 自動車税種別割・軽自動車税種別割

　自動車税種別割・軽自動車税種別割（以下、自動車税・軽自動車税）は自動車等を保有していることで毎年かかる税金です。その年の4月1日現在の所有者が向こう1年分の自動車税等を、納付期限（5月31日、軽自動車税期限は4月30日の場合もあり）までに納付します。したがって、減免申請は納付期限（もしくはその数日前）までに行うことになります（図3-32）。

■自動車税種別割の月割減免

　4月1日より後に手帳を取得等した場合、自動車税については月割で減免してもらえるか確認してください。自動車税には年度途中の取得や処分に対して月割で課税する規定があるので、減免も月割で行われる可能性が高いといえます（地方税法第177条の10）。軽自動車税に月割の規定はありません。

図 3-32　種別割の納付期限と減免申請期限

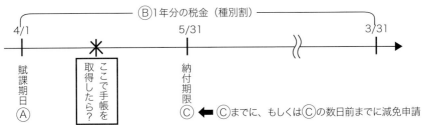

注：納付期限や減免申請期限は都道府県等に確認してください。
　　赤岩作成、2022年

■窓口

　自動車（軽自動車）の主たる定置場、すなわち車庫がある場所の都道府県（市区町村）が窓口となります（表 3-35）。所有者と運転者が異なり、別居している場合は注意が必要です。

表 3-35　窓口

種類	窓口
自動車（軽自動車）税環境性能割	主たる定置場（＝車庫）所在の都道府県税事務所、自動車税事務所等
自動車税種別割	主たる定置場（＝車庫）所在の都道府県税事務所、自動車税事務所等
軽自動車税種別割	主たる定置場（＝車庫）所在の市役所、区役所、町役場の税務課等

注：赤岩作成、2022年

鉄軌道の運賃・料金の割引

Q55

市営の地下鉄や市営の路面電車を利用する場合、精神障害者保健福祉手帳があれば、料金は一律に割引されるのでしょうか。また、その市町村以外に住んでいる人でも、対象になるのでしょうか。

A55

　市営地下鉄や市営の路面電車の運賃・料金を一律に割引する全国共通の基準はありません。割引の基準や内容を判断し、実施するのは、市町村です。詳細については、それぞれの市町村で確認する必要があります。

　全国で、11の市町村が地下鉄や路面電車を運営しています。なお、大阪市が運営していた地下鉄が、民間会社による運営に変わりました。

　運賃の割引状況をみると、例えば、福岡市では、市内在住者のうち、精神障害者保健福祉手帳（以下、「手帳」）1級を所持している場合、地下鉄の運賃が本人については無料に、介護者1人については半額になります。また、手帳2・3級を所持している場合は、料金が半額になります。加えて、北九州市在住の人や、ほかの都道府県の人で手帳を所持している場合は、料金が半額になります。

　一方、利用のたびに手帳をみせるのは、時間がかかりますし、周囲に気を遣うこともあります。例えば神戸市では、有効期限が約10年間の福祉パス（ICカード）を交付しています（小学生以下の場合、有効期限1年間の福祉パス（磁気カード））。ただし、ICカードについては、横浜市のように未対応の自治体もあります。

　なお、仮に割引制度がなかったとしても、精神・発達障害がある人のニーズを届ける機会になりますので、大いに市町村に問い合わせをしてください。

　また、「ミライロID」は、多くの自治体では、手帳の提示に代えることができます（60頁）。

コラム 割引制度の調べ方

　市営の地下鉄や路面電車がある自治体の多くは政令指定都市です。また、基本的に市の交通局が事業を運営しています。そのことから、精神障害者保健福祉手帳（手帳）による地下鉄及び路面電車の料金の割引制度があるかどうかを、交通局のホームページなどで調べたくなるかもしれません。ところが、交通局のホームページを調べるだけでは、料金を割引する制度があるかどうかわからないことがあります。なぜなら、多くの市町村では、障害福祉部などが、精神障害者保健福祉手帳による地下鉄や市電、バス等の料金の割引制度にかかわる窓口となっている場合があるからです。そのため、市町村の、①交通局、②障害福祉部などを調べてください。すると、例えば、横浜市の「金沢シーサイドライン」、神戸市の「ポートライナー・六甲ライナー」などの、第3セクター方式で運営する事業者にも割引制度のあることがわかる場合があります。

JR・私鉄の運賃の割引等 ....

精神障害者保健福祉手帳を所持している人が JR や私鉄を利用する場合、料金の割引などはあるのでしょうか。また、バスを利用する場合はどうでしょうか。それらの場合、介護者の割引についても教えてください。

A56

　鉄軌道や乗合バス等における、精神障害者保健福祉手帳（以下、「手帳」）所持者に対する運賃割引等（以下、「割引」）の実施状況を表 3-36 にまとめました。

　2021（令和 3）年 4 月現在、175 の鉄軌道事業者のうち、半数以上の 97 の事業者が割引を実施しています。また、2006（平成 18）年 4 月時点（42 事業者）と比較すると、その数は 2.3 倍以上になっていますから、割引を実施している事業者は増えています。

　鉄軌道は、関東 9 社（東武鉄道、西武鉄道、京成電鉄、京王電鉄、小田急電鉄、東急電鉄、京浜急行電鉄、東京地下鉄、相模鉄道）、中部 1 社（名古屋鉄道）、関西 5 社（近畿日本鉄道、南海電気鉄道、京阪電気鉄道、阪急電鉄、阪神電鉄）、九州 1 社（西日本鉄道）という、従来、「大手 16 社」と呼ばれている事業者に、JR 4 社（JR 北海道・JR 東日本・JR 西日本・JR 九州）を加えた 20 の大手事業者が路線の大半を占めています。したがって、鉄軌道にかかわる全 175 の事業者のうち、大手事業者が、精神・発達障害がある人の暮らしに大きな影響を与えているといえますが、JR 4 社を含めた 20 の大手事業者のうち、手帳所持者に対して、割引を実施しているのは、九州にある西日本鉄道 1 社に過ぎません。西日本鉄道では、精神障害がある人の家族会「福岡県精神保健福祉会連合会」の請願等もあり、2017（平成 29）年 4 月から、精神障害者保健福祉手帳所持者に対して、半額割引を実施しています。

　一方、残りの 19 社には精神・発達障害がある人を対象とする割引はあり

ません。なお、これらの19社は、身体・知的障害がある人に対しては、等級による一定の制限があるものの、身体障害者手帳や療育手帳所持者に対して、片道100kmを超える乗車料金の半額を割引しています。

とはいえ、2021（令和3）年3月の時点で、公営を含めると手帳所持者に対する障害者割引を実施している鉄軌道の事業者の数は半数を超えていることになります。したがって、直接事業者に問い合わせをすることが大切だといえるでしょう。

表3-36　公共交通機関における精神障害者に対する運賃割引等の実施状況

	公営事業者		民営事業者		計		導入率
	導入事業者	総事業者	導入事業者	総事業者	導入事業者	総事業者	
鉄軌道事業	11 者	11 者	86 者	164 者	97 者	175 者	55.4%
乗合バス事業(注1)	21 者	23 者	895 者	2,314 者	916 者	2,337 者	39.2%
旅客船事業	43 者	58 者	202 者	328 者	245 者	386 者	63.5%
航空事業	0 者	0 者	18 者	21 者	18 者	21 者	85.7%

	法人（注2）		個人		計		導入率
	導入事業者	総事業者	導入事業者	総事業者	導入事業者	総事業者	
タクシー事業(注3)	3,700 者	16,760 者	19,340 者	29,651 者	23,040 者	46,411 者	49.6%

注1：乗合バス事業の事業者数は2021（令和3）年3月31日現在の数字である。
　2：タクシー事業の法人事業者数は、福祉限定事業者も含まれる。
　3：タクシー事業の事業者数は2021（令和3）年3月31日現在の数字である。
出典：「障害者に対する公共交通機関の運賃割引等に関する協力について」（令和3年11月18日国自総第251号の4・国目旅第330号の4）

【参考】2006（平成18）年の協力依頼実施前の精神障害者割引導入事業者数

2006（平成18）年4月1日時点

	公営事業者	民営事業者	計
鉄軌道事業	12 者	30 者	42 者
乗合バス事業	27 者	115 者	142 者
旅客船事業	0 者	2 者	2 者

	法人	個人	計
タクシー事業	570 者	558 者	1,128 者

注：タクシー事業の法人事業者数には、福祉限定事業者も含まれる。
　乗合バス事業、タクシー事業については、2006（平成18）年3月31日現在の数字である。

出典：「障害者に対する公共交通機関の運賃割引等に関する協力について（依頼）」（令和元年10月3日国総安政第58号）別添

コラム 異なるアプローチによる鉄道料金の割引

　2022（令和4）年2月1日から、基本的に名古屋市内に限られるものの、名古屋市内に居住し精神障害者保健福祉手帳を所持している人は、名古屋鉄道、近畿日本鉄道、JR東海の乗車料金が無料になりました。ただし、これは名古屋市の「福祉特別乗車券」（従来の地下鉄等）の範囲を広げたものです。

コラム 精神障害者保健福祉手帳による、タクシー運賃の割引

　タクシーについては、2021（令和3）年3月の時点で、総数4万6411事業者のうち、半数弱の2万3040事業者が手帳所持者に対する割引を実施していることになります。そのように考えると、偶然乗車したタクシーが手帳による割引を実施しているかどうかの確率は約50%といえます。したがって、予約の際、あるいは乗車の際に障害者割引の有無について確認することが大切だといえるでしょう。

　ただし、タクシー事業者が手帳所持者に対する運賃の割引を実施するには、事前に国土交通大臣の認可が必要です。そのうえで、手帳所持者がタクシーを利用すれば、事業者負担によって1割が割引されることになります。ただ、運賃の割引について、利用者、運転手の理解が必ずしも十分でない場合は、運転手が手帳の提示を求めたのに利用者が拒否するというようなトラブルもみられるようです。また、そもそも割引の認可を受けていないタクシーの運転手が、降車時に利用者から割引を求められて困ったというような場合もあります。そのため、トラブル防止の観点からも、タクシー会社では、社内のみやすいところに、「障害者割引は、障害者・療育手帳の写真確認が必要です」等の案内の表示に努めているようです。一方、利用する側も①障害者割引の適用があるタクシーであるかどうかを乗車時に確認する、②運転手から手帳による写真照合を求められる場合がある、③割引は国の認可を受けたタクシー会社が事業者負担で実施していることについて理解しておくことによって、互いに気持ちよく、タクシーの割引を利用することができるといえるでしょう。

Q57

精神障害者保健福祉手帳によって、人気テーマパーク等のレジャー施設、博物館などの入館料が割引されることはあるのでしょうか。

A57

　多くのレジャー施設や博物館が、精神障害者保健福祉手帳（以下、「手帳」）による入館料の割引を実施しています。ただし、公営だから割引率が高いというわけではなく、同じ国立、都道府県立、市町村立であっても、入館料が無料になる施設と、割引のない施設とがあります。ここでは、いくつかの施設を具体的に紹介します。

　まず代表的なレジャー施設として、東は「東京ディズニーランド・ディズニーシー」（以下、TDL）、西は「ユニバーサルスタジオジャパン」（以下、USJ）をあげることができます。利用者の大半は、入場料とすべての乗り物を1日中利用できるパスポートを購入しているようです。TDLは、18歳以上の「ワンデーパスポート」の一般料金が9,400円であるのに対し、手帳があると、6,500円で、割引率は約31％です。一方、USJは、18歳以上の「1デイ・スタジオ・パス」の一般料金が7,800円であるのに対し、手帳があると、4,200円で、割引率は約46％です。なお、TDLとUSJともに、①同伴者も手帳所持者と同額で入場できる、②割引チケットは事前にオンライン等で購入できる、③当日は手帳の原本が必要になることが特徴としてあげられます。

　次に、公的施設について、東京都内にある国立の美術館などの場合、国立新美術館、国立科学博物館は手帳を所持していれば入館料が無料になります。一方、国立劇場、国立演芸場では割引がありません。名古屋市営の文化施設では、名古屋城、白鳥庭園、徳川園、名古屋市美術館は手帳を所持していれば無料になります。

Q58

固定電話や、携帯電話の料金は、障害者割引の適用があるのでしょうか。そのほか、NHK の受信料等の障害者割引があれば教えてください。

A58

■固定電話

いわゆる固定電話（NTT 東日本・西日本が提供する加入電話）は、障害者手帳による電話料金割引がありません。ただし、手帳所持者を対象に、ふれあい案内（無料番号案内）を実施しています（242頁）。

■携帯電話

大手携帯電話各社は、手帳所持などを要件とした料金割引を実施しています。

・NTT ドコモ（ハーティ割引）
・au（スマイルハート割引）
・ソフトバンク（ハートフレンド割引）

① 対象

身体障害者手帳、療育手帳、精神障害者保健福祉手帳の所持者、指定難病の医療費助成を受けている人が対象です。手帳等級は問いません。ソフトバンクは自立支援医療（精神）を対象にしています。なお、各社ともに障害者手帳アプリ「ミライロ ID」（60 頁）でも受付ができます。

② 基本料金の割引

携帯電話各社の料金プランは複雑・多様化・低料金化しています。基本料金から障害者割引が適用されること自体は各社共通ですが、料金プランは携帯電話会社によって大きく異なり、一概に障害者割引を比較することはできません。また、料金プランは短期間に改定されることもあり、具体的な割引

内容や金額を知るためには、それぞれの携帯電話会社へ問い合わせる必要があります。

③　オプションの割引

　基本料金以外にも、留守番電話や割込通話（いわゆるキャッチホン）などのオプション料金などに対する割引があります。

　携帯電話会社によっては、スマートフォンやタブレットの初期設定をサポートするサービスにかかる費用や電話番号案内104への通話料や番号案内料を無料にしています。

④　事務手続き手数料の割引

　新規で携帯電話を契約する場合、機種変更などの場合の事務手数料はおおむね数千円かかりますが、それら事務手続きの手数料を無料にしています。

表 3-37　携帯電話各社のプランに障害者割引を適用した例

		月額料金に含まれるデータ通信量	月額料金	障害割引適用後	割引額
A 社	プラン A-1	～1GB／月	1,980	1,408	572
A 社	プラン A-2	～3GB／月	4,565	3,058	1,507
A 社	プラン A-3	無制限	7,315	5,808	1,507
B 社	プラン B-1	～1GB／月	3,465	3,058	407
B 社	プラン B-2	～4GB／月	5,115	4,708	407
B 社	プラン B-3	～30GB／月	7,238	6,908	330
C 社	プラン C-1	～1GB／月	2,178	1,958	220
C 社	プラン C-2	～3GB／月	3,278	3,058	220

注：2021（令和3）年10月1日現在
　　彼谷作成、2022年

　これらの割引を利用することで、求める安さを実現できるとは限りません。障害者割引を利用せずとも、それぞれの料金プランを検討することで負担を抑えることのできる場合があります。

　障害者割引は、事業者に障害を開示しなければなりません。障害者割引によるメリットと開示による心理的なデメリットを検討したうえで、窓口などで相談することが必要です。

　障害の有無によらず、携帯電話の料金プランは難しく、わからないままに必要のないプランやサービスを契約してしまうことが起こり得ます。利用者

が携帯電話を購入する場合に、販売店に支援者が同行することで、不必要な出費を防げる可能性が高まります。

■ NHKの受信料等

　NHK受信料の免除があります。手帳所持者の属する世帯全員が市町村民税非課税であれば全額免除です。精神障害者保健福祉手帳所持者（1級）が世帯主で、なおかつ契約者である場合、半額免除になります。NHKまたは自治体に申請書があります。

コラム 番号案内（104）について

　電話番号案内は、名前と住所から電話番号を案内してもらえるサービスです。有料ですが、手帳所持者は、手続きをすれば無料で利用できます。
　世代によっては、使ったことのない人が一定数いると思われますので、使い方を説明します。
① 　固定電話もしくは携帯電話から、104をダイヤルします。
② 　オペレーターにつながります。
③ 　オペレーターに探している相手の名前と住所を伝えます。名前と住所が正確にわからない場合や、部分的にしかわからない場合でも調べてくれます。
④ 　相手がみつかると、自動音声で電話番号が流れます。
⑤ 　通話終了後、課金されます。
　いわゆるハローページなどのデータベースに掲載されていない番号は調べられません。また、電話番号から利用者を教えてもらうことはできません。通常の料金は、固定電話からは1案内66円（深夜帯165円）、携帯電話からは1案内200円です（NTT系列の場合）。公衆電話からは1案内100円です。NTT東日本・西日本は「ふれあい案内」の名前で、身体障害者手帳をもっていて視覚や聴覚などに一定の障害のある場合、療育手帳、精神障害者保健福祉手帳の所持者を対象にして、番号案内を無料にしています。利用にあたっては、申し込みが必要です。なお、公衆電話からも利用できます。携帯電話の場合、携帯電話会社の障害者割引に申し込んでいれば、番号案内は無料です。
　インターネットをうまく使いこなせない人には、名前と住所（の一部でもよい）で電話番号を調べられる番号案内は魅力です。通常料金ですと、複数の番号を案内してもらった場合、意外に高くなるので、無料の番号案内は検討に値するでしょう。
　精神科病院に入院している場合、残念ながら、携帯電話を持ち込めないことがあり、外部との通信は公衆電話に依存します。携帯電話の電話帳をみられないため、どこに電話をかけてよいのかわからない状態に陥ります。
　入院中で、公衆電話しか使えない場合であっても、自分の電話番号さえわかれば、ふれあい案内に申し込めます。

特定贈与信託 ··

Q59

利用者の両親が、利用者の将来のためにまとまったお金を用意しています。親なき後、あるいは、両親による管理が難しくなった場合、利用者が月々の生活費だけを受け取る方法はありますか。

A59

■特定贈与信託

　障害のある人の生活の安定を図ることを目的に、両親などが信託銀行等に財産を預け、障害がある人の生活費や医療費などとして定期的に金銭を支払う特定贈与信託というしくみがあります（相続税法第21条の4）。財産を預けた両親などがなくなった場合でも、信託銀行等が引き続き財産を管理・運用し、生活のための資金を交付することができます。

　原則として、精神障害者保健福祉手帳の交付を受けている人が利用できます。

■特定贈与信託の対象者

　次の①と②に該当する人を特定障害者といいます。特定障害者を受益者として、信託契約が結ばれます。

　なお、ここでは精神障害や発達障害がある人に関係するものを記載します。

①　特別障害者：精神障害者保健福祉手帳1級

②　特別障害者以外の障害者：精神障害者保健福祉手帳2級、3級

■特定贈与信託のしくみ

　親（委託者）が信託銀行等（受託者）と「特定障害者扶養信託契約」を締結し、財産を信託します。利用者（子）は送金を受ける受益者として信託受

益権を取得します（図3-33）。このような権利の取得についても「みなし贈与」として贈与税がかかりますが、特定贈与信託の場合は次の金額まで非課税になります（相続税法第21条の4第1項）。

① 特別障害者：6,000万円
② 特別障害者以外の障害者：3,000万円

図3-33　特定贈与信託のしくみ

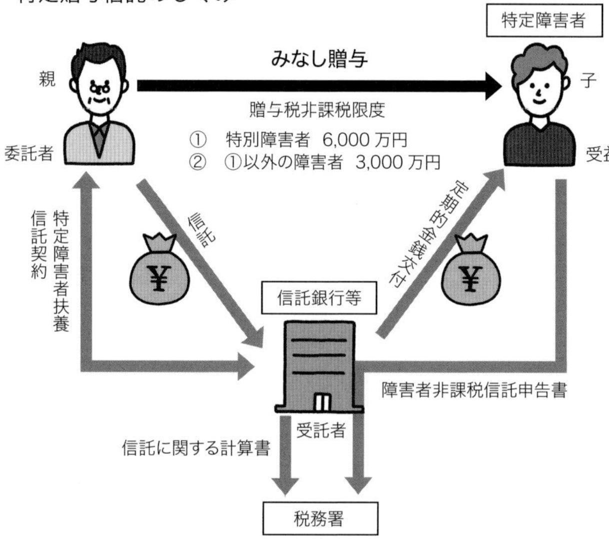

注：一般社団法人信託協会「障がい者の生活安定のために 特定贈与信託」2ページを参考に赤岩作成

■特定贈与信託と贈与の比較

　6,000万円（3,000万円）を贈与した場合の贈与税（暦年課税）は2,599.5万円（1,035.5万円）になりますが、特定贈与信託を利用すれば贈与税額はゼロになります。2級や3級の場合でも約1,000万円の贈与税がゼロになるのは大きいのではないでしょうか。

　親がなくなった後も、特定障害者扶養信託契約の内容どおり子の口座への送金が続きます（信託財産がゼロになるか、子がなくなるまで）。

■特定贈与信託の留意点

・信託銀行への信託報酬等の費用がかかります。

・元本補填契約が付されていません。

・預金保険の対象となりません（預金保険法施行令第3条第1項第4号）。

・受益者の代理人（成年後見人等）の選任を求められる場合があります。その場合、代理人に対する費用もかかります。

■日常生活自立支援事業との併用

　利用者が日々の金銭管理も難しい場合には日常生活自立支援事業の利用などについても併せて検討しましょう。

■精神障害者保健福祉手帳がない場合

① 親なき後のために使える商品

　信託銀行には、親なき後に年金のような形で障害のある子の口座へ一定額を振り込むことができる「遺言代用信託」や「生命保険信託」といった商品があります。ただし、税の優遇措置があるわけではありません。要件に該当すれば相続税や贈与税が課税されます。

② 家族信託

　信頼できる親族がある場合には家族信託（Q61）を両親が元気なうちに設定をするというのも1つの選択肢でしょう。しかし、ここでも内容によっては相続税や贈与税がかかることになります。

　①と②、ともに節税商品ではないことに注意してください。

　なお、精神障害者保健福祉手帳がない場合についてはQ52でも取り上げています。

---

1 直系尊属がその年の1月1日現在18歳以上の子や孫に贈与した場合の税率で計算。また、ほかに贈与はないものと仮定します。

2「家族信託®」は一般社団法人家族信託普及協会の登録商標です。

生前贈与と名義預金

Q60

利用者の父親から、「発達障害がある子ども（利用者）のために、子どもが小学生のときに子ども名義の預金口座を開設し、こつこつと積み立ててきた。ある程度まとまった金額になっているが、贈与税がかかるのか」と相談を受けました。このような親御さんは多いと思いますが、何か注意点はありますか。

A60

■贈与とは

贈与は当事者の一方が、ある財産を無償で相手方に与える意思を表示し、相手方が受諾をすることにより成立します（民法第549条）。

図 3-34　贈与の成立

意思表示
あげます

もらいます
受諾

注：赤岩作成、2022年

■名義預金とは

名義預金とは実際に預金している人とその口座の名義人が別人である預金のことをいいます。

名義人がその預金の存在を知らない場合には、「もらいます」という受諾もできませんので贈与ではありません。したがって贈与税もかかりません。

■名義預金の問題点

名義預金の状態で、父親がなくなったとします。図 3-35 の場合、母親と子どもが相続人です。名義預金である B 銀行預金は父親の財産として、ほか

の財産と合わせて相続財産になります。その際、協議をしてB銀行の預金を利用者に相続させることは可能ですが、金額によっては相続税がかかります。贈与税がかからない金額でこつこつ積み立て、うまく利用者に贈与したつもりが、意図しない結果になるのです。

図3-35　名義預金は相続財産になる

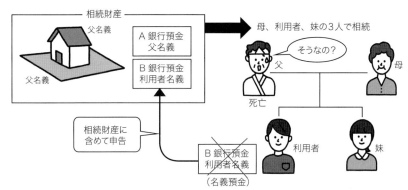

注：赤岩作成、2022年

■対策

　まずは名義預金に該当するかどうかを検討してください。名義預金に該当する場合は、積み立てた預金をいったん父親名義の口座へ戻し、改めて適切に贈与してはどうでしょうか。何年かに分けて1回の贈与を一定金額以下にすることで非課税にできる場合があります。

　利用者の金銭管理能力も考慮する必要があります。利用者が精神障害者保健福祉手帳を取得していれば、父親名義の口座へ戻したお金で特定贈与信託を利用することも可能でしょう。

　相続税や贈与税は高額になる場合があり、それぞれのケースによって、注意点も異なります。支援者自身で判断するのではなく、税務署や税理士に相談してください。

家族信託 ⋯⋯⋯⋯⋯⋯⋯⋯⋯⋯⋯⋯⋯⋯⋯⋯⋯⋯⋯⋯⋯⋯⋯⋯⋯⋯⋯⋯⋯⋯⋯

Q61

親が生前に、自分の財産の使い方や活用の仕方を決めておけば便利だと思います。例えば、金融機関の特定贈与信託に代わるような、使い勝手がよい制度はありませんか？ 家族信託®はその1つでしょうか？

A61

■遺言でできること・できないこと

障害がある子どもを抱える親は自身が退職を迎えたころから、漠然とした不安に苛まれることがあります。その多くは、子どもの将来に対する経済的不安です。同時に、障害がある子どもと、障害がないほかのきょうだいが、親がいなくても、互いがよい関係性で、協力して生活できるだろうかという不安でもあります。

特に、障害がある子どもと親が同居している場合は「親が元気なうちは一緒に住んで、親に介護が必要になったら施設に入り、親がなくなり、障害がある子どもが年をとったら施設に入れて、上手くいったら自宅を売却しよう」と計画するかもしれません。しかし、その計画を親が遺言を書いて、相続の際に実行しようとすると、それは簡単ではないことに気づくでしょう。

なぜなら遺言は、「親の財産の処分」までは実行が可能ですが、それ以降の「子どもに相続させた実家の処分」までは、親の代では準備ができないからです。

では、どうすれば「親の財産の処分」と「その後の子の財産の処分」までを、"いま"計画して、"将来"実行できるのでしょうか？

それができるのが「家族信託®」という制度です。

■家族信託®の可能性

家族信託とは財産管理の1つの方法で、資産をもつ人が「特定の目的に従って、保有する不動産・預貯金等の資産を信頼できる家族に託し、その管理・

処分を任せる仕組み[2]」で、家族が家族のために行う財産管理です。

例えば、父親がもつ財産を母親や子どもに渡すことは遺言では可能です。しかし、財産を管理する人を母親、長男と順番に指定して、最後は残余財産を長男に渡すという流れを、遺言では実行できません。

しかし、家族信託®ではそれが可能になります。障害がある次男のために資産をどう使うか、その管理に長男にどのようにかかわってもらい、次男がなくなった後に資産をどう処分するかまで決めることができます（図 3-36）。

図 3-36　家族信託®のしくみ

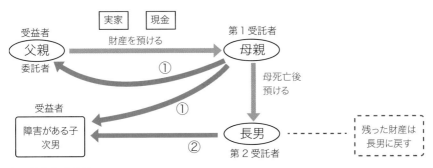

注：石川作成、2022 年

この場合、残った財産は、長男が生きていれば長男に、もしなくなっていたら長男の子どもにという資産継承も可能です。そのようなかかわり方をきょうだいでできれば、親なき後も、きょうだいが良好な関係性を築いていけるかもしれません。

家族信託®を、親なき後の対策に取り入れるケースも増えてきました。

熱意をもって家族信託®に取り組む司法書士や行政書士もいます。

なお、家族信託®を実行する場合、受託者である家族には報酬を支払う必要はありませんが、制度設計などにかかわる司法書士等には報酬が必要です。

---

1 「家族信託®」は一般社団法人家族信託普及協会の登録商標です。商事信託ではない信託の呼び名の1つです。
2 　一般社団法人家族信託普及協会「「家族信託®」の定義」(https://kazokushintaku.org/whats/)

12 将来に備える（心身障害者扶養共済制度）

心身障害者扶養共済制度

Q62

親なき後の備えとして心身障害者扶養共済制度というしくみがあることを知りました。どのようなメリットがあるのでしょうか？　また、心身障害者扶養共済制度に代わる保険商品はありますか？

A62

■公的な「親なき後」対策

　「親なき後の不安」のベースにあるのは子どもが老後も生活できる資産を形成できるだろうか、子どもに無駄使いをさせることなく「資産寿命」を長引かせることができるだろうか、ということです。その2つの不安を解消できる制度が「心身障害者扶養共済制度」です。

　現金中心の財産を残すことが親なき後の経済的不安の除去につながります。また、親なき後、本人に「必要なお金を毎月渡す」しくみがあればベストではないでしょうか？

　仮に親がなくなった後に、本人が、30年間毎月12万円で暮らすとした場合、障害基礎年金（2級）から6.5万円、心身障害者扶養共済制度から2万円（一口）、残り3.5万円を現金で準備できればよいといえます。したがって、3.5万円×12か月×30年＝1,260万円を、親と本人が準備すればよいわけです。

　このように心身障害者扶養共済制度を活用することで、保険金や年金以外の「現金」をどのように準備すればよいかが明確になるので、本人の貯蓄計画を一緒に考え、不足しそうな額だけを親が準備すればよいことになります。

　また、年金が月単位で支払われるので、親なき後も本人がお金を管理しやすくなり、本人のお金の浪費を防ぐ効果も期待できます。

■生命保険との違い

では、一般的な生命保険では「親なき後」はカバーできないのでしょうか？

「親なき後」対策として、親が死亡したときから終身にわたり、お金が支払われるというしくみが必要になりますから、「いつなくなっても構わない」という保険商品でなければなりません。その意味ではフィットする死亡保険は「終身保険」になります。ただ、終身保険は保険料が手頃とは言い難いのと、解約して現金化できてしまうので、本来の「目的」つまり、「残された障害がある子への経済的支援」以外の使われ方をしてしまう心配もあります。

一方、心身障害者扶養共済制度については、その活用が「障害がある子どもにお金を残す」という本来の目的から外れることがありません。

■制度の特徴とメリット

保険料（掛金）の支払いが難しくなったときはどうでしょうか？　一般の保険商品の多くは、契約者が三大疾病にかかって所定の状態になる、障害状態になる場合に保険料の支払いが免除されます。他方、心身障害者扶養共済制度の場合は契約者が生活保護を受給するようになる、非課税世帯になるなど、世帯の家計がピンチのときに、掛金の免除や減免が行われます。

また、税制面では、掛金がすべて所得控除される、保険金を受け取る際にも課税されないなど、一般の保険商品とは異なる大きなメリットがあります。

なお、心身障害者扶養共済制度に基づき支給される年金は、生活保護を受給することになった場合でも、収入認定から除かれます。

また、民間の保険商品と保険料を比較をしたい場合は、まず「いくらを保険等で準備するか」を決めてから、保険商品の保険料を計算してもらい、心身障害者扶養共済制度で支払う予定の掛金総額と比較してください。そのうえで、どちらが親なき後の対策として適切であるか判断すれば、納得がいくと思います。

遺言書の作成 ···

Q63

遺言書は、誰でもいつでも作成することができるのでしょうか。また死後、親族の間でトラブルが起こらないようにするため、遺言書を残す場合の留意点を教えてください。

A63

■遺言能力があれば、誰でもいつでも作成可能

　15歳以上であれば、誰でも遺言書をつくることができます（民法第961条）。ただし、遺言書は、「遺書」（亡くなる直前に残す手紙）とは異なり、自身の遺産の処分等を、法的に有効な文書として残すものであり、有効性には注意が必要です。

　すなわち、遺言者に遺言能力があり、遺言者の意思に基づく内容であることが有効性の要件です。公正証書遺言の場合は、公証役場を訪問するか、公証人の出張を要しますが、自筆証書遺言の場合には、紙とペンと印鑑があればどこでも作成できます。ただし、自筆証書遺言は、形式要件の充足が要件となるため、注意が必要です。

■精神障害と遺言能力

　遺言能力は、年齢（15歳以上）だけでなく、その人の能力、状況に応じて、個別具体的に判断されます。精神障害があっても一般的に遺言能力が否定されませんが、精神障害の内容・程度によっては、有効性に問題が生じます。例えば重度の認知症で病院に入院しているような場合には、その遺言能力が

1　自筆証書遺言：遺言者が遺言書の全文、日付及び氏名を自分で書き（自書）、印を押して作成する遺言書をいいます（民法第968条第1項）。

否定される可能性が生じるため、遺言書作成には慎重さが求められます。

　具体的には、診断書の作成、遺言書作成時の立ち会いなど、医師（特に主治医）の協力があるとよいでしょう。

　成年被後見人は一般的には遺言能力は欠くとされます。自らが行った行為の結果生じる法的効果を理解する能力（事理弁識能力）がないといわれる状態として家庭裁判所の審判を受けているためです。「事理弁識能力を一時的に回復した」場合には、医師2名以上の立ち会いと承認のもとで遺言書を作成することができます（民法第973条）。もっとも、医師2名以上の立ち会いを確保することは容易ではなく、成年被後見人が遺言書を作成することは非常に難しいでしょう。成年後見制度の「保佐」「補助」の場合には遺言書を作成できる可能性が高まります。

■遺言書作成の目的の整理と新規作成

　民法は、相続人の範囲や相続割合を定めています。相続人ではない人に財産を譲りたい場合には、必ず遺言書を作成しなければなりません（遺贈）。例えば、自宅は子どもに譲るが、預金の一部はNPO法人に寄付したいというような希望がある場合、その内容を遺言書に記載する必要があります。

　子どもがいない夫婦の場合には、夫が妻に、妻が夫に、全部譲りたいと思っていることも少なくありませんが、遺言書がなければ、民法上、故人の親やきょうだいも共同相続人となります。紛争予防のためにも、遺言書作成を検討しておくとよいでしょう。また、作成後に時間が経過し、状況や気持ちが変わった場合には、新しい遺言書を作成します。遺言書は何度でも作成可能で、新しいものが有効となります。

遺言書作成の留意点

Q64

どのようなことを遺言書に書けばよいのでしょうか。遺言書を作成すると日常生活に影響がありますか。
また、持病が悪化するなど、生死をさまよう状態になった場合、遺言書をつくることができません。他の代用手段はありませんか。

Q64

■遺言の内容

　遺言の内容は遺産に限定されず、遺言で、認知をすることも、一般財団法人を設立することもできます。

　また、遺言書に「付言事項」として遺言者の思い（家族へのメッセージなど）を書いておくことも、とても有用です。

　さらに、遺言で、保険の受取人の変更を指定することができますし、生命保険の受取人を変更することも可能です（保険法第 44 条第 1 項）。ただし、生命保険の受取人は、通常、配偶者や 2 親等以内の血族（祖父母、父母、兄弟姉妹、子、孫など）に限定されています。

　これに対して、遺族年金の受取人を遺言で指定することはできません。年金も、保険制度の 1 つではありますが、貯金のように、自分が支払った保険料を将来受け取るという性質ではなく、現役世代が支払った保険料が、高齢者・障害者の年金給付にあてられるという「支え合い」の制度です。財産のように自由に処分できるものではなく、受給順位も定められています。なお、遺族厚生年金が支給される範囲は、亡くなった人によって生計を維持されていた人で表 3-38 に掲げる人です。

表 3-38　遺族厚生年金が支給される遺族の範囲と優先順位

順位	遺族	年齢要件
1	妻	年齢要件なし
	夫	死亡当時55歳以上で、支給開始は60歳（注）
	子	死亡当時18歳到達年度末まで、または20歳未満で障害等級1または2級の障害者
2	父母	死亡当時55歳以上で、支給開始は60歳
3	孫	死亡当時18歳到達年度末まで、または20歳未満で障害等級1または2級の障害者
4	祖父母	死亡当時55歳以上で、支給開始は60歳

注：「生計を維持されていた」とは将来にわたって、年収850万円（所得ベースでは655万5000円）以上の
　　収入を得られない状態をいいます。
　　夫は遺族基礎年金を受給中の場合に限り、遺族厚生年金も併せて受給できます。
　　妻に遺族厚生年金の受給権がある期間は、子に対する遺族厚生年金はその間、支給停止になります。また、
　　子に遺族厚生年金の受給権がある期間は、夫に対する遺族厚生年金はその間、支給停止になります。
　　東作成、2022年

■遺言書作成後の影響

　遺言書を作成した後も、日常生活に影響はありません。

　遺言書は、遺言時の思いを文書にしたものであり、その後、気持ちや生活環境が変わることも想定されます。例えば、不動産を特定の人に相続させる（または遺贈する）という遺言をした後に、その不動産を自由に処分しても構いません。

　注意を要するのは、家族構成が変わった場合です。遺言時にはいなかった新しい家族は、遺言の対象となっていないため、新しい家族にも遺産を残したいのであれば、遺言書のつくり直しが必要ですし、逆に遺したい相手が先に亡くなってしまった場合もつくり直す必要があります。

■遺言書を作成する時間的余裕がない場合の留意点

　急を要する場合には、「特別方式遺言」という方法があります。普通方式（民法第967条）によることが困難な場合に限定された簡易な方式で、死の

危険が迫っている場合の危急者遺言（民法第976条）と、限定された場所における隔絶地遺言（伝染病隔離者遺言：民法第977条など）の2類型があります。いずれも厳格な要件が定められており、利用にあたっては非常に高いハードルがあります。

　したがって、余裕がない場合には、公正証書遺言は難しくても、自筆で遺言を文書にしておくことが望ましいといえます。遺言者の思いを伝えることと紛争をあらかじめ防止することのバランスを図ることができるでしょう。

　形式要件を完全に満たしていない場合であっても、遺産分割協議で故人の意思を尊重する意味で、重要な資料になる可能性があります。

14 生活を支援する（家計管理・財産管理の支援）

家計管理 ···

Q65

生活困窮者自立支援制度には、家計管理の相談ができるサービスが
あると聞きました。家計管理の支援を受けるには、どこに相談すれ
ばよいのでしょうか？　また利用料の負担が心配です。

A65

■生活困窮者自立支援制度の概要

　生活保護制度が最後のセーフティネットとして機能していますが、生活困
窮者自立支援制度は「生活保護に至る前」の段階における支援（第2のセー
フティネットといわれます）を強化するために、制度化されました。

　生活困窮者自立支援法に基づく事業には、実施が義務づけられている「必
須事業」とオプションの「任意事業」に分かれます。多くの自治体が必須事
業と任意事業を組み合わせて相談体制をつくっています（表3-39）。

表 3-39　生活困窮者自立支援制度に基づく事業

必須事業	自立相談支援事業	複合的な課題を抱える生活困窮者を幅広く受け止め、包括的な相談支援を行い、自立に向けた支援計画を作成します。
	住居確保給付金の支給	離職等で住むところがない人、住むところを失うおそれがある人に、家賃相当額を有期で給付します。
任意事業	就労準備支援事業	就労準備支援事業と就労訓練事業を行うことで、仕事に就けるようにサポートします。
	一時生活支援事業	住居がない人などに対して、緊急的に一定期間、宿泊場所や衣食を提供します。
	家計改善支援事業	家計の立て直しを助言し、相談者が自分で家計管理ができるように支援します。
	子どもの学習・生活支援事業	生活困窮世帯の子どもを対象に学習支援などを行います。

注：すべての事業を必ず利用しないといけないわけではありません。自立相談支援機関で作成される「マイプラン」
　　に基づき、必要な支援を受けることになります。
　　石川作成、2022年

必須事業の１つである「自立相談支援事業」として、行政機関などが相談窓口を開設しており、困りごとや相談を受け付けています。窓口では、相談者に寄り添いながら、さまざまな困りごとの相談に応じるとともに、対応したほかの事業につなぎ、その人の自立に向けた「マイプラン」を作成していきます。

　その際、家計管理に課題がある場合は「家計改善支援事業」に、就労支援が必要な場合は「就労準備支援事業」につないでいきます。

■家計改善支援事業の活用

　毎月の収支がアンバランスな状態が続いてしまうと、病気や失業、親の介護などのアクシデントをきっかけに、借入を繰り返して多重債務になってしまう、貯蓄がなくなり生活保護を受けざるを得ないなど、思いもよらない事態になりかねません。

　そうした不安を感じた場合に、家計の見直しについて一緒に考え、家計の改善をサポートするのが家計改善支援事業です。

　このようなサービスをファイナンシャル・プランナーに依頼すると、１時間当たり 3,000 円〜 10,000 円の相談料が必要になるのが一般的です。生活に困りつつある人にとって、その相談料は、決して「気兼ねなく払える」ような額ではないでしょう。また、生きづらさを抱えた人の相談に対応できるファイナンシャル・プランナーが地域にいるとも限りません。

　家計改善支援事業にかかわる相談員は、家計に関する専門家であるだけでなく、さまざまな相談者に対応できるように専門の研修を受けています。また、プライバシーに配慮された相談室で相談できますから、他人の目を気にすることなく、相談することができます。相談料はかかりません（自己破産の手続きなどを外部の専門家に依頼する場合は、別途費用が必要になることがあります）。

　まずは、生活困窮者自立支援事業を所管している市町村の窓口に問い合せをし、その後、家計改善支援事業につながり、支援を受けることになります。

借金対応 ···

Q66

利用者は収入が少なく、消費者金融から借金もしているようです。自宅にたくさん督促状が届いていて、精神的にも不安定になっています。返済のあり方を含めて、教えてください。

A66

■債務整理の検討・支援

　生活を安定させるためにも、債務（借金）を整理することが必要です。消費者金融の金利は年18％に設定されていることが多く（利息制限法第1条）、例えば、100万円を借りて毎月分割払・1年間（12か月）で返済完了という場合には、合計10万円以上の利息を支払う必要があります。返済が滞るとさらに利息が上乗せされます。そのため、消費者金融1社から借金をすると、他社から借りて返済するという自転車操業に陥り、借金総額が大きく膨らむことが少なくありません。

　たとえ1社であっても、順調に支払いができないならば、債務整理を考えましょう。具体的には、任意整理・破産・民事再生を検討することが通常です。どの方法を選択するのがよいか、法律家から助言をもらうとよいでしょう。

　一応の目安として、3年間で完済できるか（毎月返済で36回払い）が指標となります。収入が安定しており、支払完了が見込まれるならば任意整理、そうでなければ破産や民事再生を検討するべきでしょう（表3-40）。

表 3-40　任意整理・破産・民事再生

	任意整理	破産	民事再生 (個人再生について)
内容	債務を返済する。分割払による計画返済合意書を作成することが通常。	裁判所が「免責」を決定すれば、債務返済免除となる。	裁判所が減額を認めた債務を返済する（通常は3年で分割）。
裁判所への申立	不要	必要	必要
メリット	財産を保持できる。一定の利息をカットできる。	返済義務を免れる。生活再建が期待できる。手続き終了後は旅行も転居も問題ない。	住宅ローン等以外の借金を大幅に減額できる。家など大事な財産を失わずに済む。
デメリット	借金元本は減額できないため、生活を圧迫する。	高額の財産を失う。免責決定を受けるためにも、生活の見直しが必要となる。一定の資格制限がある。	減額されたとはいえ返済義務は残るため、生活を圧迫する。
信用情報機関 (いわゆるブラックリスト) への登録	される。(※支払延滞等によりすでに登録されている場合が多い)	される。(※支払延滞等によりすでに登録されている場合が多い)	される。(※支払延滞等によりすでに登録されている場合が多い)
手続き費用	比較的安価	裁判所へ納める費用や弁護士等への依頼費用がかかる。	裁判所へ納める費用や弁護士等への依頼費用がかかる。
法テラス利用の可否	可	可	可

注：法テラスホームページを参考に東作成

破産手続き

Q67

利用者が、いらいらを解消するために、パチンコで浪費したり、ネット通販で必要のないものを購入したりしてしまいました。借金が大きく膨れ上がっていますが、浪費なので破産はできないのでしょうか。

A67

■免責不許可事由＝免責が認められない

パチンコや競馬などのギャンブル（賭博）を繰り返してしまうのであれば、「浪費」と評価される可能性が高いといえます。

破産手続きは、裁判所へ申し立てたうえで、裁判所から「免責決定」を受けなければ債務は免除されません。

浪費や賭博は、一般的には「免責不許可事由」です（破産法第252条第1項第4号）。「浪費」「賭博」にあたるかが問題となります。

裁判所は、免責判断において、財産、収入、生活環境等に照らして、そのお金の使い方が、金額、目的、時期などを検討して過度といえるかを考慮します。一言でいうと、バランスを欠いているかどうかです。

■破産手続きを諦めないで—浪費・賭博

破産は、それまでのお金の使い方を反省し、生活再建を図っていく手続きです。たとえ過去に問題を起こしてしまったとしても、人生はやり直しができます。借金を重ねた過去があっても、その人が十分反省し、同じようなことを繰り返さないと期待できるならば、破産・免責が認められるべきです。

免責不許可事由があると、法的にはいったんは免責が困難となります。しかし、そのような場合でも、裁判所が裁量で免責を認めることができます（破産法第252条第2項）。浪費や賭博をしたとしても、その事実をきちんとみつめて、その後そのようなことをしないという視点が重要です。反省は、行動に移すことが求められます。つまり、反省文を作成したり、収支バランス

が保たれた生活を相当期間積み重ねるなどの実績が重視されることもあります。

■現代社会特有の問題（アプリ課金・ネットショッピング）

スマートフォン（以下、「スマホ」）をもつ人が増加し、スマホで、ネットショッピング（買い物）、ゲーム課金、決済を利用する機会も広がりました。画面をタップするだけで簡単に課金や購入ができるという点で便利な反面、買い物依存やゲーム依存傾向がある場合には、お金を使っている現実的な感覚がないままに、いつの間にか債務が膨らむような事態も生じています。

また、依存状態では、「またしたい」という願望と、「してはいけない」という思いとで、本人も混乱しがちです。収支バランスの保たれたお金の使い方の経験（成功体験）を重ねながら、じっくりと、反省や生活の見直しを進めることが必要です。破産手続きも拙速に進めるのではなく、家計簿を継続してつけるなど、時間をかけて生活を見直す作業にすることが有用です。数年かかることも少なくありません。

■金額によっては任意整理を選択

適正な収支バランスで生活できるようになれば、本人が真に反省していると評価することができるでしょう。しかし、現実に生活全体を見直すことは容易ではありません。借金の金額が膨大とはいえない（自力回復を目指せる）場合には、任意整理を選択して、毎月一定額の返済を続けていくことも反省への第一歩です。

大切なことは、本人が自ら選び、努力すること、そして、続けることです。時間はかかるかもしれませんが、任意整理・破産・民事再生の、どの選択肢でも、本人が主体的に向き合い、自分の人生を改めてみつめ直すことが問われます。

離婚・親権

Q68

利用者は精神障害を抱えていて、十分な収入がありません。夫から離婚を迫られていますが、「収入がないこと」「精神障害があること」を理由に子どもの親権を諦めなければならないのでしょうか。

A68

■離婚による単独親権

親権とは、未成年の子に対してもつ、養育や保護（身上監護や財産保護）を内容とする権利や義務のことをいいます。

日本では、婚姻中は夫婦が共同で親権を行います（民法第818条第3項）が、離婚すると単独親権になります（民法第819条）。夫婦間の話し合いで離婚を成立させる協議離婚の場合は、話し合いでどちらが親権をもつか決めますが、話し合いがまとまらない場合には調停や裁判によって決められます。

裁判の場合には、子どもの福祉を尊重する観点で、表3-41に示す事情が総合的に考慮されています。不貞があった事実など離婚の有責性も考慮されることもありますが、特別に重視されるわけではありません。

表3-41　子の福祉で重視される事情

親側の事情	子側の事情
養育能力・経済力・居住条件 監護の継続性 愛情や監護の意思 心身の健康	年齢、心身の状況（乳幼児の場合は母が優先される傾向） 現状の尊重 子の意思

■精神障害の有無や収入は、判断の一要素

　病気や経済力は、子の福祉において検討される要素ではあるものの、1つの要素にすぎません。重要なことは、「子どもの利益」です。まずは「子どものために」「私が、子どもを育てていく」と自信をもってください。

　親権者にふさわしいかどうかは、子どもの養育ができること、例えば、子どもが健やかに生活するのに適した衣・食・住環境があることなどが最も重要です。生活保護世帯で子どもを養育している人がいるように、収入がなくても大きな問題ではありません。精神障害があっても、そのことのみが親権を否定する理由にはなりません。

　もっとも、病状が悪化して入院が続き、なかなか退院できない場合には、親が不在で子どもの生活が不安定となり、結果として親権者としては適切ではないと評価される可能性があります。また、いらいらして怒鳴り声を上げてしまう、精神不調で外出が困難、睡眠不足で昼夜逆転といった事情がある場合も同様です。

　実務上、裁判所は、子どもの現在おかれた状態・環境を維持すること（環境の継続性）を重視する傾向があります。

■状況が変われば、親権は変更可能

　いったんは父母の一方に親権が決められた後も、子どもの利益の観点からは、他方に変更すべき場合もあります。離婚後しばらくたった後、子どもが、親権者ではない一方の親のもとで同居しているという事案も少なくありません。実際に法律上の親権者を変更するためには、家庭裁判所に親権者変更の調停や審判を申し立てることが必要です。

コラム　面会交流（面接交渉）

　諸外国のほとんどは離婚後も共同親権制をとっており、日本でも共同親権に向けた見直しが検討されています。日本も批准する子どもの権利条約第9条が、子どもが意に反して親と分離されない権利を保障しているように、子どもの意思の尊重が不可欠です。

　そのため、仮に親権が認められなかった場合でも、面会交流（面接交渉）を実施していくことが肝要です。面会交流とは、離婚後に子どもを養育・監護していないほうの親が子どもと面会等を行うことであり、外泊を伴う場合もあります。親として有する当然の権利ともいえますし、一般的には、子どもの福祉にも適していると考えられています。「人格の円満な発達に不可欠な両親の愛育の享受を求める子の権利としての性質をも有するものというべき」と判断された例もあります。[1]

　離婚によって親権者となった親は、離婚した相手（元配偶者）に対する負の感情が先行するあまり、「子どもを会わせたくない」「子どもは会いたくないと言っている」という思考に陥りがちです。しかし、子どもは親とは独立した人格を有しています。子どもの意思を尊重することが重要です。離婚は夫婦間の問題であり、子どもに責任はありません。子どもが父や母の双方と定期的に面会し、親からの愛情を確認することは、子どもの福祉の観点からはとても大切なことといえます。1回だけでなく、継続して面会することで、信頼関係も再構築されていくことが期待できます。

　面会交流の実施方法が話し合いでまとまらない場合には、家庭裁判所の調停や審判を利用するとよいでしょう。

1　大阪家審（平成5年12月22日（『家庭裁判月報』第47巻第4号、44ページ、1995年））

弁護士相談

Q69

支援している利用者に、市役所の無料法律相談を勧め、一定の相談を受けましたが、前に進めません。利用者にお金がなく、弁護士に相談することができません。何かよい方法はないでしょうか。

A69

■弁護士に依頼する際の費用（原則有料）

弁護士は委任契約（民法第643条）に基づいて依頼者の依頼に関し業務を行います。原則として無料で弁護士に依頼することはできません。日本司法支援センター（法テラス）を利用する場合も、法テラスがいったん弁護士報酬を立て替えて弁護士に払うもので、法テラスへの分割返済が必要です。法テラスへの分割返済の猶予が認められた場合も、終了後に法テラスへ返済しなければなりません（生活保護等の場合には、終了時に免除される可能性があります）。

■弁護士費用の目安

弁護士費用に規定はなく、それぞれの事案や弁護士に応じて金額が決まります。法テラスを利用する場合は、金額がかなり低く設定されています（表3-43）。

■法テラスの有効活用

相談できる弁護士等がいなければ、法テラスへ相談することをすすめます。法テラスは、国が設置した法律援助機関で、弁護士の多くが法テラスに登録しています。知人弁護士に依頼して弁護士費用は法テラスを利用することもできます。まずは気軽に相談するとよいでしょう。

表 3-42　法テラス

電　　話：0570-078374　（IP電話からは電話：03-6745-5600）
通 話 料：固定電話からは全国一律３分9.35円（税込）
受付日時：平日９時から21時／土曜日９時から17時（日曜日・祝日は除く）
同一案件につき３回まで無料相談可能（収入要件あり）
生活保護受給中等の場合は、弁護士費用が猶予・免除となる可能性が高い

表 3-43　弁護士費用の目安

	破産	民事再生	離婚調停	離婚裁判	遺産分割	遺言書作成	成年後見申立	医療過誤訴訟	交通事故
着手金（注1）	20〜30万円	30〜40万円	20〜30万円	調停から移行時は+10〜20万円	30〜50万円	10〜30万円	10〜20万円	50〜100万円	10〜30万円
報酬金（注2）	0〜20万円	0〜20万円	20〜30万円 +養育費や財産分与等の獲得利益に応じた金額		獲得利益に応じた金額	なし 遺言執行も依頼した場合は追加	なし	50〜100万円 +獲得利益に応じた金額	獲得利益に応じた金額

法テラス利用の場合

	破産	民事再生	離婚調停	離婚裁判	遺産分割	遺言書作成	成年後見申立	医療過誤訴訟	交通事故
着手金（注1）	12万円（債権者数が増えると追加）	15万円	10万円から	調停から移行時は+15万円	手続や金額による。調停は12万円から	——	8万円	請求金額に応じる（例：1000万円以上請求する場合は22万円）	請求金額に応じる（示談交渉は8万円）
報酬金（注2）	なし	なし	養育費や財産分与等の獲得利益に応じた金額		獲得利益に応じた金額		なし	獲得利益に応じた金額	獲得利益に応じた金額

注１：着手金：弁護士に事案依頼した段階で支払います。結果に関係なく、不成功に終わっても返還されません。
　２：報酬金：事案が成功に終わった場合に終了段階で支払います。一部成功も含まれ、成功度合いに応じて金額
　　　が決まります。
　３：実費：裁判所へ納める費用、郵便代、コピー代や専門家依頼の鑑定料など。
　４：法テラスでは、遺言書の作成は対象とされていません。
出典：日本弁護士連合会「市民のための弁護士報酬ガイド（2008年アンケート結果版）」2009年

■法テラスの利用— 収入要件

　法テラスは経済的余裕がない人のための司法支援機関であるため、法テラスを利用するにあたっては、収入要件、資産要件が定められています。生活保護を受けている、収入は障害年金しかないといった場合には、問題なく法テラスを利用することができるでしょう。
　要件を満たしているかどうか確認したい場合には、法テラスのホームペー

ジからシミュレーションすることができます。[1]

■本人の相談意思が明らかでない場合—特定援助対象者法律相談援助制度

　客観的には法的支援が必要にもかかわらず、本人が弁護士へ相談する意識を欠いている場合も少なくありません。2018（平成30）年より、高齢・障害等で認知機能が十分でない人を対象に、福祉機関等の支援者から申し込みがあれば、弁護士・司法書士による自宅や入所施設等への出張法律相談（特定援助対象者法律相談援助制度）を行うことができるようになりました。この場合、相談申込は支援者からで構いませんので、まずは気軽に相談してください。

---

1 日本司法支援センター（法テラス）「要件確認体験ページ」
　（https://www.houterasu.or.jp/nagare/youkenkakunin/youken_check.html）

地域移行支援 ···

Q70

精神科病院から退院してアパートやグループホームで暮らすための流れやサービスについて教えてください。

A70

■退院前の準備

　精神科病院に長期入院している場合、自ら退院後はグループホームで暮らしたい、障害福祉サービスの申請をしたいという人はまれです。周囲のはたらきかけがあってはじめて退院に対する希望を口にしてもらえることが少なくありません。入院期間は長くはないものの、入退院を繰り返している場合も、入院中から退院後にかかわる支援者と一緒に退院準備を進めることで、退院後の生活を続けられやすくなります。

　退院を希望し、グループホームでの生活や一人暮らしをはじめるとしましょう。①住まい、②生活費、③日中の過ごし方、④困ったときの対処（クライシスプラン）が退院前に準備しておきたい要素です。

　退院準備が、携帯電話の契約からはじまることもあります。外出を繰り返しながら、不動産屋などでの家探しやグループホームの見学を行い、退院後の住まいを確保します。住まいが決まれば、日中に利用する場所（就労継続支援 B 型やデイケアなど）を見学し、退院後の生活のイメージを固めていくことになります。アパートに退院する人であれば、ホームヘルプや自立生活援助を利用するかもしれません。公的サービスを利用する場合、障害福祉サービスや介護保険サービスの申請をします。金銭管理に自信がない人であれば、社会福祉協議会が実施する日常生活自立支援事業を利用することがあるでしょう。住所が変わる場合、精神障害者保健福祉手帳、自立支援医療の変更手続きも必要です。経済状況によっては、退院のタイミングで生活保護

を申請することもあるでしょう。公的サービス以外に着目すると、一人暮らしのための家電や家具を購入し、入居日などのタイミングに合わせて配送する手配も必要です。電気、ガス、水道の開通・開栓の連絡を済ませておかないと、退院したものの、お湯が沸かせなかったということになりかねません。退院後に体調を崩したり、急に相談が必要になったりしたときの対処をあらかじめ話し合っておくことも大切です。

■地域移行支援とその特徴

　地域移行支援は、障害者の日常生活及び社会生活を総合的に支援するための法律（障害者総合支援法）に基づく指定一般相談支援事業所が、精神科病院や入所施設などからの退院・退所の一連の流れを、関係者と連携しながら支援するサービスです。精神科病院や入所施設などに入院・入所している人が対象で、入院期間による制限はありません[2]。支給決定期間は、6か月までとされていますが、更新が可能です。グループホームなどへの体験宿泊の費用を障害福祉サービス報酬として請求することができるため、費用を負担しづらい利用者にとって魅力です。

　本人に地域移行支援の希望があれば、市町村に申請します。退院先が決まっていなくても申請できます。その後に、障害支援区分の認定調査があります。なお、地域移行支援は、そのほかの障害福祉サービスと同様、併せて計画相談支援を利用することになります。

　地域移行支援を利用することで、退院先が定かでない状況でも、準備を進められます。どこで、どのように暮らしていくか、考えながら進めることができます。

---

1 岩上洋一、一般社団法人全国地域で暮らそうネットワーク『地域で暮らそう！ 精神障害者の地域移行支援・地域定着支援・自立生活援助導入ガイド』金剛出版、2018 年
2 精神障害者の場合、1 年以上の入院患者か入退院を繰り返している者という要件は、2018（平成30）年の事務連絡通知によりなくなりました。

16 将来に備える（成年後見制度・日常生活自立支援事業）

成年後見制度の手続き及びその後 ··

Q71

成年後見制度を利用すると、毎日の暮らしがかなり制限されてしまいそうです。本当によい制度なのですか。また、誰が後見人になるか不安です。

A71

■成年後見制度とは、本人の保護・支援と尊重を図る制度

　成年後見制度（2000（平成 12）年施行）は、それまでの民法上の禁治産・準禁治産制度（1898（明治 31）年施行）を大幅に見直し、従来の「本人保護」の理念と、「自己決定の尊重」「ノーマライゼーション」「残存能力の活用」という理念の調和を図ったものです。本人の状況に応じた柔軟で利用しやすい制度として活用されています。

　障害がある人の日常生活を見渡すと、家族・知人・友人が、本人に代わって、手続きを代行していることが少なくありません。例えば、知人が本人の銀行カードを利用して、ATM（現金自動預け払い機）で出金するなどしていますが、その知人は、法的に有効な代理権を有している（本人が手続きを依頼した）でしょうか。同居家族の場合は、財布が一緒という感覚で本人の財産を利用してしまい、本人の権利を侵害していることに自覚がない場合があります。

■成年後見制度利用開始後の毎日の暮らし

　成年後見制度利用開始後も、日常生活（スーパーでの買い物、電車・バスなどの公共交通機関の利用、若干の娯楽）などは問題なくできます。在宅生活の場合は、後見人等（成年後見人、保佐人、補助人）が生活費を本人に手渡し、本人（ホームヘルパーや家族を含む）がその生活費を使って生活する

という具合に運用されるなどしています。

　これに対して、ローン契約、通信販売、高価な電化製品の購入等は、日常生活とはいえないと考えられます。後見人等の同意なく、本人がした法律行為のうち、本人の生活にとって不適当といえるような場合は、後見人等が「取消」を主張して、契約を白紙に戻すことができます。

■後見人等になるための資格は不要（家族・知人の可能性）

　後見人等になるための資格は要りません。以前は、家族が後見人等に選任されるケースも多くありましたが、家族の高齢化や横領事件が多発したこと（大きく報道されていませんが、後見人等による横領の9割が親族による）などを背景に、現在は、第三者が選任される割合が約8割を占めています。第三者の内訳は、順番に、司法書士、弁護士、社会福祉士の三職種が多いと報告されています。

　信頼関係があれば、専門職ではない知人等を候補者として申し立てることもできますが、関係する親族からその候補者に対する反対意見が出された場合には、候補者以外の第三者が選任される傾向にあります。

　また、本人に多額の預貯金がある場合には、横領防止の観点から、「後見制度支援信託」として信託銀行が一定の預金を管理する制度も導入されています。

---

1 最高裁判所事務総局家庭局「成年後見関係事件の概況」

成年後見制度の意義 ···

Q72

成年後見制度の利用を考えています。精神障害や発達障害があり、精神障害者保健福祉手帳2級を所持している場合、どの類型になりますか。利用の手続きを教えてください。また、後見人等の報酬はどの程度になりますか。家族が報酬を受け取ることはできるのでしょうか。

A72

■成年後見制度利用の手続き

　成年後見制度は取引経済にかかわるため、取引相手にとっても不測の事態になりえます。「後見人／保佐人／補助人」と名乗るだけでは足らず、正式手続きとして裁判所の審判を受けていることが必要となります。

■後見・保佐・補助の3類型

　成年後見制度は、本人の判断能力の程度に応じて、「後見」「保佐」「補助」の3つの類型に分かれます。3つのうち、どの類型になるのかは、医師の作成する診断書（家庭裁判所所定の様式）によって決められることがほとんどで、精神障害者保健福祉手帳の等級とは無関係です。「後見」「保佐」「補助」の主な違いは次のとおりです（図3-37）。

図 3-37　成年後見制度の概要

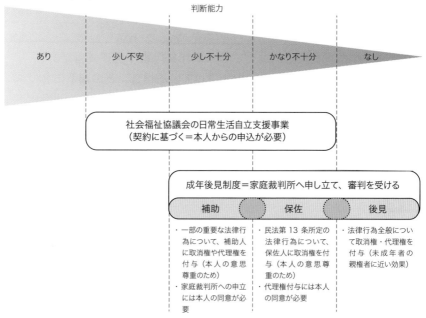

注：東作成、2022年

表 3-44　「民法第 13 条第 1 項各号」が定める行為

① 貸金や賃料などを受領すること、貸金や預金をすること（例：預金取引）
② 借金をしたり、保証人になること
③ 不動産その他重要な財産を売却・購入等すること
④ 訴訟行為を行うこと
⑤ 贈与や和解、または仲裁契約をすること
⑥ 相続を承諾したり放棄したりすること、または遺産の分割をすること
⑦ 贈与や遺贈の申し出を断ること、または負担付きの贈与もしくは遺贈を受けること
⑧ 新築、改築、増築または大修繕を行うこと
⑨ 民法第602条（短期賃貸借）に定められた期間を超える賃貸借契約を結ぶこと
⑩ ①～⑨に掲げる行為を制限行為能力者（未成年・成年被後見人・被保佐人及び第17条第 1 項の審判を受けた被補助人をいう）の法定代理人としてすること

注：東作成、2022年

■後見人等への報酬

「本人の支援」といっても、ボランティア活動とは異なります。基本的には、後見人等（成年後見人、保佐人、補助人）の業務に対して家庭裁判所が決定した報酬を支払います（表3-45）。家族等が後見人等を務めている場合にも、報酬を受け取ることができます（専門職の場合と金額が異なる可能性があります）。通常は、後見人等が1年に1回（本人の誕生月を基準）、「定期報告書」を裁判所へ提出する際に報酬付与の申し立てを行い、これに対して裁判所が報酬額を決定します。

報酬額は、裁判官が、対象期間中の後見等の事務内容（財産管理及び身上監護）、後見人等が管理する被後見人等の財産の内容等を総合的に考慮して、「適正妥当」と考える金額を算定しますが、財産額が重視される傾向にあります。また、裁判所は「適正妥当」と思っても、本人や家族にとっては高額に感じられることも少なくありません。報酬を支払うという点が、本人や家族等から制度を批判される要因にもなっており、成年後見制度の抜本的見直しを求める声も根強くあります。

もっとも、財産が少なく収入も限られているにもかかわらず本人がお金を使いすぎてしまうような事案こそ、支援の必要性が高く、後見人等の活動量も多くなりがちです。市町村が独自に「報酬助成制度」を設けている場合もあるので、報酬を課題として利用を躊躇している場合には、本人が住んでいる市町村の報酬助成制度の有無を調べてみるとよいでしょう。

表3-45　報酬額の目安

基本報酬	管理財産	〜1,000万円の場合	月額2万円
		1,000〜5,000万円の場合	月額3〜4万円
		5,000万円を超える場合	月額5〜6万円
付加報酬	身上監護等に特別困難な事情があった場合		基本報酬額の50%相当内
	裁判や不動産売却等の特別業務があった場合		活動内容や獲得利益を考慮した額

注：東京家庭裁判所「成年後見人等の報酬額のめやす」（平成25年1月1日）を参考に東作成

成年後見制度の手続き及びその後

Q73

支援している利用者の家族に、後見人等に対する不満がある場合、後見人等の解任や変更はできるのでしょうか。

A73

■解任・辞任は限定的

後見人等（成年後見人、保佐人、補助人）との信頼関係が構築できないというだけでは、解任は困難です。

後見人等は、家庭裁判所の審判に基づいて業務を行っています。本人（依頼者）に雇われたというような立場ではないため、通常の弁護士との委任契約のように、合意で解約できるような性質ではありません。

また、裁判所は、後見人等に対して、本人の財産を適切に管理することを大きな責務として期待しています。本人や支援者が「後見人が会いに来てくれない」などの不満を感じている場合であっても、財産管理が適切に行われており、裁判所への定期報告も問題なく実施されていれば、後見人等としての適格性が欠けるとは判断されない傾向にあります。逆に、後見人等自身が本人とのコミュニケーションが上手くいかないと悩み、辞任を申し立てたとしても、「上手くいかない」という理由だけでは裁判所が辞任を認めない傾向にあります。

人間同士の付き合いは、いいときもあれば上手くいかないときもあるのが通常ですから、裁判所としては、一時的な感情を前提に辞任・解任を認めるわけにはいかないと考えているようです。まずは話し合いにより互いの誤解等が改善され、関係再構築を図ることが望ましいといえるでしょう。

■解任・辞任の可能性

財産管理が適切でも、後見人等と本人との信頼関係が完全に破綻しているというような場合には、申し立てにより、解任や辞任が認められる場合があ

ります。解任・辞任やむなしという場合には、いつ何があったかを記録として残して関係資料等をそろえておくことが必要です。

　もっとも、後見人等と次の候補者等が協議したうえで交代するという場合で、裁判所が次の候補者の適格性に問題がないと判断すれば、後見人等の変更は比較的スムーズに認められます。

日常生活自立支援事業の範囲

Q74

支援している利用者は、精神障害者保健福祉手帳2級を所持しています。これまでは同居する親が利用者の通帳を含めて財産を管理していましたが、親が高齢になり認知症が疑われる状況になってきました。このような場合に日常生活自立支援事業の利用は可能でしょうか。

一方、精神障害のある利用者と暮らす認知症の親の財産管理について、日常生活自立支援事業の利用は可能でしょうか。

A74

■日常生活自立支援事業（財産管理）の利用

日常生活自立支援事業は、認知症の高齢者や知的障害者・精神障害者など、判断能力が不十分な人の福祉サービス利用を支援するための制度で、民法の成年後見制度を補う役割を担っています。

そのため、同居する家族がいる場合でも、その同居親族のサポートが十分期待できない場合には、社会福祉協議会が運営する日常生活自立支援事業の利用が可能です。

家族は、お財布が一体と考えがちです。家族側の都合を優先して買い物をしてしまうなど、適切な管理といえない場合も少なくありません。

そもそも、成人した子の財産を同居家族が管理すること自体が、法的には適切でないことも少なくなく、本人の財産管理能力に支障がある場合は（計画性がなく使いすぎてしまう、必要な物品を購入する能力がない等）、成年後見制度や日常生活自立支援事業の利用が望ましいでしょう。

■日常生活自立支援事業の利用条件

もっとも、日常生活自立支援事業は、国（厚生労働省）が、都道府県の社会福祉協議会に委託して展開しているサービスであるため、限られた資源・

予算を背景に、一定の利用条件が求められています。利用希望者も多く、すぐに利用が始められるわけではありません。具体的な利用条件はそれぞれの社会福祉協議会の判断に委ねられますが、例えば、家族等の適切な支援が受けられるのならば利用の対象とされないことが通常です。

　同居する親が財産管理が可能であったときであれば、利用の対象外とみなされてきた可能性がありますが、親による財産管理が困難となった場合は、利用対象といえます。

■認知症の親の財産管理

　誰かの財産を管理するには、管理内容・方法が適切でなければなりません。法的には、管理者は、報告義務等を課される立場でもあります。子どもに障害がある場合、その障害特性ゆえに適切に管理する能力がない場合や報告義務を履行できない可能性が考えられます。実際、親と障害がある子の世帯で、高齢の親が認知症となり、障害がある子が親の老齢年金を管理しはじめるケースが少なくありません。しかも、子が、親（第三者）の財産管理に際して負う重い責任を理解できずに、自分のために使ってしまう場合もあります。

　同居する家族といっても、一人ひとり財産権は独立しています。子には、（親が真に希望している場合を除いて）親の財産内容を知る権利も、親の財産を使う権利もありません。使い込みは横領罪になるかもしれませんし、財産管理権を委ねられていないのに勝手に使った場合（判断能力を欠く場合を含む）には窃盗罪になるかもしれません。

　「同居しているから」というだけではなくて、誰が管理するべきか（法律上及び道義上の適否）という観点から、財産管理者を選定することが必要です。障害のあるなしにかかわらず、第三者（親も含む）の財産を管理することは例外的と考えておくとよいでしょう。

コラム 成年後見制度と日常生活自立支援事業のどちらを利用するべきか

　日常生活自立支援事業は、あくまで契約を前提とした制度であり、契約能力の存在が前提となります。そのため、法的な判断能力が不十分であるものの一定程度認められる（保佐・補助相当）ならば利用できますが、判断能力を欠く状態にある（後見相当）場合には利用できません。

　また、「日常生活」の範囲を超える多額の資産（預金など）は、社会福祉協議会の保管が認められないことが通常です。契約ですから、いつでも解約（止めること）もできます。

　一方、成年後見制度は、後見・保佐・補助のいずれの場合も、いったんスタートすると、自己の判断で止めることはできません（障害状態が回復した場合を除く）。どちらの制度がよいかはケースバイケースです。本人、周囲の支援者等で相談し合い、慎重に検討するとよいでしょう。

17 制度を利用するために（精神障害者保健福祉手帳）

申請方法・更新のための費用 ···

Q75

精神障害者保健福祉手帳には、いくつかの申請方法があると聞きました。どのような申請方法があるのでしょうか。診断書作成料を抑えるなどの手立てはないでしょうか。

A75

■精神障害者保健福祉手帳の３つの申請方法

精神障害者保健福祉手帳（以下、「手帳」）は、次の方法で申請できます。なお、障害年金を受給していない場合は、医師の診断書を添えて申請します。

■障害年金の証書等を利用し診断書作成料を軽減

障害年金を受給している人は、障害年金の証書等の写しで、手帳の申請ができます。障害年金の等級が１級の場合は手帳も１級、障害年金の等級が２級の場合は手帳も２級、３級の場合は３級というように、障害年金の等級が手帳の等級として判定されます。この方法であれば、手帳の申請前に、判定される等級の予測が可能なので、新規申請の場合、利用できるサービスの見通しが立てやすくなります。更新の場合、すでに受けているサービスが利用できなくなる心配がないので安心です。また、障害年金の証書等を活用しますので、診断書作成料がかかりません。出費を減らすことができます。

添付書類として必要なものは、障害年金の証書、年金裁定通知書及び直近の年金振込（支払）通知書の写し、または特別障害給付金受給資格者証（特別障害者給付金支給決定通知書）及び直近の国庫金振込通知書（国庫金送金通知書）の写しです。また、日本年金機構等の年金の機関に等級を照会することへの同意書も必要です。障害年金の証書等の写しで申請する場合、日本年金機構に照会するため、交付まで時間を要することがあります。

なお、行政機関の間で個人番号（マイナンバー）を活用した情報連携が行われている場合、個人番号（マイナンバー）の記載によって、年金証書の写しを添付することが省略できるようになりました。

　また、障害年金の支給理由が「知的障害」の場合は、手帳に等級が移行されません。障害年金の証書では、障害年金の種類が、精神障害なのか知的障害なのか、見分けることはできないので、曖昧な場合は、年金事務所で確認する必要があります。

　障害年金の証書は、初回受給時のみに交付されるためか、紛失している人が多くみられます。その場合、証書の再発行をすすめます。再発行の書式はインターネットからダウンロードできます。基礎年金番号かマイナンバーを記入します。基礎年金番号がわからない場合は、年金手帳で確認するほか、年金事務所や市町村役場で確認もできます。障害年金の障害状態確認届診断書の写しがある場合、それにも基礎年金番号が記載されています。

■診断書で申請

　医師が作成する診断書を添えて、申請をします。都道府県の精神保健福祉センターが、診断書の内容をもとに等級の判定を行い、手帳が交付されます。判定に時間がかかるイメージがありますが、障害年金の証書等で申請する場合よりも、交付に時間がかからないといわれています。もちろん、障害年金を受給している場合も、診断書で手帳の申請はできます。ただし、障害年金の等級とは連動しませんから、障害年金の等級よりも、手帳の等級が上がることもあれば、下がることもあります。同じ等級になることもあります。

■自立支援医療と同時に申請で診断書作成料を軽減

　自立支援医療（51頁）を申請する場合は、手帳と同時に申請ができます。その場合、手帳の申請に必要な診断書を優先して作成します。手帳の診断書も、自立支援医療の診断書も2年に1回必要ですから、手帳と自立支援医療を同時に申請することにより、診断書作成料が2年に1度、1通分になり、出費を減らすことができます。申請する「手間」が1度で済むこともメリットです。

■生活保護の「検診料請求書」で自己負担軽減

　なお、生活保護の場合は、福祉事務所が診断書作成料を負担することがあります（Q27）。

■診断書作成料

　診断書作成料については、医療機関が独自に定めています。したがって、A病院では6,600円、B病院では2,200円というように倍以上異なる場合もみられます。

　なお、医療機関に勤務する支援者は、自院の定める診断書作成料にも疑問をもつことも重要で、初回作成の診断書と2回目以降の診断書作成料に差異をつけるなどの見直しを提言することも、利用者の利益につながるでしょう。

コラム 精神障害者保健福祉手帳をめぐる豆知識（更新、顔写真、性別欄）

■精神障害者保健福祉手帳の更新を忘れていた場合

　精神障害者保健福祉手帳（以下、「手帳」）の更新を忘れていた場合、有効期限の経過後であっても、2年以内であれば更新の申請ができます。なお、手帳は 遡 って更新されることになりますが、多くの場合、手帳によって支給される社会制度やサービスは、遡って認められません。忘れずに更新することが重要です。

■顔写真の貼付は絶対に必要か？

　1995（平成7）年の手帳の創設当時は、手帳に顔写真を貼付する欄はありませんでしたが、写真がないために、本人確認が困難である、公共施設等の割引などの支援の協力を得にくいという実態があり、2006（平成18）年10月から、顔写真の貼付欄が設けられました。

　その後、2019（平成31）年の精神障害者保健福祉手帳制度実施要領の改正により、写真の表示について「手帳には、当該手帳の交付を受けた者の写真を表示するものとする。ただし、申請者が写真の表示に応じられない場合は、写真の表示がないことで受けられるサービスに差異が生じることがあり得ることを説明した上で、やむを得ない理由がある場合として、写真を表示しないこととすることは差し支えない」とされました。写真を貼付しない場合、手帳の写真欄に「写真貼付なし」と表示されます。

　手帳は、顔写真を貼付したうえで交付されることが圧倒的に多いようですが、支援者は、顔写真の貼付は選択できること、顔写真がないことでサービスを受けられないことがあることを、丁寧に説明したほうがよいといえます。

■性別欄

　制度施行時からあった性別欄が、2014（平成26）年4月から削除されています。

申請方法・更新のための費用 ···

Q76

自立支援医療を利用している人が精神障害者保健福祉手帳の申請を
考えています。1つの診断書で、精神障害者保健福祉手帳と自立支
援医療の申請ができると聞きました。申請のタイミングがずれてい
る場合、どのようにすればよいでしょうか。

A76

■精神障害者保健福祉手帳と自立支援医療を同時に申請する場合

　精神障害者保健福祉手帳（以下、「手帳」）と自立支援医療（精神通院医療）
の申請を同時に行う場合、手帳の申請に必要な診断書をもって、自立支援医
療（精神通院医療）にかかる診断書に代えることができます。したがって、
自立支援医療の診断書を作成する必要はありません（Q75）。申請書はそれ
ぞれ作成する必要がありますが、1枚の診断書で、2つの申請ができるので、
診断書作成料の出費軽減につながります。2年に1度1枚の診断書で済みま
す。

　手帳の申請は、障害年金の証書の写し等でも可能ですが、年金証書では、
精神通院医療の必要性を判断できないため、手帳の交付を年金証書の写し等
で行う場合は、自立支援医療の診断書は必要になります。

■手帳の所持者が、自立支援医療の新規申請を行う場合

　手帳を所持している場合は、手帳の写しや手帳の診断書の写しで、自立支
援医療の新規申請ができる自治体があります。その場合、自立支援医療の診
断書を新たにつくる必要はありません。ただし、手帳を、障害年金の証書等
ではなく、診断書で申請した人に限ります。年金証書では精神通院医療の必
要性が判断できないからです。

1　自治体によって、事務手続きが異なります。回答に示した申請方法は一例です。

なお、手帳や手帳の診断書の写しで自立支援医療費を申請した場合は、2回目以降の更新申請の手続きの際は、診断書の提出が必要です。また、「高額治療継続者（重度かつ継続）」として申請する場合も、別途、診断書の添付が必要です。

■手帳と自立支援医療の異なる有効期限を合わせる場合

　手帳、自立支援医療証それぞれの有効期限が異なるケースがあります。その要因は、それぞれの初回の申請のタイミングがずれているからです。その場合、2年に1度それぞれの診断書を作成しなければならないため、出費増につながってしまいます。そこで、両方の有効期限の終了日を合わせることができます。その場合、自立支援医療の有効期限を短縮して、手帳の有効期限終了日に合わせます。また、自立支援医療の有効期限の短縮は、手帳の有効期限が残り1年未満である場合に適用されます。

■すでに自立支援医療を利用している人が手帳を申請する場合

　自立支援医療を先に利用し、後から手帳の申請をする場合は少なくありません。申請日の条件のない自立支援医療に対して、手帳は精神障害にかかる初診から6か月を経過しなければ申請できないからです。その場合は手帳用の申請書と診断書、自立支援医療用の申請書を同時に提出します。利用中の自立支援医療は期限が短縮した形となり、有効期限を合わせることができます。

■手帳の初診日

　初診日とは、精神障害にかかる初診日のことをいいます。例えば、初診が脳神経外科で、現在、精神科に受診している場合、脳神経外科の疾病に相当因果関係があると認められれば、脳神経外科が初診となります。幻聴があって最初に耳鼻咽喉科を受診する場合も多くみられますが、それも同様です。初診日が必ずしも精神科とは限らないのです。

■支援のポイント

　障害年金の初診日の特定は、保険料納付要件の確認のために欠かすことができません。多くの支援者がその重要性を理解していると思います。一方、精神障害者保健福祉手帳（以下、「手帳」）の初診日は障害年金のように受給の可否に影響がないため、軽視される傾向にありますが、実はとても重要なのです。なぜなら経済的支援に直結するからです。

　初診日から6か月が経過していれば手帳の申請ができますので、医療費助成の対象に該当すれば、すぐに給付を受けられます。初診日から1年6か月が経過していれば、手帳の等級によって生活保護の障害者加算の対象となります。65歳以上ならば後期高齢者医療にも加入でき、保険料や受診時の自己負担も変わります。同時に医療費助成の対象になることもあります。例えば、認知症で神経内科に受診したことのある経過を確認せずに、精神科を初めて来院したときを初診としてしまうと、そこから6か月経過しなければ手帳の申請はできません。すべての社会制度の利用のスタートが遅れてしまいます。

　したがって、支援者は安易に精神科の初診を初診日として判断するのではなく、過去の受診歴をしっかり調査し、初診日の診立てについて、医師と丁寧に話し合うべきです。医療と社会制度の橋渡しは、支援者の役割といえます。

申請方法・更新のための費用 ·····································

Q77

知的障害を伴う発達障害がある人の場合、療育手帳を申請することになるのでしょうか。療育手帳とその手続き方法を教えてください。また、知的障害と発達障害の診断の境目がよくわかりません。精神障害者保健福祉手帳と療育手帳は、両方申請できるのでしょうか。

A77

■知的障害（知的能力障害）とは

知的障害(知的能力障害)は、①知的能力が低いこと（知能検査で知能指数（IQ）が平均より明らかに低い状態）、②適応機能が低いこと(運動機能、コミュニケーション、仕事、金銭管理、家事や育児、余暇活動等日常生活に支障がある)、③おおむね18歳未満の発達の段階で①②が現れていることとされています。

①の知能検査における知的障害は、おおむね最重度がIQ20以下、重度がIQ21〜35、中等度がIQ36〜50、軽度がIQ51〜70の4段階に分類されます。しかし、この数字はあくまでも目安であって、支援を必要とする度合い、地域環境や文化、社会性などの生活全般の他の要素を考慮し判定されます。なお、ICD（疾病及び国連保健問題の国際統計分類）の知的障害の分類では、軽度精神遅滞がおおよそIQ50〜69の範囲とされています。一方、DSM(アメリカ精神医学会の「精神障害の診断と統計マニュアル」）では、軽度精神遅滞のIQは50〜55からおおよそ70とされています。

■療育手帳とその申請

療育手帳の障害の程度及び判定基準は、重度（A）とそれ以外（B）に区分されています。重度（A）の基準は、①知能指数がおおむね35以下であって、「食事、着脱衣、排便及び洗面等日常生活の介助を必要とする」「異食、興奮などの問題行動を有する」のいずれかに該当する者、②知能指数がおお

むね 50 以下であって、盲、ろうあ、肢体不自由等を有する者とされています。重度（A）以外が、（B）の基準になります。IQ の上限を 70 ないし 75 に設定している自治体が多いようです。なお、交付自治体によっては、独自に重度（A）とそれ以外（B）を細分化している場合もあります。

療育手帳の申請に、受診歴や年齢は問われません。20 歳を超えていても申請できます。知的障害がある人またはその保護者が、市町村の担当課または管轄の福祉事務所に申請書を提出します。申請にあたって必要になるものは、縦 4 cm×横 3 cm の顔写真、本人確認ができるもの、母子手帳や過去の学業の成績がわかるものなどです。次に、児童相談所や障害者更生相談所等からの連絡を受け、児童相談所等に出向き判定を受けます。ここが精神障害者保健福祉手帳とは大きく異なる点です。

療育手帳は、申請先や申請にあたって必要になるものが自治体によって異なるため、事前に市町村の担当課に問い合わせるとよいでしょう。

■発達障害と診断名

発達障害は、発達障害者支援法により、「自閉症、アスペルガー症候群その他の広汎性発達障害、学習障害、注意欠陥多動性障害、その他これに類する脳機能の障害であって、その症状が通常低年齢において発現するもの」と定義されています。

ICD と DSM では、診断基準と呼び方が異なっていますが、2013（平成 25）年に出版された DSM-5 では、広汎性発達障害（PDD）という診断名が自閉スペクトラム症（ASD）に変更され、自閉症だけでなくアスペルガー障害も自閉スペクトラム症（ASD）に含まれました。学習障害（LD）は限局性学習症（SLD）に、注意欠陥多動性障害（ADHD）は注意欠如・多動症に、さらに発達障害自体も神経発達症群と名称が変わりました。これらは DSM の診断基準を利用する医療機関で用いられます。なお、ICD も、DSM-5 に準拠した診断基準に変わるようです。

医療でも福祉の現場でも、従来の呼び方と新しい呼び方、さらに DSM と

ICDの診断名が混在しているため、名称だけでもわかり難い状況になっています。しかし支援者は、その名称よりも発達障害の「状態」に着目したいところです。発達障害は、人としてのタイプや個性として捉えることが重要になります。しかし、その度合いが極端であり、障害といえるほど日常生活に支障をきたしているようならば、手帳を取得して一定の障害の状態にあることを証明し、さまざまな支援や福祉的配慮が受けられる環境にすべきです。

■療育手帳と精神障害者保健福祉手帳の判断

　発達障害がある人は、現行制度では精神障害者保健福祉手帳の申請をします。発達障害がある人は、知能指数の高い人も多く、一方で、知的障害を併せもつ場合もあります。後者の場合どちらの手帳が適当なのか悩むことも多いと思います。

　療育手帳と精神障害者保健福祉手帳の判断に悩むときは、医師と相談し、知能検査や心理検査によってどちらの手帳が適当なのか、診立ててもらいます。発達障害と知的障害を併せもつことがわかれば、両方の手帳の申請ができます。

■療育手帳の知能検査を活用する支援

　知的障害がある人が障害年金の請求をする際、障害年金の診断書に知能指数を記載しなければなりません。療育手帳をすでに所持しているのであれば、支援者は本人と児童相談所等に知能検査の結果を照会することで、本人は何度も検査を受けずに済み、精神的負担が軽くなります。支援にあたっては、そのような配慮や調整も必要になるでしょう。

対象範囲と特徴 ···

Q78

精神障害者保健福祉手帳の対象疾患である中毒精神病、器質性精神障害といった疾患と、それら精神障害の判定方法について教えてください。

A78

■精神障害者保健福祉手帳の等級判定基準

　精神障害者保健福祉手帳における障害等級の判定は、①精神疾患の存在の確認、②精神疾患（機能障害）の状態の確認、③能力障害（活動制限）の状態の確認、④精神障害の程度の総合判定という順を追って行われ、「精神疾患（機能障害）の状態」と、それに伴う「能力障害（活動制限）の状態」の両面から、総合的に判定されます。

■精神疾患（機能障害）の状態

　「中毒精神病」には、アルコール等の嗜好品だけでなく、覚醒剤、コカイン、向精神薬等の医薬品等、法的に使用が制限されている物質による障害も含まれます。これら精神作用物質の摂取によって引き起こされる精神及び行動の障害が該当します。

　また、「器質性精神障害」は、先天異常、頭部外傷、変性疾患、新生物、中毒（一酸化炭素中毒、有機水銀中毒）、中枢神経の感染症、膠原病や内分泌疾患を含む全身疾患による中枢神経障害等を原因として生じる精神疾患であって、従来、症状精神病として区別されていた疾患を含む概念です。なお、高次脳機能障害や初老期、老年期に発症するアルツハイマー型認知症と血管性認知症なども、器質性精神障害に含まれます。

■能力障害（活動制限）

　能力障害（活動制限）の状態は、精神疾患（機能障害）による日常生活あ

るいは社会生活の支障の程度について判断するものです（Q6）。

　なお、保護的環境ではない場合を想定し、年齢相応の能力と比較のうえで判断します。さらに、日常生活あるいは社会生括において「援助」が必要な場合、その「援助」は助言、指導、介助等をいいます。[1]

1「精神障害者保健福祉手帳の障害等級の判定基準について」（平成7年9月12日健医発第1133号）

精神障害者保健福祉手帳とサービス

Q79

精神障害者保健福祉手帳を所持していれば、ホームヘルプ、グループホーム、就労支援のサービスを利用できますか？ 何か申請が必要でしょうか？ 他の制度やサービスとの関係についても教えてください。

A79

　障害年金、自立支援医療と障害福祉サービス、精神障害者保健福祉手帳（以下、「手帳」）は、それぞれ別の法律で定められ、異なる歴史があり、制度同士の関係がわかりづらくなっています。手帳と他の制度との関係を表3-46に示します。

表3-46　精神障害者保健福祉手帳と他制度との関係

障害者手帳	自立支援医療（総合支援法）	障害年金（国民年金法、厚生年金保険法）	障害福祉サービス（総合支援法）	移動支援（総合支援法による地域生活支援事業）	自治体独自の医療費助成（自治体の条例）	障害を理由とする税の減免（税法）	民間における障害を理由とする運賃や料金割引など
未所持	・申請可能	・申請可能	・申請可能	・自治体によって異なる。 ・自立支援医療受給者は利用可能な自治体もある。	・基本的に不可	不可	・基本的に不可 ・一部の携帯電話会社は自立支援医療受給者証で割引の適用が可能
所持	・申請可能 ・申請のタイミングがあれば自立支援医療と手帳それぞれ必要な診断書が1通で済む	・申請可能（等級によらない）	・申請可能（等級によらない）	・申請可能（等級によらない）	・申請可能（等級により内容が異なる）	・申請可能（等級により内容が異なる）	・申請可能（等級により内容が異なる）
発行される書類	自立支援医療（精神通院医療）受給者証	年金証書	障害福祉サービス受給者証	移動支援受給者証	自治体による医療費受給者証（名称は自治体による）	なし	基本的になし

注：総合支援法：障害者の日常生活及び社会生活を総合的に支援するための法律
　　彼谷作成、2022年

■障害福祉サービス

障害福祉サービスの利用には、市町村への申請が必要です。

申請の窓口である市町村の障害福祉担当課は、次の①から⑤などの書類により要件を確認します。[1]

① 精神障害者保健福祉手帳

② 障害基礎年金、障害厚生年金の年金証書など

③ 障害特別給付金の証明書類

④ 自立支援医療受給者証（精神通院医療）

⑤ 医師の診断書（ICD-10 コードにより精神障害者であることが確認できるもの）

精神疾患の診断があれば、障害福祉サービスを利用できます。つまり、ホームヘルプやグループホーム、就労支援のサービスを利用する場合、手帳は必要とされません。手帳、自立支援医療どちらも利用していない場合、手帳、自立支援医療、障害福祉サービスの申請を同時に行うことができます。

なお、手帳の等級と障害支援区分（6段階）は関係ありません。

■移動支援

移動支援（ガイドヘルプ）は、市町村による地域生活支援事業に基づき実施され、市町村の裁量が大きい制度です。そのため、利用にあたって求められる要件は、市町村によって異なります。手帳がなくても自立支援医療を使っているなどの要件で移動支援を利用できる市町村もあれば、手帳を必須の要件としている市町村もあり、市町村の窓口に確認することが大切です。

■減免や割引など

税の減免や各種料金・運賃割引などは、基本的に手帳を所持している場合に限られます。ただし、一部の携帯電話事業者については、自立支援医療の受給を障害者割引の対象にしています。

---

1 厚生労働省「介護給付費等に係る支給決定事務等について（令和3年4月版）」

手帳と住民票

Q80

精神障害者保健福祉手帳とマイナンバー、戸籍、住民票等との関係を教えてください。マイナンバーを使うメリットはありますか。マイナンバーを使うことで、障害福祉と関係ないところに自分が障害者であると知られないでしょうか。

A80

マイナンバー（個人番号）とは、日本に住民票を有するすべての人がもつ12桁の番号です。行政手続きの簡略化による国民の利便性向上、行政事務の効率化、公平・公正な社会を実現する基盤を目的としています。マイナンバーカードがあればコンビニエンスストアで住民票の写しを取得したり、確定申告の電子申請をしたりできます。

マイナンバーカードは公的な本人確認書類として利用できます。氏名、住所、生年月日、性別、顔写真などが記載されています。裏面に、マイナンバーが記載されています。IC チップには電子証明書が記録されています。なお、マイナンバーカード自体には、プライバシーにかかわる情報は含まれていません。

■住民票と戸籍

住民票に記載される事項は、住民基本台帳法で決まっています。[1] 戸籍に記載される事項は、戸籍法によって定められています。それらに精神疾患や障害、精神障害者保健福祉手帳（以下、「手帳」）の有無に関する情報は含まれていません。

---

1 氏名、住所、生年月日、性別、個人番号、住民票コード、世帯情報（世帯主である旨、世帯主との続柄）、本籍、選挙人名簿への登録の有無、国民健康保険・後期高齢者医療・介護保険・国民年金の被保険者の資格に関する事項、児童手当の受給資格に関する事項等（住民基本台帳法第 7 条）

■行政手続きとマイナンバー

　行政手続きにマイナンバーの記載を求められる場合があります。精神障害に関係した代表的な手続きでは、手帳、自立支援医療、障害福祉サービスの申請手続きがあります。ただし、現場の窓口における運用では、マイナンバーの記入を必ずしも求めないこともあるようです。

　マイナンバー制度では、一元管理をせず、行政機関がもつ情報を照会することで連携します。例えば、手帳を所持しているかどうかを把握しているのは、障害福祉担当課です。同じ自治体であっても、他の部署は直接知ることができません。本人から手帳を提示してもらうか、マイナンバーを用いて照会することで、手帳を所持しているかどうかをはじめて知ることができます。

　また、手帳の新規申請や更新申請にあたり、年金証書などの写しを提出することで診断書の提出が不要になります。なお、行政機関の間で個人番号（マイナンバー）を活用した情報連携が行われている場合、個人番号（マイナンバー）の記載によって、年金証書の写しを添付することが省略できるようになりました。

　自治体によっては、独自の医療費助成の申請を行う場合に、マイナンバーを活用することで、所得課税証明を省略できます。実際は自治体ごとに運用に差があります。

■マイナンバーポータル

　マイナンバーポータルは、政府が運営するオンラインサービスです。行政機関がもつ自分の情報や行政機関での情報のやりとりを確認することができ、自宅のパソコンやスマートフォンからも確認できます。

　障害福祉に関することでは、手帳や自立支援医療にかかわる情報を確認することができますし、生活保護や介護保険にかかわる情報を確認することも可能です。いずれも、マイナンバーポータルが連携する情報は、資格や給付にかかわるものに限られます。日々の支援記録などの情報は含まれません。

おわりに

　選手生命をかけて、日々、精神障害・発達障害がある人に懸命にかかわる専門家。そのような専門家でチームを構成し、実用的なものをつくりたいと考え、本書は完成しました。その6名の精鋭を、編者の青木から紹介いたします。

　弁護士の東奈央さんは精神保健福祉に明るく、依頼者に寄り添い、精神障害・発達障害がある人の人権保障に取り組んでいます。税理士の赤岩綾さんは、障害がある人を支援する団体をサポートしたり、一方で、精神障害がある人のきょうだい会を主宰したりしています。社会保険労務士（社労士）の高橋裕典さんは、同業者の多くから日本で最も年金に詳しい社労士といわれ、また精神保健福祉士を雇用しています。ファイナンシャル・プランナー（FP）の石川智さんは、障害がある人を支援するFPの草分け的な存在で、講演活動も精力的にこなしています。荒川豊さんは、精神科病院に長年勤務し、精神障害・発達障害がある人の障害年金支援に最も詳しいソーシャルワーカー（SW）の1人です。そして、SWの彼谷哲志さんは、相談支援事業所で相談支援専門員として、社会資源情報や地域移行支援等に明るく、とりわけ、ピアサポート等では高名な人です。

　ソーシャルワーカーの間では、「here and now」という言葉をよく用います。それは、目の前の利用者に真摯に向き合うことの大切さを説いた言葉だといえます。加えて、私が常に心掛けているのが、「now and future」。今と未来です。人は、混とんとした現状に少しでも風穴が開けば、未来が志向できます。一方で、先の見通しが立たないと、不安に苛まれてしまうのです。

　これらのことに対峙すべく、私たちは、ベストを目指しつつ、ベターな取り組みとして、本書を刊行いたしました。とにかく、制度を紹介する本は、正確さと新しさが大切です。引き続き、知るべき情報が確実に紹介され、読者のみなさんが「なるほど」と唸るような改訂版を数年ごとに出し続けられるよう、私たちは今後も精進いたします。それには、読者のみなさんの感想や希望、意見等が貴重な財産になります。ぜひとも、出版社までお寄せください。

　　　　　　　　　　　　　　　　　　　　　　　　　青木　聖久

執筆者一覧

編集

青木　聖久（あおき　きよひさ）
日本福祉大学 教授／博士（社会福祉学）／精神保健福祉士

執筆（五十音順）

青木　聖久（あおき　きよひさ）
日本福祉大学 教授／博士（社会福祉学）／精神保健福祉士
……はじめに、第1章、第3章Q55～57、おわりに

赤岩　綾（あかいわ　あや）
税理士／公認会計士／精神保健福祉士（おふぃすあかいわ）
……第2章3）④・4）①・6）②、第3章Q16、46～54・59・60

東　奈央（あずま　なお）
弁護士（つぐみ法律事務所）
……第2章4）③・5）③・④・6）①、第3章Q18～22・25・30・63・64・66～69・71～74

荒川　豊（あらかわ　ゆたか）
精神保健福祉士／ソーシャルワーカー（豊科病院、松本大学非常勤講師）
……第2章1）①・2）②・3）②・③・6）⑤、第3章Q5・6・14・23・24・27～29・43～45・75～78

石川　智（いしかわ　さとし）
ファイナンシャル・プランナー（オフィス石川）、精神保健福祉士（特定相談支援事業所ウエルジョブ相談支援センター）
……第2章1）②・2）④・⑦・4）②・5）①・6）④、第3章Q4・32・33・41・61・62・65

彼谷　哲志（かや　さとし）
相談支援専門員／精神保健福祉士／精神障がいピアサポート専門員（特定非営利活動法人あすなろ）
……第2章3）⑤・5）②・6）⑥、第3章Q26・34・42・58・70・79・80

高橋　裕典（たかはし　やすのり）
社会保険労務士（高橋社会保険労務管理事務所）
……第2章2）①・③・⑤・⑥・3）①・6）③、第3章Q1〜3・7〜13・15・17・31・35〜40

■本書の内容にかかわる制度改正情報などについて

　本書初版発行以降行われた制度改正のうち、本書にかかわりのある主なものを、弊社ホームページ（下記 URL）でご案内いたします。

https://www.chuohoki.co.jp/correction/pdf/8711.pdf

精神・発達障害がある人の経済的支援ガイドブック
障害年金と生活保護、遺言、税などのしくみと手続き

2022 年 6 月 3 日　初　版　発　行
2023 年 7 月 25 日　初版第 2 刷発行

編　著————————青木　聖久

発行者————————荘村　明彦

発行所————————中央法規出版株式会社
　　　　　　　　　　〒110-0016　東京都台東区台東 3-29-1　中央法規ビル
　　　　　　　　　　TEL 03-6387-3196
　　　　　　　　　　https://www.chuohoki.co.jp/

装幀・本文デザイン　Isshiki
本文イラスト　　　　はったあい

印刷・製本————————新津印刷株式会社

ISBN978-4-8058-8711-0